Stefan A. Musto · Spanien und die Europäische Gemeinschaft

Europäische Schriften
des Instituts für Europäische Politik

Band 48

Stefan A. Musto

Spanien und die Europäische Gemeinschaft

Der schwierige Weg
zur Mitgliedschaft

Europa Union Verlag GmbH

ISBN 3-7713-0012-6

Inhaltsübersicht

Vorwort

Am 28. Juli 1977 hat Spanien die Vollmitgliedschaft in der Europäischen Gemeinschaft beantragt. Im Mittelpunkt dieser Studie steht die Frage, welche Folgen und Probleme sich aus diesem Schritt für Spanien und für die EG ergeben werden.

Spaniens gegenwärtige Hinwendung zu Europa steht in unmittelbarem Zusammenhang mit der Demokratisierung, die Ende 1975 in Gang gesetzt wurde und mit den ersten freien Wahlen seit 40 Jahren am 15. Juni 1977 ihre erste Verwirklichung fand. Dieser Entwicklung ging eine jahrzehntelange Periode gestörter Beziehungen zwischen Spanien und Westeuropa voraus, eine Periode, deren politische, wirtschaftliche und gesellschaftliche Aspekte in den drei ersten Kapiteln der vorliegenden Arbeit behandelt werden.

Eine Kurzfassung dieser Studie erschien als Arbeitsdokument des Deutschen Instituts für Entwicklungspolitik Anfang 1977 unter dem Titel: „Spaniens Beitritt zur Europäischen Gemeinschaft: Folgen und Probleme." Der Inhalt dieses Dokumentes wurde mit einigen Korrekturen und Ergänzungen in die Kapitel 5–8 dieses Buches übernommen.

Das Manuskript dieses Buches wurde Mitte März 1977 abgeschlossen. Es war daher nicht möglich, auf die Analyse der innenpolitischen Kräfteverhältnisse in Spanien, des Prozesses der Parteienbildung und speziell der innerparteilichen Diskussion über die Frage des spanischen EG-Beitritts näher einzugehen. Die Arbeit an der Studie war in mancher Hinsicht ein Wettlauf mit der Zeit. Da die politischen und wirtschaftlichen Entwicklungen sich im Fluß befanden, stellte sich das Problem, sowohl dem Erfordernis der Aktualität als auch dem Anspruch einer über die reine Berichterstattung hinausgehenden distanzierten Betrachtungsweise gerecht zu werden. Es ist dem Verfasser bewußt, daß dieses Problem nicht in vollem Umfang gelöst werden konnte.

Aus diesem Grund konnten einige Mängel nicht mehr behoben werden. Das Manuskript war schon abgeschlossen, als die Nachricht von Portugals Antrag auf Beitritt zur Europäischen Gemeinschaft eintraf. Die teils gleichartigen, teils divergierenden Probleme des spanischen und des portugiesischen Weges in die Gemeinschaft konnten deshalb nicht mehr einer vergleichenden Analyse unterzogen werden. Der Verfasser war gezwungen, die Verknüpfungen zwischen der spanischen und der portugiesischen Beitrittsproblematik in Form einiger kurzer Hinweise zu behandeln.

Aus zeitlichen und technischen Gründen war es auch nicht möglich, zu einzelnen wichtigen Fragenkomplexen der spanischen Beitrittsproblematik Stellung zu nehmen. Zu diesen gehören u. a. die Probleme der Fischerei, der „sensiblen" Industriezweige, der EGKS-Produkte. Genausowenig konnten zur Frage der Auswirkungen der Handelsliberalisierung auf die einzelnen Industriezweige eigene empirische Untersuchungen durchgeführt werden. Der Verfasser mußte sich weitgehend auf Informationen der für die jeweiligen Fragenkomplexe zuständigen Stellen sowie auf die einschlägige Fachliteratur verlassen.

Trotz dieser Mängel hofft der Verfasser, unter den gegebenen Beschränkungen eine nützliche Übersicht über die Problembereiche der gegenwärtigen und künftigen Beziehungen zwischen Spanien und der Europäischen Gemeinschaft zusammengestellt zu haben. Er dankt an dieser Stelle allen Personen und Institutionen, die ihm den Zugang zum notwendigen Informationsmaterial ermöglicht haben. Ein besonderer Dank gebührt der spanischen Botschaft bei der EG in Brüssel für die Bereitstellung von wichtigem Dokumentationsmaterial und die Vermittlung weiterer Kontakte.

Berlin, im August 1977   STEFAN A. MUSTO

I. Ein zwiespältiges Verhältnis

1. Der Schock von 1898

Die innenpolitischen Ereignisse in Spanien seit Francos Tod signalisieren nicht nur die allmähliche Ablösung eines diktatorischen Regimes durch eine Politik der inneren Öffnung, sondern auch eine Entscheidung hinsichtlich der künftigen Orientierung Spaniens auf dem Feld seiner politischen, wirtschaftlichen und kulturellen Beziehungen: eine Entscheidung für Europa. Diese Entscheidung beendet eine seit 1898 dauernde Periode des Zweifels, der Mißverständnisse, der emotionalisierten Vorurteile und des gegenseitigen Mißtrauens, die das Verhältnis zwischen Spanien und Europa charakterisierten. Vor dem spanisch-amerikanischen Krieg, dem sogenannten Kuba-Desaster, war dieses Verhältnis kaum jemals Gegenstand von Reflexionen[1]. „Wir brauchten niemals von Europa zu lernen. Wir waren niemals auf Europa angewiesen. Wir waren Europa und nicht die anderen Völker" – schrieb Azorin rückblickend auf die Haltung Spaniens vor der Jahrhundertwende. Die ideologischen Strömungen Europas erreichten Spanien, meistens im Gefolge kriegerischer Auseinandersetzungen, zeitlich verzögert und inhaltlich verzerrt. Die nach den napoleonischen Kriegen proklamierte, fortschrittlich-liberale Verfassung von Cadiz, vom Emanzipationsideal des europäischen Bürgertums inspiriert, deckte eine semifeudale soziale Wirklichkeit ab, die sowohl vom Geist der Aufklärung als auch vom Selbstbehauptungswillen einer Bourgeoisie unbeeinflußt war. Von den euro-

---

[1] Vgl. J. Beneyto, España y el problema de Europa, Buenos Aires – Mexico, 1950.

päischen Geistesströmungen jener Zeit sickerten nur jene Fragmente über die Pyrenäen, die der spanische Philosoph Sanz del Rio aus den Vorlesungen C. F. Krauses von der Universität Heidelberg mitgenommen hatte. Für die spanischen Intellektuellen war der „Krausismus" jahrzehntelang die wichtigste geistige Verbindung zu Europa. Wirtschaftliche Verbindungen gab es kaum. Spaniens Interesse konzentrierte sich politisch, wirtschaftlich und kulturell auf die Reste seines Kolonialreiches. Es fand und suchte auch keinen Anschluß an den Industrialisierungsprozeß, der in den westeuropäischen Ländern im 18. Jahrhundert einsetzte: die Visionen seiner früheren Weltmachtstellung versperrten ihm die Sicht auf die Situation und die Probleme der eigenen Wirtschaft[2]. Die Handelsbeziehungen zu Europa beschränkten sich im wesentlichen auf den Erwerb gewerblicher Erzeugnisse, die das Land benötigte, aber selbst nicht herstellte, gegen Gold und Silber[3]. Es waren Beziehungen, die für die innere und äußere Orientierung Spaniens weder eine besondere Bedeutung noch irgendwelche besonderen Probleme implizierten.

Der spanisch-amerikanische Krieg von 1898 brachte die Wende. Der Verlust der letzten Reste des ehemaligen Weltreiches zwang Spanien zur Selbstbesinnung, zur Problematisierung seiner künftigen Stellung in der Welt und zur Suche nach einem neuen Selbstverständnis. Mag sein, daß die objektive geschichtliche Bedeutung der Unabhängigkeit Süd- und Mittelamerikas größer war als die des Verlustes von Kuba, Puerto Rico und der Philippinen, aber subjektiv empfand Spanien diese letzte Niederlage als das Ende seines Großmachtanspruchs, der schon lange vorher eine Illusion gewesen war. Dieses Trauma hat das Land bis in die fünfziger Jahre dieses Jahrhunderts nicht überwunden. In seiner 1914 erschienenen „Geschichte Spaniens" beschreibt Angel Salcedo Ruiz die Wirkungen des Desasters von 1898 wie folgt[4]:

[2] Vgl. S. Garcia-Echevarria, Wirtschaftsentwicklung Spaniens unter dem Einfluß der europäischen Integration, Köln – Opladen 1964, S. 15.

[3] A. Müller-Armack, Genealogie der Wirtschaftsstile, Stuttgart, 1944; siehe auch H. H. Hergel, Industrialisierungspolitik in Spanien seit Ende des Bürgerkrieges, Köln – Opladen, 1963.

[4] A. Salcedo Ruiz, Historia de España, Madrid 1914, S. 855 f.

„Diese schnell und entscheidend eingetretene Katastrophe erzeugte in Spanien ein Gefühl des Entsetzens. Selbst die schlimmsten Pessimisten glaubten nicht, daß wir so rasch und leicht besiegt werden könnten. Wie es unserem südlichen Charakter entspricht, schwang sich das Gefühl übersteigerter Illusionen in eine absolute Verzweiflung über. Vor der Niederlage haben die Vereinigten Staaten wenig für uns bedeutet; danach waren wir selbst nichts wert, ein Null links vom Komma; wie die Yankees hätten uns wahrscheinlich auch die Portugiesen oder die Andorraner geschlagen . . . Traurigerweise kam es vor, daß die von den Antillen zurückkehrenden Soldaten, der Gefahr kaum entronnen, auf der Straße insultiert wurden; man beschimpfte sie törichterweise, als Feiglinge, Unfähige und sogar als Diebe . . .

Einige junge und begabte Schriftsteller – Maeztu, Bueno, Pio Baroja, Azorin, Valle-Inclan, u. a. – die sich schon lange darum bemühten, die letzten philosophischen, gesellschaftlichen und literarischen Neuigkeiten, den Modernismus mit allen seinen Offenbarungen, nach Spanien einzuführen, hatten nun die Gelegenheit, das Prinzip der „Umwertung aller Werte" auf unsere Geschichte und unsere Gegenwart anzuwenden. Wir waren unterlegen, weil wir an Werte glaubten, die keine waren . . . Wir mußten uns regenerieren . . .

Wie sollten wir uns regenerieren? Dies war die Schlüsselfrage des ganzen Jahrhunderts. Einige meinten, die nationale Erneuerung in einer Rückkehr zu unseren innersten nationalen Werten, zu unseren patriotischen Traditionen suchen zu müssen. Andere vertraten die Ansicht, daß die nationale Erneuerung nur durch den Anschluß an die Strömungen des modernen Europas möglich sei. Diese letztere Alternative, die in erster Linie von Joaquin Costa vertreten wurde, hieß die „Europäisierung Spaniens" . . .

Dem Schock von 1898 folgte eine langdauernde Identitätskrise Spaniens, eine Epoche jahrzehntelanger Desorientierung, aus der sich jenes innenpolitische Konfliktpotential nährte, das sich schließlich im Bürgerkrieg entlud. Diese Identitätskrise ist zwar keine hinreichende, aber eine notwendige Erklärung für die ideologische und politische Polarisierung, die in den dreißiger Jahren zum offenen Konflikt führte. Unter dem „Überbau" der ideologischen Auseinandersetzungen war die wirtschaftliche Basis der eigentliche Nährboden für potentielle Konflikte: die Struktur dieser Wirtschaft war heterogen, gekennzeichnet durch starke Diskrepanzen zwischen den Resten des Feudalismus, einer subsistenzorientierten Landwirtschaft und einer sich oligarchisch etablierenden Industrie- und Finanzmacht; die Wirtschaftspolitik war richtungslos, geprägt von isolationistischen Tendenzen nach außen und einer eigentümlichen Mischung aus staatlichem Interventionismus und liberaler Enthaltsamkeit nach innen. Von dieser Situation führt eine direkte Linie zur Autarkiepolitik, die die Entwicklung der spanischen Wirtschaft bis 1959 bestimmte. Der Mangel an Verflechtung mit der Weltwirtschaft verstärkte noch weiter die ohnehin vorhandene Tendenz Spaniens zur absoluten Selbstbezogenheit. So hatte auch die Diskussion über die „Europäisierung" des Landes kaum einen Bezug zur Auseinandersetzung mit den eigentlichen Ideen und Realitäten in Europa; das Schlagwort „Europa" erwies sich in dieser Diskussion lediglich als ein Reflexionsinstrument des spanischen Geistes zur besseren Selbstdefinition. „Für einen, der zwischen der Bidasoa und Gibraltar geboren ist, ist Spanien das erste, einzige und absolute Problem" – schrieb Ortega y Gasset.

2. Europa oder Hispanität?

Es gibt kaum ein anderes Land, dessen geistige Elite so viel und so intensiv über Europa diskutiert und geschrieben hätte, wie Spanien. Die sogenannte Generation von 98, bestehend aus jenen Intellektuellen, die sich auf die Suche nach einem neuen spanischen Selbstverständnis begaben, fand in Europa weniger das Leitbild für eine künftige Orientierung als vielmehr die Zielscheibe jener Aggressionen, die vom Gefühl der eigenen Insuffizienz genährt wurden. Die Reflexion über Europa führte nicht zu einer engeren Verbundenheit, sondern zu einer klareren Distanzierung von ihm. Der Schriftsteller und Philosoph Azorin geißelte den „Maschinismus", den „wissenschaftlichen Aberglauben", die „Fortschrittslüge"; Unamuno proklamierte die Unvereinbarkeit zwischen dem europäischen Rationalismus und der spanischen Mentalität; Pio Baroja lehnte die politischen Ziele und Institutionen des modernen Westeuropas entschieden ab. „Alles, was am Liberalismus destruktiv ist, – schrieb Baroja – beeindruckt mich. Aber alles, was an ihm konstruktiv ist, wie das allgemeine Wahlrecht, die Demokratie, der Parlamentarismus, erscheint mir lächerlich und unwirksam." Und: „Mit den Sozialisten hatte ich auch nie etwas im Sinn. Was mich bei ihnen abstößt, abgesehen von ihrer Pedanterie, Geschwätzigkeit und Scheinheiligkeit, ist ihr inquisitorischer Instinkt, im Leben anderer herumzuwühlen"[5]. Alle, die zu dieser „Generation von 98" gerechnet werden, und die die geistige und indirekt wohl auch die politische Entwicklung Spaniens in den ersten Dekaden dieses Jahrhunderts so stark beeinflußten, wiesen die Idee des technischen und implizite auch die des sozialen Fortschritts entschieden zurück: „sie lieben die unberührte Landschaft mehr als das Fabrikgelände"[6]. Vom Modernismus akzeptierten sie nur das Prinzip der freien Diskussion. Und die Frage, die im Verlauf dieser beinahe sechs Jahrzehnte dauernden Diskussion immer wieder gestellt wurde, hieß: Sind wir Europäer? Oder Afrikaner, oder Amerikaner? Haben wir etwas, und gegebenenfalls was, von Europa zu lernen?

Die „Europäisten" sammelten sich um die Zeitschrift „Revista de Occidente." Ihr Thema war Europa, der Fortschritt und die Modernität, aber ihr Motiv war die Selbstentdeckung Spaniens. „Und so ergab sich der Fall, – schrieb Unamuno – daß jener Erzspanier Joaquin Costa, einer der uneuropäischsten Geister, den wir je hatten, auszog, um uns zu europäisieren . . . "[7]. Die Welt jenseits der Pyrenäen war nicht der Gegenstand der Reflexion, sondern der Spiegel, in dem sich Spanien selbst reflektierte. So schrieb auch Ortega y Gasset in der Zeitschrift „Europa": „Wie Descartes den methodischen Zweifel zur Begründung der Gewißheit verwendete, so verwenden die Autoren dieser Zeitschrift das Symbol Europa als Methode der Aggression, als erneuerndes Ferment, um das einzig mögliche Spanien zu erzeugen. Die Europäisierung ist die Methode, mit der dieses Spanien erschaffen, von jedem Exotismus und jeder Nachahmung gereinigt werden kann. Europa muß uns vor dem Fremden retten"[8]. Gemeint war Europa als Schutz vor der eigenen Entfremdung.

---

[5] Zit. n. P. Laín Entralgo, La generación del noventa y ocho, Buenos Aires – Mexico 1947, S. 103.
[6] Ebenda, S. 95.
[7] Zit. n. L. Diez del Corral, El rapto de Europa, Madrid 1954, S. 72 f.
[8] Ebenda, S. 73

Viel tiefer wurzelte zu jener Zeit die Identifizierung mit Afrika. Silvino Poveda – eine Figur Azorins – betrachtet Spanien von Paris aus, analysiert sich selbst und fühlt sich als Afrikaner. Auch Unamuno bekennt sich zu Afrika: „In jedem von uns steckt ein fanatischer Skeptiker, der gebildete Afrikaner"[9]. Sein Selbstbild orientiert sich an Leitbildern, wie Tertullian und Augustinus. Dieses Bild – meint Unamuno – steht in direktem Widerspruch zum europäischen Charakter: der Spanier habe keinen Sinn für die wissenschaftliche Forschung und es fehle ihm die Fähigkeit zur Metaphysik. Wissenschaft und Philosophie würden eine unpersönliche, objektive Hingabe erfordern, eine Art Selbstverleugnung und Kontemplation, zu der ein Spanier, den der Wille und das Gefühl regieren, niemals fähig sei. Die Vernunft zerstöre die Persönlichkeit, deshalb habe ein Spanier, der sich mit einer großen Intensität erlebt, keinen echten Zugang zur Vernunft[10]. „Gibt es eine eigentliche spanische Philosophie?" – fragt also Unamuno, und antwortet: „Ja, die Philosophie von Don Quijote." Diese ständige Jagd nach Idealen und Illusionen, dieser vergebliche und vernunftslose Aktivismus charakterisiere Spaniens Afrikanertum und zugleich die Rolle, die dieses Land im Konzert der europäischen Nationen zu spielen habe[11]. Es ist also nicht von ungefähr, daß in den ersten Dekaden des 20. Jahrhunderts der europäische Einfluß auf die spanische Geisteshaltung hauptsächlich nur durch Nietzsche, Bergson und Dilthey repräsentiert war. Dieser Einfluß verstärkte noch die voluntaristischen und narzißtischen Züge des neuen spanischen Selbstverständnisses, dessen intellektuelle Gestalter auf diese Weise, wenn auch ungewollt und indirekt, einen Beitrag zur ideologischen Rechtfertigung der Abkehr Spaniens von Europa geleistet haben.

Die Bejahung der Hispanität führte zu einer kulturellen Sublimierung der früheren politischen und wirtschaftlichen Interessen Spaniens an Lateinamerika. Anfang der dreißiger Jahre

[9] M. de Unamuno, Más sobre la europeización, in: „La España Moderna", März 1907, 16.
[10] M. Oromí, El pensamiento filosofico de Miguel de Unamuno, Madrid 1943, S. 80.
[11] Ebenda.

wurde diese neue Hinwendung zu einer „Gemeinschaft der iberischen Völker" ideologisch von Ramiro de Maeztu untermauert, in seinem Buch „Verteidigung der Hispanität", das während der Franco-Ära großen Einfluß auf Spaniens Außenorientierung ausüben sollte. Nach dem Ende des zweiten Weltkrieges wurde die Ideologie der Hispanität, die eng mit der nationalistisch-autarkischen Ausrichtung des Franco-Regimes korrelierte, zur offiziellen Doktrin erhoben. Eugenio Montes schrieb am 20. März 1945, also wenige Wochen vor dem Zusammenbruch des „Dritten Reiches", im falangistischen Blatt „Arriba": „Auf die zwei Fragen, die die Ängste und Sorgen der spanischen Denker seit Ende des vorigen Jahrhunderts bestimmten, nämlich: Ist Spanien Europa? Oder Afrika? gab die Stimme des gegenwärtigen spanischen Staates die Antwort: Spanien ist Amerika"[12]. Während der Periode der internationalen Blockade von 1946 bis 1953 erwies sich dann die Pflege der Kontakte mit den lateinamerikanischen Ländern in der Tat als der einzige Weg, der für die spanische Außen- und Außenwirtschaftspolitik noch offen blieb.

Zwanzig Jahre lang, zwischen dem Ende des Bürgerkrieges und der Einleitung der neuen Politik der wirtschaftlichen Öffnung im Jahre 1959, befand sich Spanien faktisch in einer fast vollständigen Isolierung von Europa. Die unmittelbaren Ursachen hierfür sind zweifellos in der Wiederaufbaupolitik nach dem Bürgerkrieg, im zweiten Weltkrieg und im UNO-Beschluß vom Dezember 1946 zu suchen, aber die Voraussetzungen für eine Politik der Abkapselung waren auch unabhängig von den internationalen Entwicklungen und Ereignissen gegeben. Die aufgezeigte Identitätskrise Spaniens, die sozio-ökonomischen Grundstrukturen des Landes und der relative Mangel an wirtschaftlichen Verflechtungen mit Europa – drei Faktoren, die ihrerseits eng miteinander zusammenhingen – begünstigten von vornherein den Weg in die politische und wirtschaftliche Isolierung. Aus diesem Grund hat die in den sechziger Jahren aufgeflammte Diskussion darüber, ob die Autarkie eine selbst-

---

[12] E. Montes, España es America, in: „Arriba", 20. März 1945.

gewählte oder eine von außen aufgezwungene Politik war,[13] lediglich akademischen Charakter; die Antwort auf diese Frage lag im gestörten Verhältnis Spaniens zur Außenwelt im allgemeinen und zu Europa im besonderen.

3. Gesellschaft und wirtschaftliche Macht

Die Philosophie der Selbstbezogenheit, die sich auf der politischen und wirtschaftlichen Ebene als eine Tendenz zur Autarkie manifestierte, erwuchs aus einer sozio-ökonomischen Wirklichkeit, die durch den verspäteten Beginn und den verzögerten Verlauf des Industrialisierungsprozesses, die arithmetische und politische Schwäche des mittelständischen Bürgertums sowie die Symbiose von Unternehmertum, Bankwesen und Aristokratie gekennzeichnet war.

Im Verlauf des Industrialisierungsprozesses betrug der zeitliche Abstand zwischen den westeuropäischen Ländern und Spanien etwa fünfzig Jahre[14]. Die ersten Ansätze einer Industrialisierung in Barcelona und im Baskenland lassen sich bis Mitte des 19. Jahrhunderts zurückverfolgen. Die Volkszählung von 1877 wies fünf Millionen Beschäftigte in der Landwirtschaft und 900 000 Beschäftigte in der Industrie und im Handwerk aus, wobei der Anteil der eigentlichen Industriearbeiter kaum ein Viertel dieser Zahl, d. h. etwa 200 000 ausmachte[15]. Die hauptsächlichen Träger der Industrialisierung waren ausländische Investoren. Ab 1892, dem Sieg der Protektionisten über die Anhänger des Freihandels, entwickelte sich die Industrieproduktion hinter hohen Schutzzöllen in einem etwas rascheren Tempo, aber immer noch verhältnismäßig langsam und in

---

[13] Vgl. L. Gámir, El periodo 1939–1959. La autarquía y la politica de estabilización, in: L. Gámir (ed.), Politica económica de España, Madrid 1975, S. 13 ff.

[14] Siehe R. Tamames, Estructura económica de España, Madrid 1973, Band II, S. 17.

[15] Quelle: S. Giner, Continuity and Change: The Social Stratification of Spain, Reading 1968; zitiert auch von J. F. Tezanos, Estructura de clases en la España actual, Madrid 1975, S. 27.

Abhängigkeit von ausländischem Investitionskapital[16]. Tamames stellt zusammenfassend fest, daß die einzige Industrialisierungspolitik in Spanien bis zum Anfang des 20. Jahrhunderts lediglich darin bestand, die ausländischen Investitionen nicht zu behindern und hohe Zollmauern zu errichten[17]. Zwischen 1910 und 1920 beschleunigte sich die industrielle Entwicklung, was zum Teil darauf zurückgeführt werden kann, daß Spanien sich aus dem ersten Weltkrieg heraushielt. In dieser Periode begann eine importsubstituierende Industrialisierung in größerem Ausmaß; die Zahl der im Industriesektor Beschäftigten wuchs um etwa 60%; neben der Weiterverarbeitung landwirtschaftlicher Produkte gewannen die Schwerindustrie, der Bergbau, die Zement- und die chemische Industrie zunehmend an Bedeutung. Die Etappen der Industrialisierung Spaniens und die damit zusammenhängenden Aspekte des gesellschaftlichen Strukturwandels sind in Anlehnung an eine Studie der Fundation FOESSA aus dem Jahre 1966 in der Tabelle 1 dargestellt.

Bis zum Ausbruch des Bürgerkrieges, der zeitlich mit dem Auftreten der Auswirkungen der Weltwirtschaftskrise zusammenfiel, gelang es Spanien zwar, den Anschluß an den Industrialisierungsprozeß in Europa zu finden, aber diese Entwicklung hatte weder auf die Intensivierung der Wirtschafts- und Handelsbeziehungen mit den europäischen Ländern noch auf den gesellschaftlichen Strukturwandel im Lande selbst, im Sinne der Erstarkung eines mittelständischen Bürgertums, einen entscheidenden Einfluß ausgeübt. Infolge der importsubstituierenden Industrialisierung zu stark überhöhten Kosten und der äußerst restriktiven Außenhandelspolitik beschränkte sich der Güteraustausch mit der Außenwelt auf den Export einiger Agrarprodukte und den Import der zur weiteren industriellen Entwicklung unerläßlichen Rohstoffe und Investitionsgüter. Francisco Cambó charakterisierte diesen Zustand mit den folgenden Worten: „Die Außenbeziehungen haben wenig Einfluß auf die spanische Wirtschaft; viel wichtiger sind die Sonne und der Regen"[18]. Der Außenhandel diente haupt-

[16] Vgl. R. Tamames, Estructura . . . a. a. O., Band II., S. 16 ff.
[17] Ebenda.
[18] Zit. n. Tamames, a. a. O., S. 551.

Tabelle 1: Etappen der industriellen Entwicklung in Spanien

Etappe	Bezeichnung	Periode	Durchschnittlicher Anteil der landwirtschaftlichen Erwerbsbevölkerung an der Gesamtheit der Erwerbsbevölkerung	Neue Regionen der Industrialisierung	Veränderungen in der Industrie- und Gesellschaftsstruktur
1	Restauration	1880-1900	65 %	Barcelona	Kolonialindustrie, Verarbeitung landwirtschaftlicher Erzeugnisse, Ausbreitung der Primärschulerziehung
2	Diktatur von Primo de Rivera	1920-1930	55 %	Vizcaya Guipuzcoa Madrid	Entwicklung der Grundstoffindustrie, Vorherrschaft der traditionellen Mittelschichten, Ausbreitung der Sekundarschulerziehung
3	Gegenwart	1950-1970	45 %	Zaragoza Oviedo Valencia Sevilla, Alava	Komsumgüterindustrie, Expansion der Industriearbeiterschicht, Ausbreitung der beruflichen Fachausbildung
4	Zukunft	1970-1990	20 %	Regionale Entwicklungspole	Massive und automatisierte Industrien, Vorherrschaft der „neuen" Mittelschichten

Quelle: Foessa. Informe sociologico sobre la situatión social de España, Madrid 1966, S. 15.

sächlich nur dazu, das jeweilige Gleichgewicht der wirtschaftlichen Autarkie auszubalancieren[19].

Im Gegensatz zu der Entwicklung in den westeuropäischen Ländern zeigte der Industrialisierungsprozeß in Spanien keine unmittelbaren Auswirkungen auf die Veränderung der Gesellschaftsstruktur. Die charakteristischen Auflösungserscheinungen in der traditionellen Gesellschaftsordnung blieben bis zur zweiten Hälfte des 20. Jahrhunderts fast vollständig aus. Infolge der Ausweitung der industriellen Produktionsweise verzeichneten zwar die Mittelschichten ein quantitatives Wachstum, aber eine bürgerliche Revolution nach westeuropäischem Muster konnte nicht stattfinden: Der Kampf um die wirtschaftliche, gesellschaftliche und politische Macht zwischen einem schwachen und von der Peripherie (vor allem Katalonien und dem Baskenland) aus operierenden mittelständischen Bürgertum und den aristokratischen Eliten der traditionellen Gesellschaftsordnung wurde schon sehr frühzeitig zugunsten der letzteren entschieden. So wurde die Oligarchie des Ancien Régime zur wichtigsten Trägerin der Industrialisierung und damit der Wirtschafts- und Finanzmacht. Auf diese Weise konnte die Wirtschafts- und Gesellschaftspolitik der vorindustriellen Epoche praktisch nahtlos fortgesetzt und die Kontinuität der traditionellen Herrschaftsstrukturen ins industrielle Zeitalter hinübergerettet werden. Die mit der industriellen Entwicklung zusammenhängenden wirtschaftlichen Veränderungen haben die Macht der Aristokratie nicht erschüttert, sondern konsolidiert. Das mittelständische Bürgertum konnte weder ein eigenes Selbstverständnis noch eine eigene Machtstruktur entwickeln: Da sein Versuch, sich von den herrschenden Schichten zu emanzipieren, erfolglos blieb, begab es sich auf den Weg, der zur Integration in diese Schichten führen sollte. Einem Teil gelang es in der Tat, von der Oligarchie absorbiert zu werden, während der Rest, labil und gespalten, immer neue Bündnisse mit stets anderen gesellschaftlichen Gruppen, zeitweilig auch mit der Industriearbeiterschaft, einzugehen versuchte[20]. Diese innere Spaltung des Bürgertums

[19] R. Perpiñá Grau, De Economía Hispana, Madrid 1953, S. 361 ff.
[20] Vgl. J. F. Tezanos, a. a. O., S. 29.

erleichterte dann die Politik der gesellschaftlichen Atomisierung, die während der Franco-Ära zur Zerschlagung der Kanäle der sozialen Kommunikation und Willensbildung führte und dadurch, zumindest bis etwa 1950, zur Stabilisierung der damals bestehenden politischen und gesellschaftlichen Macht- und Herrschaftsverhältnisse beitrug.

In seinem Buch „Die wirtschaftliche Macht in Spanien" führt Carlos Moya aus: „Die zersplitterte kapitalistische Entwicklung in Spanien, von 1840 bis 1950, kristallisiert sich nie in einem nationalen Bürgertum; sie bildet vielmehr einen Prozeß der ‚modernisierenden Restauration', der zur Erneuerung der Macht der Aristokratie führt . . . Eine Voraussetzung für diese Reproduktion der traditionellen Macht ist die Eingliederung der bürgerlichen Eliten, die aus der Eigendynamik des Kapitalismus entstanden sind, in die Reihen dieser Aristokratie . . . "[21]. Ein Teil der bürgerlichen Eliten wurde in den Adelsstand erhoben, ein anderer Teil der industriellen Bourgeoisie verbündete sich politisch und wirtschaftlich mit dem Großgrundbesitz; die so entstandene Wirtschafts- und Finanzmacht ging mit der staatlichen Bürokratie eine Koalition ein. Industrie, Banken, Grundbesitz und Politik bildeten auf diese Weise ein unauflösliches Geflecht gesellschaftlicher Dominanz, deren Träger einer kleinen und privilegierten, wenn auch nicht ganz abgeschlossenen sozialen Gruppe angehörten, weitgehend homogene Interessen vertraten und ihr Selbstverständnis aus den gleichen Quellen der traditionellen, ständischen Ordnung bezogen. Die Ausrichtung dieser Machtelite trug deutliche Merkmale der Introversion: geistig war es die Ideologie der Hispanität, politisch der Nationalismus und wirtschaftlich die protektionistisch-autarkische Tendenz, die das Verhältnis zur Außenwelt kennzeichnete.

So wuchs die Diskrepanz zwischen dem jeweiligen Entwicklungsstand der Wirtschaft und der Gesellschaft. Der Dynamik des ökonomischen Wandels, die sich nach dem Bürgerkrieg weiter fortsetzte, stand eine in ihrer Entwicklung stagnierende

---

[21] C. Moya, El poder economico en España, (1939–1970), Madrid o. J., S. 42.

Gesellschaft gegenüber. Die Ursache für diese zunehmende Diskrepanz war teils die Stabilität und die relative Starre der politisch-wirtschaftlich-sozialen Machtstrukturen, teils aber auch die gezielte Politik des Franco-Regimes, die gesellschaftlichen Folgen des ökonomischen Wandels so weitgehend wie nur möglich zu eliminieren, nach der Devise: „Lieber die wirtschaftliche Entwicklung als die soziale und diese wiederum lieber als die politische"[22]. Man wollte das wirtschaftliche Wachstum, nicht aber dessen unvermeidbare soziale Folgen. Zur Konservierung der bestehenden Gesellschaftsordung griff man daher auf die Ideologie der Hispanität und die Romantik der Generation von 98 zurück, die in Instrumente zur Rechtfertigung des sozialen Parikularismus der vergangenen, vorindustriellen Epoche umgewandelt wurden. Man kultivierte gezielt die Nostalgie einer heilen Welt der familiären und ständischen Ordnung,[23] um das Bestreben nach Artikulierung und Organisation korporativistischer Interessen als gesellschaftliches Korrelat der wirtschaftlichen Entwicklung in möglichst engen Grenzen zu halten; man schuf das Leitbild einer Agraridylle,[24] um die im Zuge der Industrialisierung einsetzende Landflucht einzudämmen und den sozialen Status quo zumindest auf dem Lande unversehrt zu konservieren. Diese Ideologien, in Verbindung mit der Staatsgewalt, den Erinnerungen des Bürgerkrieges und der Isolierung von der Außenwelt, erfüllten die Funktion einer mehr oder weniger wirksamen sozialen Kontrolle, die die wachsenden inneren Spannungen zwischen dem wirtschaftlichen Fortschritt und der gesellschaftlichen Stagnation auf die Ebene der Beziehungen mit der Außenwelt verlagern sollte. Die innerspanischen Probleme wurden somit in Probleme zwischen Spanien und dem Ausland umfunktioniert. Zwischen der Stabilität der traditionellen Herrschaftsstrukturen und der Isolierung Spaniens von der Außenwelt bestand

[22] A. de Miguel et al., Informe sociologico sobre la situación social de España (Bericht der Fundación FOESSA), Madrid 1966, S. 19.

[23] Vgl. die Zitate und die Dokumentation zum Thema der Ideologie des sozialen Partikularismus im Buch von C. Moya, a. a. O., S. 161 ff.

[24] Vgl. A. de Miguel et al., a. a. O.; siehe auch J. Anllo, Estructura y problemas del campo español, Madrid 1966.

eine Wechselbeziehung: Je krampfhafter sich das Franco-Regime bemühte, die sozialen und politischen Diskrepanzen mit der Ideologie eines eigenen spanischen Weges ins Paradies zu überdecken, um so stärker wurde Spaniens Isolierung von der befremdeten Außenwelt; je schwächer die Bindungen Spaniens zur Außenwelt waren, um so stabiler war die Position der traditionellen Machtelite, nicht zuletzt aufgrund des positiven Effekts der Isolierung auf die nationale Kohäsion. Erst die wirtschaftliche Öffnung Spaniens im Jahre 1959 ermöglichte eine begrenzte gesellschaftliche Anpassung an den wirtschaftlichen Entwicklungsprozeß[25]. Diese Öffnung, die zunächst keineswegs eine Entscheidung für Europa, sondern lediglich eine Entscheidung für das wirtschaftliche Überleben Spaniens war, signalisierte gleichzeitig den Anfang einer allmählichen gesellschaftlichen Umstrukturierung, die Geburtsstunde der sogenannten neuen Mittelschichten und den Beginn einer zwar zögernden, aber fortschreitenden gesellschaftlichen Umverteilung der wirtschaftlichen Macht.

4. Die Autarkie

War die wirtschaftliche Isolierung Spaniens bis 1939 lediglich ein Faktum, so wurde sie für die nächsten zwanzig Jahre, bis 1959, zu einer gezielten Politik. Vor dem Bürgerkrieg sorgte nur der hohe Zollschutz für die weitgehende Abkapselung des spanischen Binnenmarktes; nach einer Untersuchung des Völkerbundes gehörten die spanischen Zollsätze, deren durchschnittliche Höhe bei 40% lag, immerhin zu den höchsten der Welt[26]. Nach dem Bürgerkrieg verlor der Zollschutz an praktischer Bedeutung, da die Errichtung eines Staatshandelsmonopols sowie die Einführung von Importlizenzen, mengenmäßigen Beschränkungen und multiplen Wechselkursen die Partizipation Spaniens an der Weltwirtschaft sowieso auf ein Mini-

[25] Eine ausführliche kritische Analyse und Dokumentation des gesellschaftlichen Wandels bei C. Moya, a. a. O.; auch im Buch von J. F. Tezanos, a. a. O., insbes. S. 33 ff.
[26] Vgl. L. Gamir, El periodo 1939–1959 . . . a. a. O., S. 14.

mum reduzierten[27]. Das Ziel war die möglichst absolute wirtschaftliche Selbstversorgung Spaniens.

Durch direkte Interventionen im Wirtschaftsleben und eine strenge Kontrolle des Außenhandels betrieb der Staat eine Politik, mit deren Hilfe einerseits die Erschließung und Ausnutzung der nationalen Rohstoffreserven und Produktionskapazitäten, andererseits die Versorgung des Binnenmarktes mit den notwendigen landwirtschaftlichen und gewerblichen Gütern aus eigener Erzeugung erreicht werden sollte. Die wichtigsten Instrumente dieser Autarkiepolitik waren zwei staatliche Institute: das Instituto Nacional de Colonización (INC) für den Agrarsektor und das Instituto Nacional de Industria (INI) für den industriellen Bereich.

Die Gründung des INC war ein Ersatz für die längst fällige, während der Republik zaghaft vorangetriebene und nach dem Bürgerkrieg nicht mehr verfolgte Agrarreform in Spanien[28]. An Stelle einer umfassenden Reform der Agrarverfassung konzentrierte sich die Investitionstätigkeit des INC auf punktuelle Strukturverbesserungen, vor allem in den Projektbereichen Infrastruktur (Bewässerung), Finanzierung von Verbesserungsmaßnahmen in Einzelbetrieben, Finanzierung des Erwerbs von Grund und Boden sowie von Mechanisierungsprogrammen und Kapitalausstattung von Betrieben, die von Neusiedlern gegründet wurden[29]. Diese Maßnahmen, verbunden mit einer Hochpreispolitik für landwirtschaftliche Erzeugnisse, führten zu einer starken Ausweitung der Anbauflächen, überhöhten Preisen (mit Ausnahme weniger Produkte) und dadurch einer Beeinträchtigung der Exportchancen. Die Überbewertung der Peseta hat den Export zusätzlich erschwert. Daraus ergaben sich schwerwiegende Probleme für die Beschaffung der Devisen, die Spanien zur Einfuhr der zur weiteren Industrialisierung erforderlichen Rohstoffe und Kapitalgüter benötigte. Da das wichtigste Ziel des Staates die Aufrechterhaltung der politischen und sozialen Stabilität in den ländlichen Regionen war,

---

[27] R. Tamames, Estructura . . . a. a. O., Band II, S. 22 ff.
[28] Vgl. M. Suarez, Note sur les tentatives de reformes agraires en Espagne, in: Economies et Societés, Vol. VIII, No. 5, 1974.
[29] Siehe H. H. Hergel, a. a. O., S. 20 ff.

nahm er dafür sowohl die Handelsbilanzprobleme als auch die Rückständigkeit der Agrarstruktur und die damit verbundene Beschränkung der Produktivitätsentwicklung bewußt in Kauf. Das Instrument der staatlichen Investitionssteuerung im Industriesektor war das 1941 gegründete INI, dessen Aufgaben sich auf die Finanzierung industrieller Neugründungen, die Schaffung von Anreizen für die Privatinitiative, die Durchführung von Forschungs- und Planungsaktivitäten im Industriesektor und die Kontrolle über militärisch oder volkswirtschaftlich besonders relevante Industriezweige erstreckten. Die wichtigsten Industriezweige, an denen sich das INI beteiligte, waren Energie, Bergbau und Hüttenwesen, Eisen und Stahl, Motoren und Fahrzeuge, Schiffbau und Flugzeugbau, Rüstungsindustrie, Nahrungsmittel sowie bestimmte chemische Erzeugnisse. Durch verschiedene Formen der Beteiligung sowie Direktinvestitionen und Kreditvergabe kontrollierte das Institut die meisten Schlüsselindustrien des Landes[30]. Ohne Rücksicht auf das Prinzip der komparativen Kostenvorteile betrieb es eine importsubstituierende Industrialisierung, deren Entwicklung nach einer Anlaufzeit von etwa zehn Jahren während der Periode 1948–58 relativ hohe Wachstumsraten erreichte. Die jährliche durchschnittliche Wachstumsrate der industriellen Wertschöpfung belief sich 1948–53 auf 6,7%, 1953–58 auf 7,6%. Das höchste Wachstum verzeichneten die Industriezweige Papierwaren, chemische Erzeugnisse und Ölprodukte. Eine sehr weitgehende Importsubstituierung gelang in den Sektoren Nahrungsmittel und Chemie, während die Eigenerzeugung von Zwischenprodukten und Kapitalgütern den steigenden Bedarf der Wachstumsindustrien während der ganzen Periode (1939–59) nicht voll befriedigen konnte[31].

Spanische Wirtschaftswissenschaftler sind übereinstimmend der Meinung, daß die eigentliche Industrialisierung des Landes in den zwanzig Jahren, zwischen Ende des Bürgerkrieges und

[30] Ebenda, S. 41 ff.
[31] Eine detaillierte Analyse dieses Aspektes im Aufsatz von J. B. Donges, From an Autarchic Towards a Cautiously Outward-Looking Industrialization Policy: The Case of Spain, in: Weltwirtschaftliches Archiv, Kiel Bd. 107, 1971 II. Nr. 1., S. 33 ff.

dem Beginn der wirtschaftlichen Öffnung (1959), stattgefunden hat[32]. Der Vorteil dieser industriellen Autarkiepolitik war die Errichtung einer verhältnismäßig diversifizierten Industrieproduktion, die sich später, nach dem Ende der Autarkie, zumindest teilweise von der Importsubstituierung auf die Exportorientierung umstellen konnte. Als ein Nachteil der Autarkie kann angesehen werden, daß die spanische Industrie, die dem Druck des internationalen Wettbewerbs nicht ausgesetzt war, sowohl hinsichtlich der Produktqualität als auch hinsichtlich der Wirtschaftlichkeit der Produktion (aufgrund der ungünstigen Betriebsgrößenstruktur) weit hinter dem allgemeinen westeuropäischen Standard zurückblieb. Ein weiterer Nachteil war, wie schon erwähnt, die wachsende Disparität zwischen Exportleistung und Importbedarf. An diesem Punkt der Handelsbilanz, von Experten als die eigentliche Schwachstelle der Autarkiepolitik angesehen,[33] zerbrach dann auch das Konzept der nationalen Selbstversorgung.

Drei Umstände trafen zusammen, die das Ende der Autarkie herbeiführten. Der erste war eine innenpolitische Kräfteverschiebung, die 1957 eine Gruppe von liberalen „Technokraten" in die Regierung brachte. Der zweite Umstand war die zunehmende Liberalisierung des Handels innerhalb der Gruppe der OECD-Länder im allgemeinen und zwischen den Mitgliedsstaaten der neugegründeten EWG im besonderen. Drittens schließlich erlebte Spanien im Jahre 1958 eine akute Wirtschaftskrise, deren Bewältigung im Rahmen der bis zu diesem Zeitpunkt verfolgten Politik nicht mehr möglich war. Hohe Inflationsraten, Beschäftigungsprobleme und akute Zahlungsbilanzschwierigkeiten veranlaßten die neue Regierung zu einer völligen Abkehr von der Isolationspolitik: 1958 schloß sich Spanien dem Internationalen Währungsfonds und der Weltbank an, ein Jahr später wurde es Mitglied der OEEC. Unter

---

[32] Vgl. C. Moya, a. a. O., S. 38., H. Paris Eguilaz, Die wirtschaftliche Entwicklung Spaniens von 1924 bis 1964, in: Weltwirtschaftliches Archiv, Bd. 98, 1967 I., S. 137 ff.; E. de Figueroa, Les obstacles au développement économique en Espagne, in: Tiers Monde, Vol. VIII, 1967, S. 217 ff.

[33] Vgl. L. Gámir, El periodo 1939–1959 . . . a. a. O., S. 16.

Mitwirkung dieser Organisationen wurde eine neue Wirtschaftspolitik konzipiert, die in den nächsten Jahren Spanien zumindest aus seiner wirtschaftlichen Isolierung herausführen sollte. Trotz dieser Neuorientierung und des Abkommens, das die USA schon 1953 mit Spanien schloß, hat sich aber in den folgenden Jahren am gegenseitigen politischen Mißtrauen, das das Verhältnis zwischen Spanien und Europa charakterisierte, kaum etwas geändert.

II. Der Weg aus dem Abseits

1. Die Politik der wirtschaftlichen Öffnung

Die 1959 eingeleitete Politik der wirtschaftlichen Öffnung verfolgte zwei Ziele: Wachstum und Stabilität nach innen und eine stärkere Integration Spaniens in die Weltwirtschaft nach außen. Diese Politik umfaßte drei Bündel von Maßnahmen: ein binnenwirtschaftliches Stabilisierungsprogramm, die weitgehende Liberalisierung des Außenhandels sowie die Öffnung der spanischen Wirtschaft für ausländische Direktinvestitionen.

Das Stabilisierungsprogramm war die Grundlage für die Konsolidierung der spanischen Wirtschaft, die während der Periode der Autarkie und des Dirigismus trotz beachtlicher Wachstumsraten und industrieller Expansion in die Sackgasse einer Fehlentwicklung geraten war. Der Leitgedanke des Programmes war die Einführung des marktwirtschaftlichen Prinzips in das Wirtschaftsleben und dadurch die Schaffung marktkonformer Mechanismen zur Wiederherstellung des durch Fehlentwicklungen verzerrten inneren Gleichgewichts. Zu diesem Zweck mußte zuerst eine monetäre Disziplin geschaffen werden. Mit Hilfe der Erhöhung des Diskontsatzes von 5 auf 6,25%, der Begrenzung der Kreditschöpfung, der Schaffung eines Depotsystems für Importe, der Abschaffung einer Reihe von Subventionen an öffentlichen Unternehmungen, der Einschränkung der öffentlichen Ausgaben und der Begrenzung der Investitionen[1] auf die Höhe der freiwilligen Sparquote wurde sowohl die öffentliche als auch die private Nachfrage radikal

---

[1] Eine ausführliche Darstellung des Stabilisierungsprogrammes bei S. Garcia-Echervarria, a. a. O., S. 27 ff.

eingedämmt. Die Abwertung der Peseta und die Abschaffung der multiplen Wechselkurse ermöglichten einen neuen, realistischen Wechselkurs (1 US $ = 60 Ptas.) als Voraussetzung für die finanzielle Sanierung und die Aktivierung des Außenhandels.

Eine weitere Voraussetzung für die Entwicklung des Außenhandels war die weitgehende Beseitigung des früheren Staatshandelsmonopols. In wenigen Jahren wurden etwa 70% der Einfuhren von der Genehmigungspflicht befreit. Das alte Zolltarifsystem wurde 1960 durch einen neuen Tarif von „ad valorem" Zollsätzen ersetzt. Mehrere Maßnahmen sorgten dafür, daß die Liberalisierung des Außenhandels die prekäre Lage der Zahlungsbilanz nicht weiter belastete: zu den wichtigsten zählten die Höhe der Zollsätze, die neue Wechselkursparität, die vorübergehende Einrichtung eines Depots von 25% des Wertes der importierten Waren und die Exportförderung. Bereits mit der Abwertung der Peseta wurden gewisse Exporteffekte erzielt, aber die Regierung griff zu einer Reihe weiterer Maßnahmen, um die Ausfuhr zu fördern: Exportsubventionen, die einen Ausgleich für die indirekten Steuern auf dem Inlandsmarkt schaffen sollten, Reduktion des Zollschutzes für Produkte, die im Lande weiterverarbeitet und wieder ausgeführt wurden, sowie Exportkredite und -versicherungen zu günstigen Konditionen[2].

Gleichzeitig wurde die spanische Wirtschaft für ausländische Investoren geöffnet. Durch die Aufhebung der restriktiven Regelungen der Autarkieperiode und die erfolgreiche Durchführung des Stabilisierungsprogrammes wurde ein günstiges Investitionsklima geschaffen. Ausländischen Investoren wurde ermöglicht, Beteiligungen bis zu 50% des Betriebskapitals genehmigungsfrei zu tätigen; Beteiligungen über 50% hinaus mußten formal durch den Ministerrat autorisiert werden. Freier Gewinntransfer in unbeschränkter Höhe wurde zugesichert. Unter diesen Bedingungen und angesichts des expandierenden

---

[2] Siehe die Ausführungen u. a. von J. B. Donges, From an Autarchic . . . a. a. O., S. 50 ff., auch in der Arbeit von L. Gámir, El periodo 1939–1959 . . . a. a. O., S. 24 ff.

spanischen Binnenmarktes haben sich die ausländischen Direkt-investitionen zwischen 1959 und 1961 beinahe verdreifacht[3]. Diese Investitionen sollten in den folgenden anderthalb Jahrzehnten einen entscheidenden Beitrag zur industriellen Entwicklung in Spanien leisten.

Weitere Stabilisierungshilfen kamen in Form von Auslandskrediten und Finanzhilfen internationaler Organisationen. Der Internationale Währungsfonds gewährte im Rahmen der spanischen Quota 50 Millionen US $ sowie weitere 25 Millionen als stand by-Kredit. Die OEEC sicherte Spanien ein 100-Millionen-US-$-Darlehen zu. US-Privatbanken gewährten 68 Millionen und die Regierung der Vereinigten Staaten 135 Millionen zusätzlich zu den amerikanischen Finanzhilfen, die Spanien seit 1953 erhielt und deren Gesamthöhe sich bis 1960 auf eine Milliarde Dollar belief[4].

Als unmittelbare Auswirkung der im Rahmen der „neuen Wirtschaftsordnung" durchgeführten Maßnahmen trat eine Rezession auf (1960), die aber rasch überwunden werden konnte. Die nächsten Jahre brachten dann einen spektakulären wirtschaftlichen Aufschwung. In den zehn Jahren von 1959 bis 1969 wuchs das reale BIP jährlich durchschnittlich um 7%, das reale Pro-Kopf-Einkommen um 6,9% (von US $ 420 in 1959 auf US $ 756 in 1969), das Industrieprodukt um beinahe 10% und die Arbeitsproduktivität um 7,8%[5]. Infolge der fortschreitenden Industrialisierung, verbunden mit einer Exportförderungs- und Diversifizierungspolitik, vervielfachten sich die Ein- und Ausfuhren. Die Dimensionen des Wandels werden in der Tabelle 2 anhand einiger makroökonomischer Indikatoren verdeutlicht.

Mit Hilfe der Stabilisierungs- und Öffnungspolitik gelang es der spanischen Regierung, die 1959 gesetzten Ziele Wachstum, Stabilität und stärkere Integration in die Weltwirtschaft zu erreichen und innerhalb von wenigen Jahren ein gutes Stück des wirtschaftlichen Entwicklungsrückstandes gegenüber den westeuropäischen Industriestaaten aufzuholen. Die günstigen kon-

---

[3] L. Gámir, El periodo 1939–1959 . . . a. a. O., S. 27.
[4] Ebenda.
[5] J. B. Donges, From an Autarchic . . . a. a. O., S. 56 f.

Tabelle 2: Einige makroökomomische Indikatoren der spanischen Wirtschaftsentwicklung 1950-1970

Indikator	Einheit	1950	1958	1964	1970
BIP zu konstanten Preisen	Mrd. US $	7,1	12,8	18,1	32,3
Anteil des Brutto-Anlagekapitals am BIP	%		10,6	13,2	24,6	23,5
Anteil der Industrie am BIP	%	24,5	27,0	28,4	30,8
Export	Mio. US $	389	486	955	2388
Import	Mio. US $	389	872	2243	4747
Tourismus-Einnahmen	Mio. US $	92	92	918	1681
Netto ausländische Direktinvestition	Mio. US $	k. A.	65	243	496

Quelle: Zusammenstellung nach P. O'Brien: Foreign Technology and Industrialization: The Case of Spain, in: Journal of World Trade Law, Vol 19, Sept./Oct. 1975, No. 5, S. 528.

junkturellen Bedingungen in Europa haben diese Entwicklung zusätzlich positiv beeinflußt. Die Zahl der ausländischen Touristen stieg von 2,7 Millionen in 1958 auf 30 Millionen in 1972, während die Einnahmen aus dem Tourismus-Geschäft sich beinahe verzwanzigfachten; der Arbeitsmarkt konnte durch Abwanderungen in die west-europäischen Länder weitgehend entlastet werden, während die jährlichen Überweisungen der Emigranten von 54 Millionen Dollar in 1958 auf 600 Millionen in 1972 stiegen; der spanische Export erreichte eine durchschnittliche jährliche Wachstumsrate von 15%, während die Zusammensetzung der Ausfuhr sich in ganz erheblichem Maße zugunsten der Industrieerzeugnisse verändert hat. Der Anteil der Industrieprodukte am Gesamtexport Spaniens betrug 1972 75% gegenüber einem 25%igen Anteil der landwirtschaftlichen Erzeugnisse; 1958/59 war das Verhältnis umgekehrt. Da die Handelsbilanz angesichts des wachsenden Importbedarfs und trotz der guten Exportleistungen während der ganzen Periode defizitär blieb, mußten die Tourismus-Einnahmen, die Emigranten-Überweisungen und das langfristig angelegte Auslandskapital für den Ausgleich der Zahlungsbilanz sorgen. Auf diese Weise ist die spanische Wirtschaft in hohem Maße von der Konjunkturentwicklung in Westeuropa abhängig geworden.

2. Die Entwicklungsplanung

Mit der Einleitung der neuen Politik der wirtschaftlichen Öffnung wurde der frühere, allein an politischen Zweckmäßigkeiten orientierte Dirigismus durch marktwirtschaftliche Elemente ersetzt. Um das freie Kräftespiel des Marktes in einen wirtschaftspolitischen Rahmen einzufügen und die öffentlichen Investitionsentscheidungen gezielt an den Erfordernissen der wirtschaftlichen Entwicklung auszurichten, griff der Staat zu zwei Instrumenten der Effizienzsteigerung: der Reform der öffentlichen Verwaltung und der Entwicklungsplanung. Mit Hilfe der Verwaltungsreform, die von López Rodó und seinen Mitarbeitern aus dem Kreis der liberalen Technokraten des „Opus Dei" betrieben wurde, sollten die verkrusteten Strukturen der spanischen Administration modernisiert und am Prinzip des rationalen und effizienten Managements ausgerichtet werden. Mit der Aufstellung von Entwicklungsplänen nach dem Muster der französischen Indikativplanung wurde für die Privatwirtschaft ein entwicklungspolitischer Rahmen und für die öffentliche Hand ein Kriterienkatalog für Investitions- und andere wirtschaftspolitische Entscheidungen geschaffen[6].

1962 wurde ein Plankomissariat errichtet, welches später, mit López Rodó an der Spitze, den Rang eines Ministeriums erhielt. Seit 1964 sind dann drei Entwicklungspläne durchgeführt worden. Ihre Funktion bestand in der Programmierung des öffentlichen Sektors und der Koordinierung der Aktivitäten der privaten Wirtschaft. Mit ihrer Hilfe sollte der Industrialisierungsprozeß und die 1959 eingeleitete wirtschaftliche Liberalisierung programmatisch untermauert werden. Während der erste (1964–67) und der zweite (1968–71) Entwicklungsplan in erster Linie das Ziel des wirtschaftlichen Wachstums verfolgten, traten im dritten Plan (1972–75) neben dem Wachstumsziel auch der Distributionsaspekt und das Ziel der Verbesserung der Lebensqualität in den Vordergrund. Die folgende Tabelle ist die synoptische Darstellung der wichtigsten makroökonomischen

---

[6] Comisaría del Plan de Desarrollo, Plan de Desarrollo Economico y Social para los periodos 1964–1967, 1968–1971, 1972–1975, herausgegeben jeweils zu Beginn einer Planperiode.

Planvoraussagen und deren Erfüllung am Ende der jeweiligen Planperiode[7].

Wie aus der Tabelle ersichtlich, wurden die Planvorgaben von der tatsächlichen Entwicklung im allgemeinen übertroffen. Die Rate des wirtschaftlichen Wachstums lag im gesamten Planungszeitraum bis zum Krisenjahr 1975 weit über den jeweils

Tabelle 3: Planvoraussagen und tatsächliche Entwicklung 1964-75 (jährliche Wachstumsraten in %)

Makroökonomische Kategorien	1. Plan (1964-1967)		2. Plan (1968-1971)		3. Plan (1972-1975)		
	vorgesehen	erreicht	vorgesehen	erreicht	vorgesehen	err. (73)	err. (74)
BSP	6,0	6,2	5,5	6,7	7,0	8,7	7,6
Privater Konsum	5,5	6,3	4,5	5,3	6,5	7,3	6,6
öffentl. Konsum	5,0	4,4	3,9	5,4	5,3	6,3	5,4
Brutto-Kapitalbildung	9,0	9,2	6,9	6,3	9,7	18,3	15,4
Import	9,0	12,9	6,8	9,8	11,0	19,9	16,3
Export	10,0	10,4	11,8	18,8	10,0	13,9	11,3

prognostizierten Werten. In Europa sprach man von einem „spanischen Wirtschaftswunder." Dennoch zeigten die Pläne eine Reihe von Mängeln, die zu scharfer Kritik an der Entwicklungplanung Anlaß gaben. Während der ganzen Planperiode gelang es nicht, die Preisentwicklung in den gewünschten Grenzen zu halten, die Handelsbilanz tendenziell auszugleichen, die wachsenden Disparitäten in der individuellen und regionalen Einkommensverteilung abzubauen und die landwirtschaftlichen sowie die industriellen Strukturen in entscheidendem Maße zu modernisieren. Auch die geplanten Programme für öffentliche Investitionen konnten nicht im vollen Umfang erfüllt werden, weil es sowohl an öffentlichen Finanzierungsmitteln als auch an erfolgversprechenden Projekten mangelte. Ein weiterer Punkt der Kritik bezieht sich auf die Unzu-

[7] Zusammengestellt nach den Daten in L. Gamir, Algunas ideas sobre el intervencionismo, la empresa pública, y la planificación indicativa, in: L. Gamir (ed.), Política economica de España, Madrid 1975, S. 241 ff., hier S. 272.

verlässigkeit der jeweiligen Planvoraussagen, die entweder über- oder unterschritten wurden: Angesichts dieser Erfahrung erwies sich der Nutzen der Pläne als Orientierungshilfen für wirtschaftliche Entscheidungen als zumindest fragwürdig.

Das Verteilungsziel, dessen Bedeutung insbesondere vom dritten Entwicklungsplan unterstrichen wurde, konnte während der ganzen Periode selbst tendenzmäßig nicht erreicht werden. Verschiedene Indizien sprechen vielmehr dafür, daß der Prozeß sowohl der individuellen als auch der regionalen Einkommenskonzentration weiter fortgeschritten ist. Bezüglich des Einkommens aus Löhnen und Gehältern ergibt sich ein relativ hoher Konzentrationswert[8]. Falls die Lohnquote als ein Indikator der Einkommensverteilung angesehen werden kann, ergibt der Vergleich Spaniens mit den EG-Ländern die folgenden Werte: Bundesrepublik Deutschland 68,7%, Frankreich 62,5%, Italien 61,9%, EG-Durchschnitt 65,4%, Spanien 54,1%[9]. Nach verschiedenen Berechnungen waren in den letzten Jahren in Spanien keine Nivellierungstendenzen festzustellen[10]. Hinsichtlich der regionalen Einkommensverteilung lassen die Daten den folgenden Schluß zu: Während des gesamten Planungszeitraumes verringerte sich zwar die Pro-Kopf-Einkommensdifferenz nach Regionen, aber die absolute Größe der Einkommensdisparität unter den Regionen stieg weiter. Die Gründe für dieses Phänomen glaubt man weniger in der staatlichen Regionalpolitik als vielmehr in der Arbeitskräfteabwanderung finden zu können[11].

Auf jeden Fall gilt die in den sechziger Jahren verfolgte Politik der Schaffung von regionalen Entwicklungspolen[12] als zumin-

---

[8] Der Gini-Index ergibt für 1972 den hohen Konzentrationswert von 3,26. Vgl. L. Gamir, Algunas ideas sobre los objetivos economicos y la política economica española, in: L. Gamir (ed.), Politica economica . . . , a. a. O., S. 495 ff., hier S. 504.

[9] Ebenda.

[10] Ebenda.

[11] Ebenda, vgl. S. 506.

[12] Vgl. J. Plaza Prieto, El desarrollo regional en España, Madrid 1968; A. de Miguel, J. Salcedo, Dinámica del desarrollo industrial de las regiones españolas, Madrid 1972; F. Buttler, Einkommensredistributive und raumstrukturelle Regionalpolitik im Rahmen der spanischen Entwicklungspläne, Göttingen 1969.

dest teilweise gescheitert; eine Ersatzkonzeption für die Förderung des regionalen Ausgleichs liegt bis heute nicht vor.

Der wichtigste Engpaßbereich und zugleich die Schwachstelle in der spanischen Entwicklungsplanung und -politik ist die finanzielle Lage des staatlichen Sektors. Die staatlichen Einnahmen sind mit einem Anteil von 23,4% am BIP weit niedriger als in den westeuropäischen Ländern[13]. Der Anteil der Einkünfte aus direkten Steuern betrug 1974, abzüglich der Beiträge zur Sozialversicherung, nur 18%. Durch das bestehende Besteuerungssystem werden nicht nur politische Privilegien und damit eine sozial ungerechte Einkommensverteilung verewigt, sondern auch der Ausweitung der staatlichen Investitionstätigkeit enge Grenzen gesetzt. Pläne zur Reform des Steuersystems, die u. a. auch die Einführung der Mehrwertsteuer und der verstärkten Steuerprogression vorsehen, liegen bereits seit mehreren Jahren vor; ihre Verwirklichung hängt letztlich nur vom politischen Durchsetzungsvermögen der Regierung ab.

Während der dritte Plan sich explizite an den Erfordernissen einer Annäherung Spaniens an die EG orientierte und entsprechende Anpassungsmaßnahmen im Hinblick auf einen späteren Beitritt vorsah, findet sich im Entwurf des vierten Planes kein Hinweis auf die Beziehungen zur Gemeinschaft. Dies ist vermutlich als eine politische Reaktion des Regimes auf die Unterbrechung der Brüsseler Verhandlungen seitens der Kommission im Herbst 1975 zu interpretieren. Nach neuesten Informationen bleibt dieser Entwurf allerdings Makulatur. Das Auslaufen des dritten Planes fiel zeitlich mit den in Spanien etwas verspäteten Auswirkungen der weltweiten Konjunkturkrise und dem beginnenden innenpolitischen Wandel nach Francos Tod zusammen. Der 1975 ausgearbeitete vierte Entwicklungsplan (1976–79) ist dadurch sowohl wirtschaftlich als auch politisch hinfällig geworden, noch bevor er verabschiedet werden konnte. Er sollte bis 1977 durch kurzfristige Übergangspläne ersetzt werden. Da im Zuge des Demokratisierungsprozesses die Diskussion um die zukünftige Wirtschaftspolitik Spaniens

[13] OECD, Economic Surveys, Spain 1975. (Zum Vergleich: BRD 41,0%, Frankreich 38,0%, Italien 33,3%)

neu entfacht ist, hängt die Frage der Entwicklungsplanung eng mit dem Ausgang der für den Sommer 1977 geplanten allgemeinen Wahlen zusammen.

3. Auf dem Weg zur Konsumgesellschaft

Die im Jahre 1959 eingeleiteten Reformen hatten einen wirtschaftlichen Aufschwung zur Folge, der seinerseits nicht ohne Auswirkungen auf die bestehenden gesellschaftlichen Verhältnisse bleiben konnte. Sowohl die Zielsetzungen als auch die unmittelbaren Effekte der durchgeführten Maßnahmen erwiesen sich zwar als wirtschaftspolitisch konservativ und stabilisierend, aber die Einführung des marktwirtschaftlichen Prinzips, die stärkere Verflechtung mit der Weltwirtschaft und die zunehmende Planungsrationalität im öffentlichen wie im privaten Sektor leisteten auf längere Sicht, teils gewollt, teils auch unbeabsichtigt, einen Beitrag zur Beseitigung mancher Hindernisse, insbesondere wirtschaftlicher Natur, die dem sozialen Wandel im Wege standen.

Die Ziele und die direkten Auswirkungen der neuen Wirtschaftspolitik waren natürlich nicht auf die Ablösung der verfestigten, anachronistischen politischen und gesellschaftlichen Ordnung und auf die Neuverteilung der wirtschaftlichen Macht gerichtet. Vielmehr im Gegenteil: mit Hilfe einer flexibleren Wirtschaftspolitik versuchte es das Regime, eine wirtschaftlich nicht mehr lebensfähige Gesellschaftsordnung durch partielle Modernisierungsmaßnahmen zu konsolidieren und in ein neues Gleichgewicht zu überführen. Der spanische Wirtschaftswissenschaftler Luis Gamir schreibt in diesem Zusammenhang[14]:

„Das Stabilisierungsprogramm war . . . eine konservative Operation. In sozialer Hinsicht belasteten seine negativen Auswirkungen vor allem die Arbeiterklasse, während die Banken gute Geschäfte machten. Den Problemen der strukturellen und institutionellen Reformen der spanischen Wirtschaft hat sich das Stabilisierungsprogramm niemals gestellt. Es war eine konservative Politik, die sich auf das Prinzip der Marktwirtschaft stützte . . . Aber die gesellschaftspolitisch einflußreichen Gruppen haben

---

[14] L. Gàmir, El periodo 1939–1959 . . . a. a. O., S. 29.

bald zu erreichen versucht, daß die Marktmechanismen überall dort ausge-
schaltet werden, wo diese ihre Interessen beeinträchtigten. Auf diese Weise
entstand ein ‚neuer Protektionismus'...

Der neue Protektionismus bediente sich der verschiedensten Mittel, um die
Auswirkungen der Liberalisierung zu beschränken. Auf der einen Seite
wurden tarifäre und nichttarifäre Instrumente zur Manipulation der Differenz zwischen nationalen und Weltmarktpreisen verwendet, auf der anderen flüchtete man zu einer Schutzpolitik der unterschiedlichsten
Subventionen... Die Indikativplanung ihrerseits wurde nicht nur das
neue Instrument der konservativen Kräfte;... sondern auch der Rahmen
zur Durchführung interventionistischer Maßnahmen, jedesmal wenn diese
den Interessen der gesellschaftlich einflußreichen Gruppen entsprachen."

Zwar hat die Politik der wirtschaftlichen Öffnung ohne Zweifel
die herrschenden Eliten der traditionellen Gesellschaftsordnung begünstigt und die Machtposition der Wirtschafts- und
Finanzaristokratie mit Hilfe eines modernisierten, differenzierteren Instrumentariums weiter gefestigt. Aber die Dynamik der
wirtschaftlichen Entwicklung, die infolge der neuen Reformpo-
litik einsetzte und von konjunkturellen Schwankungen abgesehen bis 1975 unvermindert anhielt, hat einen Prozeß in Gang
gesetzt, der zum Aufbrechen der traditionellen Strukturen und
zu einer allmählichen gesellschaftlichen Umschichtung führen
sollte. Die wichtigsten wirtschaftlichen Veränderungen, die
diesen Prozeß auslösten, waren die Öffnung der Grenzen für
den Waren-, Kapital- und Personenverkehr, die starke Expansion der verarbeitenden Industrie und das kontinuierliche
Wachstum des Volkseinkommens.

Die Öffnung der Grenzen, nach einer jahrzehntelangen Abge-
schiedenheit, ermöglichte in wirtschaftlicher Hinsicht die Ausweitung des Handels, den Zustrom ausländischen Kapitals nach
Spanien, den Aufschwung der Exportindustrien und die Expansion des Tourismus und der anderen Dienstleistungssektoren,
in gesellschaftlicher Hinsicht den Kontakt mit der Außenwelt
und damit den Vergleich, der zur Relativierung des bestehenden Wert- und Normsystems führen mußte. Jahr für Jahr
bevölkerten etwa 30 Millionen ausländische Touristen Spaniens
Strände; der Index der Deviseneinnahmen aus diesem Geschäft
(1952 = 100) kletterte bis 1972 auf 4300. Über eine Million
spanische Wanderarbeitnehmer hatten Gelegenheit, sich mit

den Produktions- und Konsumverhältnissen, den Lebensbedingungen und Institutionen in den westeuropäischen Industrieländern vertraut zu machen. Immer mehr spanische Touristen besuchten das Ausland: 1965 waren es 3,9 Millionen, 1973 bereits 7 Millionen. Die Kontakte mit der Außenwelt haben sich auch unabhängig von der wirtschaftlichen Entwicklung des Landes als nicht unbedeutende Einflußfaktoren auf die Änderung der Mentalität und der gesellschaftlichen Bewußtseinslage erwiesen. Die offiziellen Versuche, die sozialen Verhältnisse unter den Bedingungen des rapiden ökonomischen Wandels zu konservieren, konnten schon aus diesem Grunde nicht mehr in vollem Maße gelingen.

Die Expansion der Industrie und der Dienstleistungssektoren hatte gleichzeitig eine bedeutende Umschichtung in der Berufs- und Beschäftigungsstruktur zur Folge. Im Zeitraum zwischen 1966 und 1974 verringerte sich der Anteil der im landwirtschaftlichen Sektor Tätigen an der Gesamtheit der Erwerbsbevölkerung von 32% auf 23%. Der Anteil der im Dienstleistungssektor Beschäftigten stieg während der gleichen Periode von 40% auf 50%. Der Anteil der Erwerbstätigen in der verarbeitenden Industrie blieb zwar verhältnismäßig konstant, aber die Zusammensetzung nach Qualifikationen veränderte sich in erheblichem Maße zugunsten der Facharbeiter und der Angestellten des mittleren Managements[15]. Diese Verschiebungen innerhalb der Beschäftigungsstruktur signalisierten einen Wandel in Richtung auf eine urbanisierte Konsumgesellschaft, deren Konturen sich vor dem Hintergrund verschärfter regionaler Disparitäten seit etwa Mitte der sechziger Jahre abzeichneten. Die Tendenz zeigte sich auch in den außergewöhnlich hohen Wachstumsraten der Bevölkerungsentwicklung in den industrialisierten Regionen des Landes: In der Periode 1962–68 wuchs die Bevölkerung von Madrid um 27,5%, des Baskenlandes um 22,8% und von Barcelona um 22,1%[16]. In den urbanisierten Industriezentren entstand allmählich eine „neue Mittel-

---

[15] Vgl. OECD, Economic Surveys, Spain 1975. Eine Analyse dieser Entwicklung im Buch von J. F. Tezanos, a. a. O., S. 44 ff.

[16] A. de Miguel-J. Salcedo, Dinamica del desarrollo industrial de las regiones espanolas, Madrid 1972.

schicht", im Gegensatz zur „traditionellen Mittelschicht" der kleineren Unternehmer, Händler, Selbständigen und öffentlichen Funktionäre[17]. Die Konsequenz war eine tiefgreifende Veränderung der gesellschaftlichen Schichtungspyramide. Der Unterschied zwischen der früheren und der neuen Klassenstruktur zeichnete sich weniger durch eine Verminderung der Einkommensdisparitäten und der Gegensätze zwischen arm und reich als vielmehr durch die Entstehung neuer, den modernen Mittelstandsgesellschaften entsprechender Verhaltens- und Konsummuster aus. Die Distanz zwischen der Basis und der Spitze der Gesellschaftspyramide wurde nicht kleiner, aber die mittleren Etagen des Sozialbaus wurden allmählich immer stärker besetzt. Nach der bislang vollständigsten, wenn auch methodisch nicht ganz unproblematischen Studie von Fernandez de Castro und Goytre über die soziale Schichtung in Spanien konnten 1970 etwa 54% der Bevölkerung zu den Mittelschichten gerechnet werden (Vgl. Tabelle 4). Die typischen und zugleich tragenden Kräfte der „neuen Mittelschichten" waren die Angehörigen der wachsenden Wirtschafts- und Staatsbürokratie: die Manager, die leitenden Angestellten und Techniker, die aufgrund der ihnen zugewiesenen Funktionen einen großen Teil der Verantwortung und damit auch einen Teil der Kontrolle und der Macht über die wirtschaftlichen und gesellschaftlichen Entscheidungsprozesse an sich gerissen haben. Das Verhältnis zwischen dieser neuen Technokratie und der traditionellen Wirtschafts- und Finanzaristokratie war nicht durch Konkurrenz, sondern durch Komplementarität gekennzeichnet; dies sorgte für die Stabilität und die Kontinuität der gesellschaftlichen Herrschaftsverhältnisse. Carlos Moya beschrieb dieses Verhältnis mit den folgenden Worten: „Das aristokratische Element löst sich auf oder es bildet reduzierte Kerne, deren Machtpotential umso größer ist, je stärker die gesellschaftlichen Beziehungen zur bürgerlichen Welt der Technokraten geknüpft sind. Die Finanzaristokratie verwandelt sich in eine aristokratisierende Finanzelite, die nicht mehr Teil der traditionellen

---

[17] Über die Entstehung der neuen Mittelschichten siehe J. F. Tezanos, a. a. O., S. 57 ff. Vgl. auch die Analyse der gesellschaftlichen Umschichtung im zitierten Buch von C. Moya, a. a. O., S. 181 ff.

Tabelle 4: Schichtungspyramide der spanischen Gesellschaft
(1970 in %)

Oberschicht	Arbeitgeber	1,4
5,3 %	Selbständige	0,4
	Exekutive, Manager, Techniker,	
	hohe Beamte	0,7
	Familienangehörige	2,7
Obere	Unternehmer und Händler	5,0
Mittelschicht	Höhere Angestellte	5,8
25,6 %	Mittlere Beamte	0,9
	Staatl. Angestellte	1,1
	Familienangehörige	12,8
Untere	Kleinere Unternehmer/Händler	2,0
Mittelschicht	Mittlere Landwirte	3,6
28,3 %	Facharbeiter – Industrie	10,0
	Facharbeiter – Landwirtschaft	0,4
	Facharbeiter – öff. Dienst	0,8
	Familienangehörige	11,5
Unterschicht	Kleinere Bauern	8,0
40,8 %	Ungelernte Arbeiter:	
	Privater Sektor	9,4
	Landwirtschaft	4,6
	Öffentlicher Sektor	0,4
	Hausangestellte	1,8
	Familienangehörige	16,6

Quelle: In Anlehnung an I. Fernandez de Castro – A. Goytre:
Clases sociales en España en el umbral de los años 70, Madrid 1974,
S. 306-307.

Oberschicht, sondern Teil einer allmählich entstehenden nationalen Großbourgeoisie ist[18]." Nach der wirtschaftlichen Öffnung Spaniens im Jahre 1959 wird dieser gesellschaftliche
Strukturwandel zum Korrelat einer sozialen und geistigen Öffnung nach innen, durch die Schaffung von Kanälen der sozialen
Mobilität, und nach außen durch die Übernahme von Verhal-
tens- und Verfahrensmustern der industrialisierten Konsumge-
sellschaften.
Die eigentliche ökonomische Grundlage dieser gesellschaftlichen Veränderungen war das Wachstum des Volkseinkommens, das sich in zehn Jahren (1960–1970) verdoppelte. Eine

[18] C. Moya, a. a. O., S. 142.

Redistribution fand allerdings nicht statt; die Statistiken zeigen sogar, daß das Volkseinkommen insgesamt etwas schneller stieg als das Einkommen der Lohn- und Gehaltsempfänger, so daß die relative Position der letzteren sich leicht verschlechterte[19]. Entscheidend war aber der absolute Zuwachs des individuellen Einkommens, der eine Anhebung des allgemeinen Lebensstandards bewirkte. Die Erzeugnisse des Marktes wurden immer breiteren Bevölkerungsschichten zugänglich. Amando de Miguel stellt fest: „Die steigende Nachfrage nach dauerhaften Konsumgütern war vor allem darauf zurückzuführen, daß das Konsumniveau der unteren sozialen Schichten, der städtischen Arbeiterklasse und des mittleren Bauerntums, immer weiter expandierte"[20]. Die Tabelle 5 verdeutlicht die rasche Ausbreitung einiger charakteristischer Konsumgüter in den spanischen Haushalten.

Tabelle 5: Entwicklung des Konsums im Falle einiger ausgewählter Güter (1960-69)

Konsumgüter	Anteil der Haushalte im Besitz eines Gutes (in %)		
	1960	1966	1969
Elektrisches Licht	89	94	99
Radiogerät	64	82	86
Kühlschrank	4	28	63
Fernsehgerät	1	32	62
Waschmaschine	19	36	43
Telefon	12	23	39
PKW	4	12	27

Quelle: A. de Miguel: Clase social y consumo en España, in: A. Miguez et al.: España – Una sociedad de consumo?, Madrid 1969, S. 83. Weitere Quellenangaben dort.

Die Öffnung der Grenzen, der wachsende Wohlstand und die Veränderungen in der Gesellschaftsstruktur haben die materiellen und immateriellen Voraussetzungen für den Ausbruch Spaniens aus seiner Isolierung geschaffen. Die Hindernisse für eine Annäherung an Europa lagen im politischen Bereich. Das Regi-

[19] Vgl. J. F. Tezanos, a. a. O., S. 167 ff.
[20] A. de Miguel, Clase social y consumo en España, in: A. Miguez et al., España – una sociedad de consumo?, Madrid 1969, S. 57 ff., hier S. 80.

me befand sich in einer zwiespältigen Lage: während es gewalti-
ge Anstrengungen unternahm, um seine auswärtigen Beziehungen im allgemeinen und den Außenhandel im besonderen zu
aktivieren und zu diversifizieren, gab es den Versuch nicht auf,
den Einfluß, den die Liberalisierung nach außen auf die Forderungen nach einer inneren Liberalisierung bewirkte, zu verhindern, oder wenigstens auf ein Mindestmaß zu beschränken. Die
westlichen Industriestaaten begrüßten zwar die wirtschaftliche
Öffnung und Entwicklung Spaniens, vor allem wegen der
lohnenden Investitionsanreize und der Attraktivität des Binnenmarktes, aber sie weigerten sich aus politischen Gründen,
eine engere Partnerschaft mit der Franco-Diktatur einzugehen.
So blieb die spanische Europa-Politik von 1959 bis zum Tode
Francos eine für das Regime nicht ungefährliche Gratwande-
rung zwischen den beiden Erfordernissen der Selbsterhaltung:
der wirtschaftlichen Liberalität und dem politischen Autorita-
rismus.

4. Der Außenhandel: ein Wegweiser nach Europa

Der Außenhandel erwies sich als das wichtigste Vehikel sowohl
für die Industrialisierung Spaniens als auch für seine Integration
in die Weltwirtschaft. Die quantitative Bedeutung des Außenhandels, gemessen an seinem Anteil am BIP, war allerdings,
trotz gezielter Anstrengungen, nie sehr hoch; sie liegt auch
heute niedriger als in den EG-Ländern. Aber die Entwicklung
der Ein- und Ausfuhren spielte seit 1959 eine entwicklungs-
und auch strukturpolitisch entscheidende Rolle.
Die Einfuhrpolitik stand unter drei Zielsetzungen. Die Importe
sollten die Industrie mit den notwendigen Rohstoffen und
Kapitalgütern versorgen, die interne Preisentwicklung beeinflussen und ein „gesundes Maß an Wettbewerb" in die nationale Produktion einführen[21]. Das erste Ziel hatte eine prioritäre
Bedeutung: Spaniens Industrialisierung wäre ohne die massiven
Importe von Roh- und Grundstoffen, Maschinen und anderen

[21] Vgl. L. Gámir, Politica de comercio exterior, in: L. Gámir (ed.), Politica
economica de España, Madrid 1975, S. 139 ff., hier S. 146.

Investitionsgütern, deren Anteil an der Gesamteinfuhr heute bei 75% liegt, zweifellos nicht möglich gewesen. Die wichtigste Aufgabe des Exportes war dementsprechend die Beschaffung der für die Einfuhr erforderlichen Devisen.

Tabelle 6: Anteil des Außenhandels am BIP in europäischen Ländern (1972) (in %)

Länder	Importe	Exporte
BR Deutschland	19,9	21,6
Frankreich	16,4	17,2
Großbritannien	21,8	21,6
Belgien	40,9	43,4
Niederlande	41,4	46,1
Italien	20,1	20,4
Irland	40,6	35,0
Griechenland	20,7	12,0
Spanien	16,2	16,1

Quelle: OECD: Main Economic Indicators

Für die Entwicklung des Außenhandels seit 1959 waren die folgenden Merkmale charakteristisch: Starke Wachstumstendenzen sowohl bei den Exporten als auch bei den Importen, erhebliche Veränderungen in der Zusammensetzung des Exports zugunsten der Industrieprodukte (insbesondere des Anteils von Maschinen und Transportausrüstung) bei relativ wenig veränderter Importstruktur sowie Tendenzen zur geographischen Konzentration sowohl der Ein- als auch der Ausfuhren auf die westeuropäischen Länder und die USA (seit 1974 natürlich auch auf die OPEC-Staaten[22]).

Zwischen 1962 und 1971 stieg der Importwert von 1,5 Mrd. US-$ auf 4,9 Mrd. US-$, der Exportwert von 736 Mio. US-$ auf 2,9 Mrd. US-$. Die durchschnittliche jährliche Wachstumsrate betrug bei den Importen 13,6%, bei den Exporten 16,6%. Spaniens Anteil am Weltimport wuchs von 1,7% in 1967 auf 2,0% in 1973; sein Anteil am Weltexport stieg in der gleichen

[22] Eine Analyse in Ministerio de Planificación del Desarrollo, IV. Plan Nacional de Desarrollo (1976–79), Proyecto para examen y corrección, Madrid, November 1975.

Periode von 0,7% auf 1,14%[23]. Auf der Importseite verzeichneten besonders die industriellen Konsumgüter eine starke Zunahme, während auf der Exportseite Maschinen, Transportausrüstung und verschiedene Konsumgüter die höchsten Wachstumstendenzen zeigten. Seit der Energiekrise belasten die verteuerten Mineralölimporte die Handelsbilanz, die seit Anfang der sechziger Jahre chronisch passiv ist und durch eine aktive Dienstleistungs- und Kapitalbilanz ausgeglichen werden muß. Die Tabelle 7 ist eine schematische Übersicht über die Veränderungen in der Zusammensetzung des spanischen Außenhandels von 1964 bis 1974.

Tabelle 7: Entwicklung der Zusammensetzung des spanischen Außenhandels

Produktgruppen	Anteil am Gesamtexport		Anteil am Gesamtimport	
	1964	1974	1964	1974
Nahrungsmittel, Getränke und Tabak	53,0	24,0	17,5	12,0
Rohstoffe und Energie	13,0	11,6	26,0	40,0
Maschinen und Transportmaterial	8,5	20,2	29,0	20,0
Sonstige Industriegüter	25,5	44,2	27,5	28,0

Quelle: Handelsministerium

Spaniens wichtigste Handelspartner waren schon seit den fünfziger Jahren die westeuropäischen Länder und die Vereinigten Staaten. Während die Zusammensetzung des Imports aus diesen Ländern sich im Verlauf der Jahre nicht wesentlich änderte, hat sich die Exportstruktur in beträchtlichem Maße gewandelt. Ende der fünfziger Jahre bestanden die spanischen Lieferungen zu 60% aus Nahrungsmitteln und Getränken (vor allem Zitrusfrüchten und Wein) und zu 20% aus Fertigprodukten; anderthalb Jahrzehnte später erreichte der Anteil der industriellen

---

[23] Einzelheiten in J. B. Donges, Spain's Industrial Exports – An Analysis of Demand and Supply Factors, in: Weltwirtschaftliches Archiv, Bd. 108, Nr. 2, 1972, S. 191 ff. Die Daten über Spaniens Anteil am Welthandel sind entnommen aus Banco de Bilbao, Informe economico 1973, Bilbao 1974.

Fertigwaren am Gesamtexport über zwei Drittel. Diese Umkehr der Relationen war das Ergebnis der Industrialisierungs- und Exportförderungspolitik der sechziger Jahre. Der Umstand, daß im Handel mit den Industriestaaten die industriellen Fertigprodukte sowohl auf der Import- als auch auf der Exportseite eine zunehmend wichtige Rolle spielen, zeugt von der allmählichen Verflechtung Spaniens mit der Weltwirtschaft und dem zumindest partiellen Erfolg der intra-industriellen Spezialisierung im Handel mit den Industrieländern.

Vom Anfang der sechziger Jahre bis zur Ölpreiserhöhung in 1973/74 konzentrierten sich beinahe drei Viertel der Exporte und zwei Drittel der Importe auf Westeuropa und die USA. Von geringen Schwankungen abgesehen haben sich diese Relationen während der ganzen Periode nicht geändert: die Expansion des Handels mit diesen Ländern zeigte ungefähr die gleiche Rate wie das Wachstum des gesamten spanischen Außenhandels. Im Jahre 1962, als Spanien den ersten Schritt in Richtung auf eine wirtschaftliche Annäherung an Europa unternahm, betrug der Anteil der EWG-Länder am spanischen Gesamtimport 30%, am Gesamtexport 37,4%. Es war aber nicht nur die quantitative Bedeutung dieser Handelsbeziehungen, die die Madrider Regierung zum Versuch eines Arrangements mit dem Gemeinsamen Markt veranlaßte. Mindestens genauso entscheidend war der Gesichtspunkt, daß die EWG-Staaten sowohl die Hauptlieferanten der zur weiteren industriellen Entwicklung erforderlichen Produktionsgüter als auch die Hauptabnehmer (neben einigen EFTA-Ländern) der wichtigsten devisenbringenden spanischen Exporterzeugnisse aus dem Agrarbereich waren. Durch die Errichtung des Gemeinsamen Zolltarifs, die Schaffung von gemeinschaftlichen Marktordnungen für landwirtschaftliche Erzeugnisse und die Erleichterung des Zugangs für die mit Spanien konkurrierenden nordafrikanischen Länder zum europäischen Markt waren Spaniens Handelsinteressen unmittelbar bedroht. Eine Regelung der Beziehungen zur EWG schien daher unvermeidlich. Es war nicht das Zeichen einer politischen Neuorientierung, sondern eine Notwendigkeit der wirtschaftlichen Vernunft, daß der Weg aus dem Abseits direkt zu einer Annäherung an Europa führte.

III. Die Annäherung an Europa

1. Spanien in Zugzwang

Den ersten Anfängen der europäischen Integrationsbestrebungen hatte man in Spanien wenig Beachtung geschenkt. Auf die Gründung der Europäischen Gemeinschaft für Kohle und Stahl im Jahre 1951 reagierten die politischen Kreise und die Presse mit jener Attitüde der Geringschätzung, die den verletzten Stolz der Außenstehenden zu kaschieren pflegt. Von der konstituierenden Sitzung der EGKS-Versammlung unter dem Vorsitz von Paul-Henri Spaak am 10. September 1951 nahm die spanische Presse überhaupt keine Notiz[1]. Anderthalb Jahre später, als die Konturen einer europäischen Gemeinschaft mit viel weiter gesteckten Zielen bereits sichtbar wurden, schrieb das falangistische Blatt ‚Arriba': „Dieses kleine Europa der Sechs ist eine Utopie, wie die Insel Barataria von Sancho Panza'[2]." In Regierungskreisen sprach man zwar immer wieder von der „europäischen Berufung Spaniens", aber dieses Bekenntnis war politisch inhaltslos und meinte eigentlich ein anderes Europa. Dieses besteht – schrieb der ehemalige Abteilungsleiter für Westeuropa im Madrider Außenministerium, Manuel Sassot – aus drei Teilen: „Osteuropa, Westeuropa und, als Privileg nicht ohne Opfer, dem Europa, das Spanien repräsentiert[3]." Natürlich gab es auch in Spanien Europäisten. Unter

---

[1] Vgl. A. Sanchez Gijón, El camino hacia Europa, Madrid 1973. Dieses Buch enthält eine ausführliche Behandlung der Vorgeschichte des Präferenzabkommens von 1970.
[2] „Arriba", 11. Febr. 1953.
[3] Zit. n. A. Sanchez Gijón, a. a. O., S. 26.

dem Patronat Otto von Habsburgs nahm ein „Europäisches Zentrum für Information und Dokumentation" seine Arbeit in Madrid auf; in Barcelona wurde ein Institut für Europäische Studien gegründet; an der Madrider Universität organisierte Manuel Ortuño ein Seminar für europäische Studien; Josè Miguel de Azaola gründete Arbeitskreise und versuchte, Spaniens Interesse für die Entwicklung jenseits der Pyrenäen zu wecken. Aber die falsche Optik der offiziellen und offiziösen Einschätzung dieser Entwicklung änderte sich auch in den nächsten Jahren nicht. Die Zeitung ‚Arriba' berichtete aus Messina, wo gerade die historische Konferenz über die Gründung des Gemeinsamen Marktes zu Ende ging: „Die europäische Integration ist auf der Konferenz von Messina keinen einzigen Schritt vorangekommen[4]."

Die Tragweite dieses Irrtums wurde spätestens 1957 nach der Unterzeichnung der römischen Verträge erkannt. Die seit 1956 amtierende spanische Regierung, die zwei Jahre später den Stabilisierungsplan und die Öffnung der Wirtschaft nach außen einleiten sollte, verfolgte nunmehr mit der größten Aufmerksamkeit die Entwicklung in Europa. Sie setzte noch im Juli 1957 eine interministerielle Kommission zum Studium der europäischen Gemeinschaften (CICE) ein, mit dem Ziel, die Auswirkungen der Integration auf die spanische Wirtschaft zu prüfen. Über die Aktivitäten dieser Kommission ist so gut wie nichts überliefert. Fest steht jedoch, daß die Dynamik des Integrationsprozesses innerhalb der Gemeinschaft der Sechs, die Gründung der EFTA und die während der gleichen Zeitperiode vollzogene Durchführung der wirtschaftlichen Stabilisierungs- und Liberalisierungsprogramme in Spanien die Regierung zwangen, zur Wahrung der spanischen Handelsinteressen Entscheidungen über die künftige Orientierung ihrer Europapolitik vorzubereiten. Ein entsprechender Druck von seiten der privaten Wirtschaft, insbesondere der Agrarexporteure, wurde zunehmend spürbar. An der Spitze dieser Interessengruppen war es die Orangen-Lobby, die angesichts der schrumpfenden Marktanteile auf dem europäischen Markt eine möglichst baldi-

[4] Ebenda, S. 98.

ge Regelung der Handelsbeziehungen mit den westeuropäischen Ländern forderte. Eine allgemeine Regelung dieser Beziehungen im Rahmen der OECD, wie dies die spanische Regierung noch bis etwa 1960 zu erreichen hoffte, war nicht mehr möglich. So entsandte Madrid 1960 seinen ersten Botschafter zur EWG, nach Brüssel.

Erst jetzt begann aber die eigentliche Diskussion über die künftige Ausrichtung der spanischen Europapolitik. Für den Anschluß an die EFTA sprach vor allem der rein wirtschaftliche Charakter dieser Freihandelszone, die es Spanien ersparen würde, sich den politischen Prüfungskriterien der EWG zu unterwerfen. Auf der anderen Seite erstreckte sich der Freihandel im Rahmen der EFTA nur auf die Industrieerzeugnisse, während Spaniens wichtigste Exporte zu jener Zeit aus der Landwirtschaft kamen. Dieses Argument sowie der Umstand, daß Spaniens Handel mit den Ländern der EWG den mit den EFTA-Mitgliedern um etwa 50% übertraf, waren dann ausschlaggebend für die 1962 getroffene Entscheidung zugunsten der Aufnahme von Beziehungen mit der Sechsergemeinschaft.

Diese Entscheidung fiel nicht leicht; für die Öffentlichkeit kam sie plötzlich und überraschend. Drei Entwicklungen in Europa haben sie ausgelöst. Die erste war die Konzipierung der gemeinsamen Agrarpolitik der Sechs. Für die spanischen Agrarexporte bedeutete dies nicht nur die Erschwerung des Zugangs zum europäischen Markt, sondern auch die Gefahr, auf dem Weltmarkt mit den subventionierten landwirtschaftlichen Erzeugnissen der Gemeinschaft konkurrieren zu müssen. Die zweite Entwicklung war die Unterzeichnung des Assoziationsvertrages zwischen der EWG und Griechenland am 9. Juli 1961. Zwar behandelte die spanische Presse die Assoziierung als eine Formel für unterentwickelte Volkswirtschaften, die für Spanien angesichts der industriellen Expansion der letzten Jahre undiskutabel wäre[5], aber ein Präzedenzfall wurde geschaffen, auf den sich die Madrider Regierung jederzeit berufen konnte. Die dritte und für Spanien vielleicht wichtigste Entwicklung war der Beitrittsantrag Großbritanniens am 10. Au-

[5] Ebenda, S. 170.

gust 1961. Aufgrund der britischen Beitrittsabsicht wurde die frühere Diskussion, EWG oder EFTA, plötzlich gegenstandslos. Wenn Großbritannien, der wichtigste Absatzmarkt für Spaniens Agrarexporte, Mitglied der EWG wird und die gemeinsame Agrarpolitik übernimmt, ist Spanien gezwungen, eine Lösung für die Handelsbeziehungen mit der Gemeinschaft zu suchen. Anfang 1962, noch vor dem französischen Veto, schien es, daß die Verhandlungen zwischen der EWG und Großbritannien in eine positive Phase eingetreten waren. Zugleich genügte ein Blick auf die Karte Westeuropas, um festzustellen, daß es zu jener Zeit neben Spanien nur noch vier Länder gab, die außerhalb der beiden Blöcke standen: Irland, Island, Finnland und Portugal. Der Verlauf des Integrationsprozesses barg für Spanien die Gefahr einer fast totalen wirtschaftlichen Isolierung in sich. Die genannten Entwicklungen gestatteten keinen Aufschub mehr für die Entscheidung. Spanien war im Zugzwang.

2. Ein Brief und seine Folgen

Am 9. Februar 1962 richtete der spanische Außenminister Castiella einen Brief an den Ratsvorsitzenden der EWG, in dem er die Gemeinschaft ersuchte, über die Gestaltung der künftigen Beziehungen zwischen Spanien und der EWG Verhandlungen aufzunehmen. Diese Initiative kam für die Gemeinschaft nicht ganz unerwartet, für die spanische Öffentlichkeit jedoch überraschend. Der vollständige Text des Briefes lautete wie folgt:

„Madrid, den 9. Februar 1962. An Seine Exzellenz Maurice Couve de Murville, den Vorsitzenden des Ministerrates der Europäischen Wirtschaftsgemeinschaft. Herr Präsident: Ich habe die Ehre, im Namen meiner Regierung Sie um die Aufnahme von Verhandlungen zu ersuchen, mit dem Ziel, den möglichen Anschluß meines Landes an die Europäische Wirtschaftsgemeinschaft in der für die gegenseitigen Interessen am besten geeigneten Form zu prüfen.
Spaniens europäische Gesinnung, die sich im Laufe der Geschichte wiederholt bestätigte, offenbart sich auch in diesem Augenblick, in dem der Fortschritt in Richtung auf die Integration zur Verwirklichung des Ideals der europäischen Solidarität führt.

Aufgrund der räumlichen Nachbarschaft meines Landes mit der Gemeinschaft und des Beitrages, den es dank dieser geographischen Position zum europäischen Zusammenhalt leisten kann, sieht sich meine Regierung veranlaßt, die Assoziierung zu beantragen, die eines Tages, nach den Etappen des Übergangs, die zur Anpassung der spanischen Wirtschaft an die Verhältnisse des Gemeinsamen Marktes erforderlich sind, zur Vollmitgliedschaft führen kann.

Meine Regierung, um die Aufgabe der Beschleunigung der wirtschaftlichen Entwicklung des Landes bemüht, hat die Gewißheit, daß die Erfordernisse dieser Entwicklung von der Gemeinschaft berücksichtigt werden, damit, wie zu erwarten ist, Spaniens Anschluß an die Gemeinschaft sich in keiner Weise als Hindernis, sondern im Gegenteil, als Anreiz zur Erreichung dieses Zieles erweist. Der Erfolg des spanischen Stabilisierungsplanes, der in Zusammenarbeit mit internationalen Organisationen erreicht wurde, ist in diesem Zusammenhang als eine ermutigende Erfahrung anzusehen.

Zusätzlich zu diesem Aspekt und in Anbetracht der grundlegenden Bedeutung, die die landwirtschaftlichen Exporte nach den Ländern der Gemeinschaft für den spanischen Außenhandel haben, – da die Sicherung und die weitere Zunahme dieser Exporte die Voraussetzungen für die Beschaffung jener Zahlungsmittel sind, deren Ausfall die erwähnte wirtschaftliche Entwicklung stark beeinträchtigen würde, – zweifelt meine Regierung nicht daran, daß dieser Gesichtspunkt die notwendige Beachtung finden würde, im Vertrauen auf die Möglichkeit, Lösungen zu finden, die alle Beteiligten zufriedenstellen.

Meine Regierung ist überzeugt davon, – und ich glaube, es ist von einem gewissen Interesse, darauf hinzuweisen, – daß die Beziehungen zwischen Spanien und den amerikanischen Ländern durch den Anschluß Spaniens an die Gemeinschaft in keiner Weise beeinträchtigt würden; vielmehr im Gegenteil, Spaniens Anschluß könnte einen positiven Beitrag zur Lösung jener Probleme leisten, die gegenwärtig zwischen den genannten Ländern und der Gemeinschaft bestehen.

Infolgedessen hoffe ich, Herr Präsident, daß die Organe der Gemeinschaft meinen hiermit formulierten Antrag auf die Aufnahme von Verhandlungen mit Wohlwollen prüfen werden. Ich bitte Sie, den Ausdruck meiner Hochachtung entgegenzunehmen. Unterschrift: Fernando Maria Castiella.''

Bis zur Aufnahme der ersten Explorationsgespräche sollten allerdings noch beinahe drei Jahre vergehen. Die Antwort der Gemeinschaft auf diesen Brief beschränkte sich auf eine kurze Empfangsbestätigung. Obwohl der spanische Finanzminister Navarro Rubio wenige Tage nach Castiellas Schreiben den damaligen deutschen Vizekanzler Erhard in Bonn aufsuchte, um den spanischen Antrag zu erläutern und die Möglichkeiten einer wirksamen Unterstützung durch die Bundesrepublik Deutschland auszuloten, reichten seine und auch Bonns Bemühungen nicht aus, um die kühle und reservierte Haltung der meisten anderen Mitgliedsstaaten gegenüber den Integrationsabsichten Spaniens in positivem Sinne zu beeinflussen. Die offiziöse Begründung für Brüssels Schweigen war das Argument, zunächst müsse man sehen, wie sich die Beitrittsverhandlungen mit Großbritannien entwickeln. In Kreisen der Kommission und des Europäischen Parlaments war aber von Anfang an klar, daß eine Assoziierung im Falle Spaniens aus politischen Gründen gar nicht in Frage kam; es könnten höchstens Gespräche über die Regelung der handelspolitischen Beziehungen geführt werden[6]. Selbst diese begrenzten Aussichten schienen zu schwinden als Frankreich Anfang 1963 Einspruch gegen den britischen Beitritt erhob und damit die Frage der Erweiterung der Gemeinschaft in das Stadium vor 1961 zurückwarf[7].

Für die spanische Regierung war die Verzögerung wirtschaftlich schädlich und politisch peinlich. Mittlerweile nahm in Europa der Gemeinsame Agrarmarkt allmählich Gestalt an; Spaniens Orangen verloren trotz wachsender Exportmengen beträchtliche Marktanteile zugunsten anderer Mittelmeerländer; der spanische Wein mußte eine zunehmend harte Konkurrenz nicht nur mit dem italienischen und französischen, sondern auch mit dem später von Frankreich favorisierten algerischen Wein bestehen. Politisch wurde in Madrid die Wartezeit als eine Demütigung empfunden. Das Regime, darauf erpicht, die Annäherung an die EWG innenpolitisch als die kommende Anerkennung seiner internationalen Salonfähigkeit darzustellen, gebrauchte in offiziellen Verlautbarungen und in der Presse solche Formulierungen, die die präzisen Unterschiede zwischen Handels-, Assoziierungs- und Beitrittsvertrag verwischten und zumindest bei der uneingeweihten Öffentlichkeit den Eindruck erweckten, als handelte es sich um die unmittelbar bevorstehende Vollmitgliedschaft Spaniens im Gemeinsamen Markt. Je

[6] Vgl. die Empfehlung der Versammlung des Europarates vom 17. Mai 1962.

[7] Vgl. M. Suarez, La economia española ante el Mercado Comun, in: Ibérica, Vol. 20., No. 6., Juni 1972, S. 3 ff.

länger Brüssel schwieg, um so krampfhafter versuchte es die unter Erfolgszwang stehende Madrider Regierung, das Zustandekommen des Gesprächs mit Europa voranzutreiben. Innerhalb von wenigen Monaten bereisten fünf spanische Regierungsmitglieder sechsmal die EWG-Hauptstädte, nicht zuletzt mit dem Ziel, den Prozeß der angestrebten Kontaktaufnahme zu beschleunigen[8].

Am 14. Januar 1964, also fast zwei Jahre nach Castiellas Brief, entschloß sich die spanische Regierung zu einer neuen Initiative. In einem an den Ministerrat der EWG gerichteten Brief erinnerte der spanische Botschafter vor der Gemeinschaft, Casa Miranda, an den vor zwei Jahren gestellten Antrag und ersuchte den Rat, mit Spanien Explorationsgespräche aufzunehmen. Weitere vier Monate verstrichen bis zur ersten offiziellen Reaktion Brüssels. Am 6. Juni 1964 ermächtigte der Rat die Kommission, mit der spanischen Regierung Gespräche aufzunehmen, „um jene wirtschaftlichen Probleme zu prüfen, die sich aus dem Integrationsfortschritt der Gemeinschaft für Spanien ergeben[9]." Von der Perspektive einer Assoziierung war in der Brüsseler Verlautbarung keine Rede. Zu den ersten Explorationsgesprächen kam es dann auch erst am 9. Dezember 1964. Im Februar des nächsten Jahres überreichte die Kommission der spanischen Delegation einen umfangreichen Fragebogen, deren einzelne Fragen sich auf die verschiedensten wirtschaftlichen Bereiche, vor allem auf außenhandelspolitische Sachverhalte bezogen. Die spanische Regierung beantwortete die Fragen stückweise; der Endbericht von 145 Seiten und 67 statistischen Tabellen wurde der Kommission im Spätsommer 1965 übergeben. Zu diesem Zeitpunkt traten neue Verzögerungen auf: Die innergemeinschaftlichen Schwierigkeiten mit der Finanzierung der gemeinsamen Agrarpolitik, die Debatte über die Befugnisse des Europäischen Parlaments und der französische Boykott der Ratssitzungen blockierten für ein weiteres Jahr

---

[8] A. Sanchez Gijón, a. a. O., S. 207 ff.

[9] Ministerio de Asuntos Exteriores, Boletin de Información Economica – Antecedentes y Situación Actual de las Relaciones España-CEE, Madrid April 1976 (im folgenden kurz als „Boletin" bezeichnet), S. 3.

den Fortschritt der Gespräche. Diese wurden erst im Sommer 1966 abgeschlossen.

Es war klar, daß für die Gemeinschaft die Aushandlung eines Assoziierungsabkommens mit Spanien nicht zur Diskussion stand. Diese Entscheidung griff auf den Birkelbach-Bericht aus dem Jahre 1962 zurück, der die Assoziierung, die auf längere Sicht zur Vollmitgliedschaft führen sollte, nur für Länder in Aussicht stellte, deren Regierungen eine demokratische Legitimation aufweisen. So empfahl die Kommission nach Beendigung der Explorationsgespräche in ihrem Abschlußbericht vom 23. November 1966 dem Rat die Aushandlung eines präferenziellen Handelsabkommens mit Spanien. Der Leiter der spanischen Delegation, der frühere Handelsminister Ullastres, lehnte diesen Vorschlag ab, sah aber gleichzeitig ein, daß Spaniens Anspruch auf die Assoziierung unter den gegebenen Bedingungen nicht durchsetzbar war. Aus diesem Grund versuchte er, die Flexibilität der kommenden Verhandlungen durch die Formel zu gewährleisten, daß das Ergebnis der weiteren Gespräche nicht durch die Festlegung des auszuhandelnden Abkommens vorweggenommen werden sollte[10]. Obwohl dieser Vorschlag von der EG-Delegation nicht berücksichtigt wurde, beharrte Spanien – nunmehr nur noch stillschweigend – auf der ursprünglichen Position einer Assoziierung mit Evolutionsklausel, die es prinzipiell nie aufgab. So bestätigte auch Außenminister Castiella in einem Interview für die Zeitung „Die Welt", daß Spanien weiterhin an seinem Wunsch festhalte, die Assoziierung, die zur vollen Integration führe, zu erreichen[11]. Die realistische Einschätzung der Lage zwang jedoch die Madrider Regierung dazu, auf das wesentlich begrenztere Angebot der Kommission einzugehen.

Die eigentlichen Verhandlungen über das Präferenzabkommen erfolgten dann auf der Grundlage des ersten Mandats des Rates an die Kommission vom 11. Juli 1967, fünfeinhalb Jahre nach der ersten Initiative der spanischen Regierung.

---

[10] A. Sanchez Gijón, a. a. O., S. 261.
[11] „Die Welt", 24. Okt. 1966.

3. Die Verhandlungen

Die Aushandlung des Abkommens nahm zwei Jahre in Anspruch. Das erste Angebot der Gemeinschaft implizierte solche Bedingungen, die Spanien nicht annehmen konnte. Im Falle der landwirtschaftlichen Produkte, die damals 60% der spanischen Ausfuhren in die Gemeinschaft repräsentierten, bot die EG Konzessionen an, die lediglich 7% der spanischen Agrarexporte begünstigt hätten[12]. Im industriellen Bereich schlug die Gemeinschaft eine in vier Jahren vorzunehmende Zollsenkung von 60% für Spaniens Exporte vor, mit einer langen Liste von auszunehmenden sensiblen Produkten. Dafür sollte Spanien innerhalb einer Periode von sechs Jahren seine Zölle für die aus der EG importierten Industrieerzeugnisse um 40% abbauen und die bestehenden Mengenbeschränkungen aufheben, mit der Möglichkeit, bestimmte Produkte von dieser Regelung auszunehmen.

Gegenüber diesem Angebot verlangte Spanien die volle Zollfreiheit für seine industriellen Exporte in die Länder der Gemeinschaft, Schutzklauseln für sensible Produkte, Zugeständnisse im landwirtschaftlichen Bereich, die Produkt für Produkt ausgehandelt werden sollten, sowie einige andere Vorteile in den Bereichen der finanziellen Kooperation und der Beschäftigung spanischer Wanderarbeitnehmer in den Ländern der Gemeinschaft.

Es wurde bald deutlich, daß die Gegensätze zwischen den jeweiligen Vorstellungen der beiden Verhandlungsdelegationen im Rahmen der geltenden Verhandlungsermächtigungen unüberbrückbar waren. Die Delegationen zögerten jedoch, die Gespräche für gescheitert zu erklären. Die Spanier taktierten mit dem Ziel, die Gemeinschaft zur Unterbreitung eines neuen, weitergehenden Angebots zu bewegen. Die Kommission sah ein, daß die bestehende Verhandlungsgrundlage für das Zustandekommen einer Einigung nicht ausreichte und sie wies in ihrem Bericht an den Rat auf die Notwendigkeit der Erweiterung des Verhandlungsmandats hin. Am 17. Oktober 1969

---

[12] „Boletín", S. 4

erteilte der Rat der Kommission tatsächlich eine neue Ermächtigung, das sogenannte zweite Mandat.

Zum erstenmal seit Aufnahme der Gespräche hat sich damit die Aussicht auf eine Einigung eröffnet. Beide Seiten zeigten eine gewisse Bereitschaft zu Zugeständnissen: Die EG erweiterte ihr Angebot um eine Reihe von Konzessionen für die spanischen Agrarexporte und Spanien fand sich damit ab, ein Handelsabkommen im Rahmen der gemeinsamen Mittelmeerpolitik der Gemeinschaft, ohne die Aussicht auf eine unmittelbare politische und finanzielle Zusammenarbeit, abzuschließen. Im industriellen Bereich bot die EG eine 60%ige Zollsenkung innerhalb von drei Jahren, mit der Möglichkeit einer weiteren 10%-igen Zollsenkung nach vier Jahren und mit einer wesentlich gekürzten Liste der Ausnahmen an. Die Beseitigung der mengenmäßigen Einfuhrbeschränkungen für die Erzeugnisse mit Ursprung in der Gemeinschaft sollte unter neuen, für Spanien günstigeren Bedingungen erfolgen. Für die landwirtschaftlichen Erzeugnisse mit Ursprung in Spanien bot die Gemeinschaft Konzessionen an, die über 60% der spanischen Agrarexporte begünstigten, anstatt 7% im Falle der ersten Verhandlungsermächtigung. Auf dieser Grundlage schritten die Verhandlungen nunmehr rasch voran: Produkt für Produkt wurden die Listen zusammengestellt, auf welche die jeweils ausgehandelten Sätze der Zollsenkung angewendet werden sollten. In manchen spanischen Wirtschaftskreisen wurde dieser Fortschritt der Verhandlungen nicht ohne ein gewisses Mißtrauen beobachtet: Obwohl die Interessenverbände und die „vertikalen Syndikate" Gelegenheit hatten, an der Formulierung der spanischen Verhandlungsposition mitzuwirken und zum Problem der Behandlung der einzelnen Produkte Stellung zu nehmen[13], fand über die jeweiligen Vor- und Nachteile der unterschiedlichen Vertragsentwürfe weder eine öffentliche Diskussion noch eine wissenschaftlich ernstzunehmende ökonomische Untersuchung statt. Dies entsprach auch der Verhandlungsführung von Ullastres,

---

[13] Vgl. Organizaciòn Sindical, La Organizaciòn Sindical ante el II. Mandato de Negociaciòn de España con la Comunidad Economica Europea, (Positionspapier), Madrid, Dez. 1969.

der immer wieder betonte, daß „die Philosophie Vorrang vor den Zahlen" haben müsse[14]. Und da das Angebot der Gemeinschaft kaum noch veränderbar schien, entschied sich Ullastres im Einvernehmen mit seiner Regierung für die Taktik, die ursprünglich angebotenen spanischen Konzessionen allmählich wieder zurückzuschrauben. Mit dieser Taktik erreichte Spanien dann auch, daß die Gemeinschaft, die für 85% ihrer industrieller Exporte nach Spanien von diesem Land eine Zollsenkung von 40% gefordert hatte, sich schließlich mit einer 25%igen Zollreduktion für 57% dieser Exporte zufrieden gab[15].

Die letzte Sitzung der beiden Verhandlungsdelegationen endete am 12. März 1970, abends um 20 Uhr 45. Der Entwurf des Abkommens war fertiggestellt, er konnte dem Ministerrat der Gemeinschaft sowie der spanischen Regierung zugeleitet werden. Für keine der Verhandlungsparteien war es eine Stunde der Triumphes. Das Ergebnis bestand aus mehr oder weniger ausgewogenen Kompromissen, die sowohl in Brüssel als auch in Madrid nüchtern zur Kenntnis genommen wurden. Der Gemeinschaft war es gelungen, Spanien in das Konzept einer zu errichtenden mediterranen Freihandelszone einzubeziehen, um den Preis einiger Zugeständnisse im Agrarbereich und des Einlenkens in der Frage verringerter spanischer Zollreduktionen für Industrieerzeugnisse aus der Gemeinschaft. Spanien fand sich mit einem Handelsabkommen ohne politische, finanzielle, wirtschafts- und beschäftigungspolitische Implikationen für die Beziehungen mit der Gemeinschaft ab, behielt aber die Hoffnung, in sechs Jahren, nach Ablauf der ersten Phase des Abkommens, diese Beziehungen etwas enger gestalten zu können.

Das Abkommen wurde am 29. Juni 1970 in Luxemburg vom Vorsitzenden des Ministerrates, dem belgischen Außenminister Harmel, dem Vorsitzenden der Kommission, Rey, sowie dem spanischen Außenminister Lopez Bravo unterschrieben. Es trat am 1. Oktober 1970 in Kraft[16].

---

[14] A. Sanchez Gijón, a. a. O., S. 324.
[15] Präzise Angaben und weitere Einzelheiten in „Boletín", S. 6.
[16] Text des Abkommens vgl. „Amtsblatt der Europäischen Gemeinschaften", 16. August 1970.

4. Das Präferenzabkommen von 1970

Das Abkommen sieht zwei Phasen in der Entwicklung der Beziehungen zwischen Spanien und der Gemeinschaft vor. Die erste Phase von sechs Jahren besteht im schrittweisen Abbau der Zollschranken für den beiderseitigen Handel, und zwar in dem jeweils vereinbarten Umfang und Tempo. Der Übergang von der ersten in die zweite Phase erfolgt nicht automatisch, sondern er soll nach Ablauf der ersten Phase Gegenstand erneuter Verhandlungen werden, „sofern die Voraussetzungen dafür gegeben sind[17]." Über den Inhalt der zweiten Phase sagt der Text des Abkommens nichts aus, – ein Umstand, der für Spanien einen Anlaß für gewisse Hoffnungen, für die Gemeinschaft zugleich keinerlei Verpflichtung bedeutet. Das Abkommen kann von beiden Vertragspartnern jederzeit innerhalb einer Frist von 180 Tagen gekündigt werden.

Spanien verpflichtet sich, für die Erzeugnisse mit Ursprung in der Gemeinschaft, die nach Warengruppen auf drei Listen A, B und C aufgeführt sind, Zollreduktionen vorzunehmen, nach dem folgenden Terminkalender:

Tabelle 8: Zollreduktionen Spaniens für Erzeugnisse aus der EG in Prozenten des nominalen Zollsatzes, nach Terminen und nach Warengruppen

Waren	1. 10. 70	1. 1. 73	1. 1. 74	1. 1. 75	1. 1. 76	1. 1. 77
Liste						
A	10	20	30	40	50	60
B	5	10	10	15	20	25
C	5	10	10	15	20	25

Es wurde die Möglichkeit vorgesehen, daß die Gemeinschaft ihrerseits die Spanien gewährte Zollpräferenz von 60% zum 1. Januar 1974 auf 70% erhöhen könnte. In diesem Fall würde Spanien die Zollsätze auf die in den Listen A und B aufgeführten Waren mit Ursprung in der Gemeinschaft vom gleichen Zeitpunkt an zusätzlich reduzieren, und zwar so, daß zum 1.

---

[17] Präferenzabkommen mit Spanien, Art. 1.

Januar 1977 die gesamte Zollsenkung für die Waren auf Liste A 70%, für die Waren auf Liste B 30% beträgt. Dieser Fall ist aber nicht eingetreten; die Gemeinschaft beschränkte sich auf die Anwendung des vereinbarten Minimums einer 60%igen Reduktion zum 1. 1. 1974, so daß die effektiven spanischen Zugeständnisse den jeweiligen Reduktionssätzen in der Tabelle 8 entsprechen.

Die Liste A enthält Produkte, die im Basisjahr 1968 etwa 4% der spanischen Importe aus der EG darstellten und deren durchschnittlicher Zollschutz bei 8,2% a. v. lag[18]. Das wesentlichste Merkmal der Liste ist, daß die darauf aufgeführten Waren mit sehr wenigen Ausnahmen einen geringen Zollschutz genossen, sei es, weil sie zu den im Ausland wettbewerbsfähigen spanischen Produkten gehören, sei es, weil sie in Spanien überhaupt nicht erzeugt bzw. hergestellt werden. Es handelt sich um 506 Positionen, zu denen u. a. bestimmte Metalle, Holz, Kork, textile Rohstoffe (mit der Ausnahme von Baumwolle und Schafswolle), landwirtschaftliche Produkte, Lederwaren, im Lande selbst nicht hergestellte Präzisionsgeräte gehören. Die Liste enthält die meisten Produkte, die zollfrei nach Spanien eingeführt werden können.

Auf der Liste B erscheinen vor allem Industrieerzeugnisse, insgesamt 907 Positionen, die in Spanien einen durchschnittlichen Zollschutz von 17,7% genießen und die 1968 22,6% des Importwertes aus den EG-Ländern repräsentierten. Es sind im allgemeinen solche Erzeugnisse, die in Spanien bereits in einem erheblichen Umfang hergestellt und auch relativ hoch geschützt werden: Bekleidung, Kupferwaren, Zinn- und Aluminiumerzeugnisse, Produkte der Nahrungsmittelindustrie, chemische Erzeugnisse, Düngemittel, Kautschukwaren, Holzwaren, Bücher, Baumaterial, bestimmte Produkte der metallverarbeitenden Industrie, usw.

Die Liste C schließlich führt eine große Vielfalt von weiteren Warengruppen auf, zu denen die meisten, aus spanischer Sicht sensiblen Produkte gehören: Fleisch-, Fisch- und Gemüsekon-

---

[18] Berechnung und Bewertung der gegenseitigen Handelskonzessionen in R. Tamames, Acuerdo Preferencial CEE-España y Preferencias Generalizadas, Barcelona 1972.

serven, bestimmte chemische Erzeugnisse, Textilerzeugnisse, Produkte der Eisen- und Stahlverarbeitung, elektrische und nicht-elektrische Geräte, Haushaltsgeräte, Fahrzeuge, usw. Der Anteil dieser Waren an der Gesamteinfuhr Spaniens aus der EG betrug im Basisjahr 1968 34,5% und der durchschnittliche Zollschutz lag bei 21,5%.

Die in den Listen A, B und C aufgeführten Produkte, für welche Spanien der EG Zollpräferenzen einräumt, repräsentierten 1968 etwas über 60% der Einfuhren aus den Ländern der Gemeinschaft. Der Rest der Einfuhren verteilt sich auf solche Produkte, die entweder zollfrei importiert werden können, oder von den Regelungen des Abkommens ausdrücklich ausgenommen werden. Die zollfreien Erzeugnisse machten 1968 9,7% der spanischen Gesamteinfuhren aus der EG aus. 5,3% entfielen auf solche Waren, die in zollfreie Gebiete Spaniens (Kanarische Inseln, Ceuta, Melilla) eingeführt wurden. 24% der EG-Importe Spaniens wurden von den getroffenen Vereinbarungen ausgenommen; zu dieser Kategorie gehören mit 16,6% die EGKS-Erzeugnisse sowie einige andere Produkte wie Papier und Pappe, Seide, gewisse elektrische Geräte, Uhrwaren und Schienenfahrzeuge. Die von Spanien der EG eingeräumten Zollpräferenzen entsprechen, unter Beachtung des tatsächlichen Handelsvolumens, einer durchschnittlichen Reduktion von 25% für die erste Phase des Abkommens[19].

Über diese Zollsenkungen hinaus gewährt Spanien der Gemeinschaft Kontingente für bestimmte Waren (z. B. Kraftfahrzeuge), die in einer Liste D enthalten sind. Im landwirtschaftlichen Bereich sind Spaniens Zugeständnisse ziemlich unbedeutend: Es verpflichtet sich lediglich zur Einfuhr bestimmter Mengen von Käse, Butter und Milch. Einige andere Agrarerzeugnisse, deren Handelsvolumen kaum ins Gewicht fällt, sind auf den genannten Listen A, B und C aufgeführt.

Dem ungleichen wirtschaftlichen Entwicklungsstand entsprechen fand sich die Gemeinschaft bereit, ihre Zollschranken für die spanischen Exporte in einem größeren Umfang zu öffnen als umgekehrt. Die EG gewährt den spanischen Industrieer-

---

[19] Vgl. „Boletin", S. 10.

zeugnissen eine Zollsenkung von insgesamt 60% nach dem folgenden Terminkalender: 30% beim Inkrafttreten des Abkommens, 50% ab 1.1. 1972 und 60% ab 1.1. 1974. Im Anhang des Abkommens wird jedoch eine Reihe von Ausnahmen aufgeführt, die von den Regelungen nicht oder in nur geringerem Maße betroffen sind. Zu diesen gehören auch einige wichtige Exporterzeugnisse Spaniens: Ölprodukte und Gewebe aus Baumwolle (Zollkontingente), Steinsalz, Gewebe aus Wolle, synthetische Spinnfasern, Unterwäsche, Bettwäsche, Schuhe, Fliesen, Rohzink usw. (verlangsamter Zollabbau), Naturkork, Preßkork, Garne aus Kunstfasern, Samt und Plüsch usw. (von der Zollsenkung ausgenommen). Von den insgesamt 243 Millionen Dollar, dem Wert des spanischen Exports von Industriegütern in die Länder der EG im Basisjahr 1968, beziehen sich die von Gemeinschaft gewährten Präferenzen von 60% – laut Berechnung von Tamames[20] – nur auf Produkte im Wert von 130 Millionen Dollar.

Komplizierter sind die Regelungen für die spanischen Agrarexporte in die Gemeinschaft. Obwohl die von der EG gewährten Zollpräferenzen im Prinzip auch auf die landwirtschaftlichen Erzeugnisse anwendbar sind, gelten die Ausnahmen für all jene Produkte, die in der Gemeinschaft den Marktordnungen der gemeinsamen Agrarpolitik unterworfen sind. Die Präferenzen betreffen zwei Drittel der landwirtschaftlichen Exporte Spaniens in die Gemeinschaft, aber die dadurch gewährten Handelsvorteile – im Falle vieler Erzeugnisse durch Quoten und festgesetzte Einfuhrperioden beschränkt – sind im allgemeinen geringer als diejenigen, die die EG den übrigen, mit Spanien konkurrierenden Mittelmeerländern zugesteht.

Die Präferenzen für die spanischen Zitrusfrüchte betragen 40% (Türkei 50%, Marokko/Tunesien 80%, Israel 40%). Das nichtraffinierte Olivenöl erhält eine Reduktion von 4 RE pro 100 kg auf den jeweiligen Abschöpfungssatz (Marokko/Tunesien 5 RE pro 100 kg). Das raffinierte Olivenöl ist von den Regelungen ausgenommen. Bestimmten Gemüsekonserven wird eine Reduktion von 50% gewährt (Marokko/Tunesien 50–100% für

[20] R. Tamames, Acuerdo . . . a. a. O., S. 41.

ein wesentlich breiteres Angebot von Früchte- und Gemüse-konserven). Frischobst und Frischgemüse erhalten im allgemeinen die gleichen Präferenzen wie im Falle von Marokko, Tunesien und Israel. Rosinen und getrocknete Feigen unterliegen bestimmten Mengenbeschränkungen. Für Wintertomaten sind die Zollreduktionen auf zwei Monate im Jahr beschränkt. Vom spanischen Wein werden nur einige Qualitätsweine (Malaga und Jerez) mit einer Reduktion zwischen 30 und 60% begünstigt, bei bestimmten Mindestpreisen und innerhalb von festgesetzten Mengenkontingenten, über welche hinaus der normale GZT zur Anwendung kommt[21].

Von spanischer Seite wird darauf hingewiesen, daß die Situation der spanischen Agrarexporte in die Gemeinschaft sich durch das Abkommen eher verschlechtert als verbessert habe: mehrere Exporterzeugnisse, die im freien Wettbewerb durchaus konkurrenzfähig sind, würden nun teilweise den Regelungen und Beschränkungen der europäischen Agrarmarktordnungen unterworfen, ohne die Garantien und Subventionen für die Erzeuger zu genießen.

Das Abkommen enthält für beide Seiten Schutzklauseln sowie für Spanien die Möglichkeit, zum Schutz neuer Industrien Zölle bis zur Höhe von 20% a. v. zu erheben. Zur Regelung von Problemen, die sich aus der Durchführung der Vereinbarungen ergeben können, wird eine gemischte Kommission geschaffen.

5. Die Würdigung des Abkommens

Für die EG bedeutet das Abkommen mit Spanien die Öffnung eines potentiell wichtigen Marktes für ihre Industrieerzeugnisse, ohne nachteilige Wirkungen für den europäischen Agrarmarkt, da der Einfuhr preisgünstiger spanischer Konkurrenzprodukte durch das Abkommen und dessen Instrumentierung zahlreiche Riegel vorgeschoben sind. Für Spanien, das der Gemeinschaft die Meistbegünstigungsbehandlung ohne Gegen-

---

[21] Detaillierte Ausführungen mit einem Vergleich der von der EG den übrigen Mittelmeerländern gewährten Präferenzen im Agrarbereich bei L. Gámir, Politica de Integración Europea, in: L. Gámir (ed.), Politica Economica de España, Madrid 1975, S. 191 ff.

seitigkeit gewährt, sind die kommerziellen und wirtschaftlichen Vorteile des Abkommens sehr umstritten.

Unter den kritischen Studien, die sich auf spanischer Seite mit dem Abkommen beschäftigen[22], verdient die Evaluierung von Ramon Tamames eine besondere Erwähnung. Tamames vergleicht die gegenseitigen Zugeständnisse nach der üblichen GATT-Methode, indem er die von Spanien der EG und von der EG Spanien gewährten Zollreduktionen mit den jeweiligen Werten des beiderseitigen Handels im Basisjahr 1968 gewichtet. So erhält er den monetären Wert der jeweiligen „Reduktion der theoretischen Zolleinnahmen", welcher dem Wert der gegenseitigen Zugeständnisse entspricht. Er kommt zum Ergebnis, daß im Falle des gewerblichen Güteraustausches Spanien der EG 5,17 mal so große Konzessionen gewährt wie umgekehrt[23]. Im Falle des Handels mit Agrarprodukten seien praktisch keine quantitativ bewertbaren Zugeständnisse feststellbar. Tamames berechnet weiterhin, daß Spanien, wenn es an Stelle des bilateralen Präferenzabkommens mit der EG sich um die Partizipation am System der Allgemeinen Zollpräferenzen (GSP) bemüht hätte, wesentlich größere Handelsvorteile genießen könnte, und zwar ohne die Verpflichtung zur Gegenseitigkeit[24].

Abgesehen von der polemischen Absicht, die der zitierten Studie zugrundeliegt[25], lassen sich auch einige sachliche und methodische Argumente aufführen, die die Resultate von Tamames zumindest relativieren. Erstens ist die Anwendung der Methode der „Reduktion der theoretischen Zolleinnahmen" zumindest fragwürdig. Da die spanischen Zollsätze höher liegen als die des Gemeinsamen Außenzolltarifs und da der Anteil

---

[22] R. Tamames, Acuerdo . . . a. a. O.

[23] Ebenda, S. 42.

[24] Ebenda, S. 57 ff.

[25] Tamames, der als einer der führenden spanischen Wirtschaftswissenschaftler gilt, ist Mitglied des Zentralkomitees der Kommunistischen Partei Spaniens. Nichtsdestoweniger sind seine wirtschaftswissenschaftlichen Studien, obwohl polemisch, weit von jeglichem Dogmatismus entfernt. Sein Einfluß auf die demokratische Opposition, aber auch auf Fachleute in Regierungskreisen, hat in den letzten Jahren stark zugenommen, so daß seine wissenschaftlich äußerst qualifizierten Urteile auf jeden Fall ernst genommen werden müssen.

der EG an Spaniens Importen höher ist als der Anteil Spaniens an den Importen der EG, kann diese Methode von vornherein zu gar keinem anderen Ergebnis als zu dem Nachweis höherer spanischer Verluste an theoretischen Zolleinnahmen führen. Zweitens ist festzuhalten, daß im Vergleich mit den Assoziations- und Präferenzverträgen, die die EG mit anderen Ländern abgeschlossen hat, das Präferenzabkommen von 1970 die spanischen Industrieerzeugnisse relativ günstig behandelt. Während andere Partner der Gemeinschaft (z. B. Griechenland) ihre Zölle vor allem in jenen Bereichen am kräftigsten senken mußten, in denen sie keine nennenswerte eigene Produktion besitzen, wodurch die bestehenden Industriestrukturen zum Teil festgeschrieben werden, behält Spanien auch weiterhin die Möglichkeit, seine schwach entwickelten oder neu zu errichtenden Industrien in erheblichem Umfang zu schützen und weiter auszubauen. Das Abkommen gewährt den sensiblen Industrien Spaniens die Fortsetzung einer relativ hohen Protektion (vgl. Liste C) und Schutzklauseln für jene Produktionszweige, die erst entwickelt werden sollen. Das dritte Argument schließlich, das die Kritik von Tamames relativiert, bezieht sich darauf, daß der wachsende Konkurrenzdruck von außen einen beschleunigten Umstellungsprozeß im Industriesektor Spaniens induziert; ein nicht zu vernachlässigender Vorteil im Hinblick auf die Beitrittswünsche des Landes.

Außerdem ist es schwer möglich, das Abkommen ohne Berücksichtigung der politischen Gesichtspunkte zu evaluieren. Anfang der sechziger Jahre wollte die spanische Regierung beinahe um jeden Preis ein Abkommen mit der Gemeinschaft schließen, um dies innenpolitisch als eine internationale Aufwertung des Regimes darzustellen. Als die Frage der Allgemeinen Zollpräferenzen Ende der sechziger Jahre aktuell wurde, befand sich Spanien bereits in Verhandlungen mit der EG: Es widersprach nicht nur den Intentionen der Franco-Regierung, sondern auch der spanischen Mentalität, nach dem wiederholt geäußerten Anspruch auf den Zutritt zum Club der westeuropäischen Industriestaaten sich als „Entwicklungsland" einzustufen, um in den Genuß der entsprechenden einseitigen Handelsvorteile zu gelangen. Angesichts der selbstgestellten Ansprüche und der kühl-reservierten Haltung Brüssels stand die spanische Regierung unter einem Erfolgszwang: Die Analyse der wirtschaftlichen Nutzen und Belastungen, die sich aus dem zu unterzeichnenden Abkommen ergeben könnten, trat hinter den politischen Überlegungen zurück[26]. In diesem Sinne stellt auch Luis Gamir in seiner Analyse der wirtschaftlichen Auswirkungen des Abkommens abschließend fest: „Das Präferenzabkommen zwischen Spanien und dem Gemeinsamen Markt ist in seinem Wesen eine politische Operation – sowohl eine außenpolitische als auch eine innenpolitische –, deren Behandlung mehr in den Bereich der politischen Soziologie als in den der Wirtschaftswissenschaften gehört[27]".

6. Wirkungen des Abkommens

Was die Auswirkungen des Abkommens betrifft, ist eine eindeutige Aussage nicht möglich. Wie F. Granell zutreffend feststellt, wäre eine Analyse unter Anwendung der Klausel „ceteris paribus" schon deshalb unrealistisch, weil die Entwicklung der Beziehungen zwischen der EG und Spanien seit 1970 in einer internationalen Szenerie stattfand, deren Veränderungen keine Rückschlüsse auf unmittelbare Kausalrelationen gestatten[28]. Die Währungskrise, die zweimalige Abwertung des Dollars, die Erweiterung der EG, die Energiekrise und der gleichzeitige Konjunkturabschwung sowie das Inkrafttreten des Systems der Allgemeinen Präferenzen beeinflußten die Entwicklung der Weltwirtschaft seit 1970 in einer so entscheidenden Weise, daß es unmöglich ist, die Auswirkungen des Präferenzabkommens im Rahmen einer vergleichenden Studie zu isolieren. Aus der Analyse der Handelsstatistiken läßt sich lediglich feststellen,

---

[26] Zumindest auf Regierungsebene. Vor der Unterzeichnung des Abkommens und schon während der Verhandlungen gab es eine Reihe von Stellungnahmen und Gutachten zum Thema, vor allem seitens der Handelskammer und der betroffenen Syndikate. Letztlich ging es jedoch, wie auch der spanische Botschafter und Verhandlungsführer Ullastres zugab, um eine politische Entscheidung.

[27] L. Gamir, Política Económica . . . , a. a. O., S. 214.

[28] F. Granell, Economia y Política de Cinco Años de Relaciones España-CEE, CEAM, Nr. 132, zit. nach „Boletín", S. 17.

Tabelle 9: Relative Bedeutung Spaniens im Außenhandel der EG/9 seit 1970

| | Prozentualer Anteil Spaniens am EG-Außenhandel | | | | |
	1970	1971	1972	1973	1974
Spanien als Exporteur	1,08	1,20	1,30	1,36	1,24
Spanien als Importeur	1,67	1,63	1,83	1,97	1,98

Quelle: Direccion General de Aduanas

daß der Anteil Spaniens am Gesamthandel der EG-Länder seit Inkrafttreten des Abkommens leicht gestiegen ist, nicht aber, ob und wieweit diese Entwicklung auf das Abkommen oder auf das Wirtschaftswachstum Spaniens in der betreffenden Zeitperiode zurückzuführen ist.

Für die Gemeinschaft ist diese Entwicklung, aus globaler Sicht, ohne besondere Bedeutung, selbst wenn im einzelnen Frankreich und Italien den Konkurrenzdruck spanischer Agrarexporte zunehmend stärker zu spüren bekamen. Für Spanien ist eine der schwerwiegenden Implikationen dieser Entwicklung das ständig steigende Handelsbilanzdefizit mit der Gemeinschaft, dessen Ursachen jedoch nicht notwendigerweise im Abkommen, sondern mit größerer Wahrscheinlichkeit im gestiegenen Importbedarf infolge der spanischen Industrialisierungsstrategie liegen. Eine andere, schwer quantifizierbare Folge ist die allmähliche Umstrukturierung des spanischen Industriesektors, die vermutlich ebenfalls mehr mit den beschleunigten Modernisierungstendenzen im Lande als mit dem Präferenzabkommen zu tun hat. Die Analyse des Anteils der EG am spanischen Außenhandel verrät auch keine eindeutig interpretierbaren Tendenzen.

Da der Rückgang des Anteils der spanischen Einfuhren aus der Gemeinschaft seit 1974 auf die gestiegenen Kosten der Ölimporte zurückzuführen ist, scheint die Aussage gerechtfertigt, daß die Handelsbeziehungen zwischen Spanien und der EG seit der Unterzeichnung des Präferenzabkommens, trotz geringer Oszillationen, keine nennenswerte Veränderung zu verzeich-

Tabelle 10: Relative Bedeutung der EG im Außenhandel
Spaniens seit 1970

| | Prozentualer Anteil der EG am spanischen Außenhandel | | | | | |
	1970	1971	1972	1973	1974	1975
EG/6 als Exporteur	32,9	32,7	33,4	35,5	30,0	28,8
EG/6 als Importeur	36,1	37,1	35,5	33,3	37,3	35,3
EG/9 als Exporteur	40,6	41,5	42,2	42,8	35,9	34,7
EG/9 als Importeur	46,3	46,6	45,2	47,7	47,4	44,6

Quelle: Dirección General de Aduanas

nen haben. Eine Veränderung hat allerdings, wie schon erwähnt, in der Struktur des spanischen Exports zugunsten des
Anteils der Industrieprodukte sowie in der Einstellung der
spanischen Unternehmer zum Außenhandel stattgefunden.
„Der spanische Unternehmer beginnt zu begreifen, daß der
Schlüssel zum künftigen industriellen Wachstum in den Auslandsmärkten liegt[29]".

7. Der Stand der Verhandlungen seit 1972

Durch die Erweiterung der Gemeinschaft um Großbritannien,
Irland und Dänemark im Jahre 1973 ist eine Situation entstanden, für welche das Präferenzabkommen von 1970 keine Vor-
kehrungen getroffen hatte. Großbritannien ist der größte Absatzmarkt für Spaniens Agrarexporte (14%, Rest der EG:
37,3%); die britischen Zollsätze für Agrareinfuhren waren
außerdem wesentlich niedriger als der GZT. Spanien hat also
größtes Interesse daran, die Regelungen des Präferenzabkommens den veränderten Verhältnissen anzupassen.
Um den rechtlichen und wirtschaftlichen Folgen der EG-Er-
weiterung Rechnung zu tragen wurde am 29. Januar 1973 ein
Zusatzprotokoll unterzeichnet. Dieses Protokoll sah eine pro-
visorische Lösung bis Ende 1973 vor: Zwischen Spanien und
den Sechs würde das Abkommen von 1970 unverändert gelten,
während der Handel mit Industrieerzeugnissen zwischen Spa-

[29] J. Donges, Shaping Spain's Export Industry, in: World Development,
Vol. 1, 1973, Nr. 9, S. 32.

nien und den drei neuen Mitgliedern unter den gleichen Bedingungen erfolgen könnte, wie vor dem Beitritt der letzteren zur Gemeinschaft.

Im Laufe des Jahres 1973 entwickelte die Gemeinschaft eine detaillierte Konzeption zur Errichtung einer Freihandelszone mit den Mittelmeerländern, unter Beachtung des Prinzips der adäquaten Gleichbehandlung der einzelnen Staaten[30]. In diesem Rahmen sollte auch mit Spanien ein neues Abkommen geschlossen werden. Am 26. Juni ermächtigte der Rat die Kommission, entsprechende Verhandlungen mit den Maghreb-Ländern, Spanien und Israel aufzunehmen. Das Verhandlungsangebot der Gemeinschaft enthielt die folgenden Vorschläge[31]:

Im industriellen Bereich sollte bis zum 1. Juli 1977 stufenweise eine vollständige Liberalisierung des Handels durchgeführt werden. Fünf verschiedene Listen von Ausnahmen wurden zusammengestellt, mit jenen sensiblen Erzeugnissen, die nach einem gestreckten Terminkalender liberalisiert werden sollten, und zwar seitens der EG bis 1980, seitens Spaniens bis 1985. Für Spanien bedeutete dieses Angebot einen 100%igen Zollabbau für 80% der aus der EG importierten Industrieerzeugnisse bis 1977. Im landwirtschaftlichen Bereich bot die Gemeinschaft eine Zollsenkung zwischen 40 und 60% für einige ausgewählte Produkte sowie einige, für Spanien nicht besonders bedeutende Vergünstigungen anderer Art.

Spanien wies dieses Angebot zurück. Der Vorsitzende der spanischen Handelskammer richtete einen Brief an den Kommissionspräsidenten Ortoli, dem hier der folgende Auszug entnommen werden soll[32]:

---

[30] Zur Mittelmeerpolitik der Gemeinschaft vgl. Europäische Gemeinschaften, Studie des Wirtschafts- und Sozialausschusses über die landwirtschaftlichen Aspekte der Mittelmeerpolitik der Gemeinschaft, (CES 715/74), Brüssel, Juni 1974; A. Shlaim-G. N. Yannopoulos, (ed.), The EEC and the Mediterranean Countries, London – New York – Melbourne 1976; W. Hager, Das Mittelmeer – „Mare Nostrum" Europas? in: M. Kohnstamm – W. Hager (ed.), Zivilmacht Europa – Supermacht oder Partner?, Frankfurt 1973, S. 233 ff.

[31] Vgl. Consejo Superior de las Camaras Oficiales de Comercio, Industria y Navegación de España, España – CEE, Las relaciones hispanocomunitarias, Madrid 1973, S. 8 ff.,

[32] Zitat ebenda, S. 18.

„Die große Sorgfalt, mit der die Europäische Gemeinschaft im Bereich des
beiderseitigen Handels mit Industrieerzeugnissen Listen von ...
sensiblen
Produkten zusammenstellt, erweckt bei uns den Eindruck, daß die Gemeinschaft – die größte Handelsmacht der Welt – darauf drängt, ihre
Interessen maximal durchzusetzen und zugleich, aufgrund ihrer Vor-
machtstellung, ein Maximum an Vorteilen zu erhalten, ohne Berücksichtigung des weit niedrigeren Entwicklungsstandes ihrer Partner. Aus diesen
Gründen werden Sie, Herr Präsident, verstehen, daß wir die Bedingungen
dieser Verhandlungsermächtigung als unannehmbar betrachten und nicht
bereit sind, eine Freihandelszone zu akzeptieren, die uns ohne die Beachtung der Entwicklungserfordernisse der spanischen Wirtschaft vorgeschla-
gen wird ... "

Als Gegenvorschlag verlangte Spanien einen ungleichmäßigen
Zollabbau im industriellen Bereich, nämlich bis 1977 seitens der
Gemeinschaft und bis 1985 seitens Spaniens, mit einer kurzen
Liste von Ausnahmen: besondere Schutzklauseln für neue Industrien; die Errichtung einer Freihandelszone für landwirtschaftliche Produkte bis 1985; die Nicht-Diskriminierung der
spanischen Agrarexporte gegenüber den Produkten der anderen, konkurrierenden Mittelmeerländer, sowie die Gleichstellung der spanischen Wanderarbeitskräfte mit den Arbeitern aus
den Maghreb-Ländern.
Eine Einigung kam nicht zustande. Im Falle der Industrieprodukte zeigte sich die Gemeinschaft nicht ganz verschlossen,
aber im Agrarbereich war der Spielraum für Verhandlungen
bald ausgeschöpft. Für die EG kam eine landwirtschaftliche
Freihandelszone mit den Mittelmeerländern natürlich nicht in
Betracht, aber auch die Forderung nach einer Gleichstellung
der spanischen Agrarexporte mit denen der Maghreb-Länder
wurde zurückgewiesen. Die Kommission verwies dabei auf die
ungleich größere Produktions- und Exportkapazität, die natürlichen Vorteile und besseren Vermarktungsmöglichkeiten Spaniens im Verhältnis zu den Ländern Nordafrikas. Da die Verhandlungen in die Sackgasse gerieten, entstand im Januar 1974,
als die drei neuen Mitgliedstaaten die erste Anpassung ihrer
Außenzölle an den GZT vornahmen, eine anomale, durch keine
rechtsgültigen Regelungen abgedeckte Situation: Gegenüber
den sechs Altmitgliedern galt weiterhin das Abkommen von
1970, während die Beziehungen zu den drei Beitrittsländern auf

Sonderregelungen beruhten, die de facto einem „stand-still" gleichkamen. Einige Modifikationen wurden seit dem 1. Juli 1975 vorgenommen, als die Drei einen neuerlichen Schritt zur Anpassung ihrer Zolltarife an den GZT unternahmen.

Weder Spanien noch die Gemeinschaft hatte Interesse am Weiterbestehen dieses Zustandes. Aus diesem Grund beschloß der Rat am 25. Juni 1974 ein neues Verhandlungsmandat mit einigen für Spanien etwas günstigeren Bedingungen sowohl im industriellen als auch im landwirtschaftlichen Bereich[33]. Doch, die Verbesserungen des Angebots reichten für eine Einigung nicht aus. Die Madrider Regierung wies die EG-Liste der sensiblen Produkte und die von der Gemeinschaft geforderte Kontingentierung einiger besonders wettbewerbsfähiger spanischer Exporterzeugnisse (Textil, Leder, Fliesen, Spielzeuge, bestimmte Eisen- und Stahlprodukte, usw.) erneut zurück. Im landwirtschaftlichen Bereich akzeptierte sie das Angebot der Gemeinschaft, forderte aber Vergünstigungen für 23 weitere Produkte. So verging über ein halbes Jahr ohne jeglichen Fortschritt. Mittlerweile waren die Verhandlungen der EG mit den übrigen Mittelmeerländern, Israel, Tunesien, Marokko, Algerien, Ägypten, Jordanien, Syrien und dem Libanon weit vorangeschritten: Spanien geriet in Bedrängnis. Nach langen, informellen Gesprächen kam im Februar 1975 ein Kompromiß zwischen dem spanischen Botschafter Ullastres und dem EG-Generaldirektor de Kergorlay zustande, der als Basis für die nun folgenden Verhandlungen angesehen wurde.

Zu diesen Verhandlungen ist es jedoch nicht mehr gekommen. Im Oktober des gleichen Jahres wurden die Gespräche von der EG einseitig unterbrochen, als politische Reaktion der Europäer auf die Hinrichtungen in Madrid und Burgos. Erst die innenpolitischen Änderungen nach Francos Tod bewogen den Rat, im Januar 1976 die Fortführung der Verhandlungen zu autorisieren[34]. Am Gipfeltreffen der EG-Regierungschefs in Luxemburg wurde die Notwendigkeit anerkannt, zur Weiterentwicklung der Handelsbeziehungen zwischen der Gemein-

---

[33] Vgl. „Boletín", S. 26 ff.
[34] Vgl. Kommuniqué des Rates vom 20. Jan. 1976, in: „Bulletin der Europäischen Gemeinschaften", Nr. 1. 1976, S. 53 f.

schaft und Spanien im Rahmen der gemeinsamen Mittelmeerpolitik die Gespräche wieder aufzunehmen. Aber die spanische
Regierung hatte zu diesem Zeitpunkt bereits andere Pläne.

Da die politischen Weichen auf eine Demokratisierung gestellt
waren, sah man in Madrid keinen Grund mehr, sich mit der
Eingliederung des Landes in eine mediterrane Freihandelszone
abzufinden. Man erinnerte sich an die ursprünglichen Intentionen, die bereits im ersten Brief Castiellas von 1962 enthalten
waren. Nun hatte man die begründete Hoffnung, daß die
politischen Hindernisse, die der Mitgliedschaft Spaniens in der
EG bislang im Wege standen, innerhalb kurzer Zeit beseitigt
werden könnten. Diese Hoffnung nahm im Verlauf des Jahres
1976 allmählich reale Gestalt an. Während die spanische Ver-
handlungsdelegation in Brüssel sich nur noch mit den Fragen
einer technischen Anpassung des Abkommens von 1970 an die
veränderten Verhältnisse beschäftigte, bereitete man in Madrid
schon das Projekt eines Beitrittsantrages vor[35].

[35] Natürlich müssen die Beziehungen Spanien-EG auch bis zum Beitritt
Spaniens geregelt werden. In den ersten Monaten von 1977 konnte im
Rahmen der Verhandlungen zwischen der EG und Spanien kein entscheidender Fortschritt erzielt werden. Über den Stand der Verhandlungen im April 1977 berichtet das Mitteilungsblatt der Vereinigten Wirt-
schaftsdienste (VWD) am 7. 4. 77 wie folgt: „Die EG-Außenminister
haben sich am Abend des 5. April in Luxemburg darauf geeinigt, die
Beziehungen der Gemeinschaft zu Spanien in zwei Phasen neu zu
regeln. In einer ersten Periode will sich die Gemeinschaft darauf beschränken, mit Spanien eine technische Anpassung des seit 1970 bestehenden, mit der Sechser-Gemeinschaft abgeschlossenen Abkommens an
die Erweiterung auszuhandeln. Diese soll bis zum Auslaufen der Über-
gangsregelung für die drei neuen Mitgliedstaaten Großbritannien, Dänemark und Irland am 1. Juli 1977 vorgenommen werden. Dabei müßten
die drei neuen Mitgliedstaaten ihre bisherigen nationalen Einfuhrrege-
lungen für landwirtschaftliche Produkte abschaffen, ohne daß gleichzeitig im Industriesektor entsprechende Kompensationen geschaffen würden.... In der Zwischenzeit will die Gemeinschaft in der zweiten
Jahreshälfte mit Spanien im Rahmen der globalen Mittelmeerpolitik ein
neues Abkommen aushandeln, das durch Konzessionen im Industriebereich ab 1. Januar 1978 ein besseres Gleichgewicht herstellen soll.
Spanien hat bei Sondierungsgesprächen mit der EG-Kommission eine
solche Zwei-Phasen-Regelung abgelehnt."

IV. Die Ausgangsbedingungen des Beitritts

1. Eine realistische Prämisse

Die in den Kapiteln V, VI und VII folgende Analyse geht davon aus, daß Spanien, falls die politischen Voraussetzungen erfüllt sind, innerhalb der nächsten Jahre nach Griechenland als elftes Vollmitglied der Europäischen Gemeinschaft beitreten wird. Eine zweite Ausgangshypothese ist, daß die genannten Voraussetzungen in der Tat in absehbarer Zeit erfüllt werden. Diese Annahmen sind berechtigt, aber keineswegs selbstverständlich.

Diese Annahmen sind berechtigt, weil einerseits die Römischen Verträge den Beitritt demokratischer Länder Europas zur Gemeinschaft expressis verbis (Art. 237 und 238) ermöglichen und die Erweiterung der EG im Jahre 1972 sowie die jüngst aufgenommenen Beitrittsverhandlungen mit Griechenland entsprechende Präzedenzfälle geschaffen haben, andererseits in Spanien die Weichen auf einen Demokratisierungsprozeß gestellt sind und alle maßgeblichen politischen Kräfte des Landes sich für einen Beitritt zur Gemeinschaft ausgesprochen haben. Dennoch sind diese Annahmen nicht selbstverständlich: Innerhalb der EG sind wiederholt Bedenken gegenüber dem Beitritt Spaniens geäußert worden. Diese Bedenken sind teils politischer, teils wirtschaftlicher Natur.

Geht man davon aus, daß die bisherigen politischen Vorbehalte der Gemeinschaft im Zuge der Errichtung einer parlamentarischen Demokratie in Spanien hinfällig werden, bleiben immer noch etliche Argumente zugunsten einer zurückhaltenden Behandlung des zu erwartenden spanischen Beitrittsantrages; Argumente, die weniger in Regierungs- als vielmehr in Wirtschaftskreisen der einzelnen Mitgliedsstaaten sowie in einigen Bereichen der Brüsseler Kommission vertreten werden. Die wichtigsten sind diese:

– Spaniens Beitritt würde den Fortschritt der Integration hemmen. Eine neuerliche Erweiterung der EG zu einem Zeitpunkt, zu dem die sich aus dem Beitritt Großbritanniens, Dänemarks, Irlands und erwartungsgemäß Griechenlands ergebenden Probleme noch nicht voll gelöst sein werden, würde die innergemeinschaftlichen Schwierigkeiten vervielfachen, den bereits erreichten Integrationsstand gefährden und den weiteren Fortschritt in Richtung auf eine Wirtschafts- und Währungsunion auf unabsehbare Zeit blockieren[1];

– Spaniens Beitritt würde den Gemeinschaftshaushalt mit hohen zusätzlichen Kosten belasten. Diese hohen Belastungen, die vor allem die finanzstarken Mitgliedsstaaten treffen würden, wären angesichts der gespannten Haushaltslage in den meisten Ländern der Gemeinschaft auf absehbare Zeit nicht zumutbar[2];

– durch Spaniens Beitritt würden insbesondere die französischen und die italienischen Bauern unter einen scharfen Konkurrenzdruck geraten. Dies hätte negative Konsequenzen für den Gemeinsamen Agrarmarkt[3];

– Spaniens Beitritt hätte die Verringerung der Handelsvorteile von Drittländern in ihren Beziehungen mit der EG zur Folge. Betroffen wären vor allem die assoziierten Mittelmeerländer, die AKP-Staaten sowie im übrigen die Länder, die im Genuß der Allgemeinen Präferenzen sind. Durch die Einengung ihres handelspolitischen Spielraumes wäre die Gemeinschaft gezwungen, gegenüber den betroffenen Ländern eine Politik der fortschreitenden finanziellen Kompensationen zu verfolgen.

Das Gewicht dieser Vorbehalte ist auf die einzelnen Mitgliedsstaaten und Politikbereiche innerhalb der Gemeinschaft natürlich nicht gleichmäßig verteilt. Aus diesem Grund ist eine einheitliche Haltung der EG-Länder gegenüber den spanischen

---

[1] Vgl. die Stellungnahme der Kommission zum Beitrittsgesuch Griechenlands vom 29. 1. 1976, S. 5: „Die Perspektive einer neuerlichen Erweiterung zu einem Zeitpunkt, zu dem die vollen Auswirkungen der letzten Erweiterung noch nicht verkraftet sind, muß Besorgnis erregen. Die Kommission ist daher der Ansicht, daß jede neuerliche Erweiterung mit einer substanziellen Steigerung der Leistungsfähigkeit der Beschlußfassungsverfahren der Gemeinschaft und mit einer Stärkung ihrer gemeinsamen Organe Hand in Hand gehen muß".

[2] Im Zusammenhang mit diesen Argumenten vgl. die Ausführungen und Berechnungen im Kapitel V.

[3] Vgl. Conseil National des Jeunes Agriculteurs, Espagne: Un Choc pour l'Europe, Paris, April 1976 (im folgenden kurz „CNJA-Studie").

Beitrittsabsichten auch dann nicht zu erwarten, wenn der Rat zum gegebenen Zeitpunkt und aufgrund politischer Überlegungen die Aufnahme von Beitrittsverhandlungen mit Spanien beschließen sollte. Spanien selbst untermauert seine Beitrittsabsichten mit den folgenden Argumenten[4]:

- Der Beitritt Spaniens zur EG würde Europa nicht schwächen, sondern stärken. Die Folgen wären die Erweiterung des gemeinsamen Binnenmarktes um einen dynamischen und wirtschaftlich bedeutenden Markt, die Steigerung des politischen und wirtschaftlichen Gewichts der Gemeinschaft nach außen, die Absicherung der strategisch wichtigen Südwestflanke Europas zwischen Mittelmeer und Atlantik sowie die Entstehung eines handelspolitischen Brückenkopfes zwischen Westeuropa und den lateinamerikanischen sowie den arabischen Ländern;
- Der Fortschritt der europäischen Integration würde durch Spaniens Beitritt keineswegs gebremst werden. In jenen Bereichen, in denen bisher noch keine gemeinsamen Politiken existieren, würde Spanien die Integration eher voranzutreiben als zu hemmen versuchen. In jenen Bereichen, in denen bereits eine mehr oder weniger einheitliche Politik verfolgt wird, wie etwa im Agrarsektor, würde Spanien sich den gemeinsamen Regelungen unterwerfen;
- Spaniens Beitrittsmotive beziehen sich keineswegs auf die möglichen Zuwendungen aus dem EG-Haushalt, sondern vielmehr auf die Sicherung der europäischen Märkte für seine Erzeugnisse und die politische sowie wirtschaftliche Anlehnung an Europa. Wenn dadurch zusätzliche Belastungen für den Gemeinschaftshaushalt entstünden, so wären diese nicht auf die Bedürftigkeit oder die Ansprüche Spaniens, sondern auf das bereits bestehende System des innergemeinschaftlichen Finanzausgleichs zurückzuführen;
- Spaniens Beitritt würde keine gravierenden Anpassungsprobleme verursachen. Zum Zeitpunkt der Unterzeichnung der Römischen Verträge waren die Divergenzen zwischen den wirtschaftlichen Bedingungen der einzelnen Gründerstaaten erheblich größer als die gegenwärtigen Unterschiede zwischen Spanien und der Gemeinschaft. Spanien hat in den letzten Jahren beträchtliche Anstrengungen zur Angleichung seiner Wirtschaftsstruktur und -politik an den EG-Standard unternommen.

Mit diesen Argumenten hofft Spanien, die grundsätzlichen Vorbehalte seitens der EG zu entkräften. Für sich erwartet das Land aus dem Beitritt zur Gemeinschaft wirtschafts- und handelspolitische Vorteile, das Mitspracherecht bei Entscheidungen von europäischer Tragweite sowie die innen- und außenpo-

---

[4] Die folgenden Argumente ließen sich aufgrund der Informationsgespräche des Verfassers in Spanien zusammenfassen.

litische Absicherung des Demokratisierungsprozesses. Sofern dieser Prozeß zum erhofften Ergebnis führt, besteht für die Gemeinschaft kein politisch vertretbarer Grund, die Aufnahme von Beitrittsverhandlungen abzulehnen. Denkbare Alternativen zum Beitritt, die Brüssel im Prinzip anbieten könnte – etwa die Ausweitung des Präferenzabkommens oder die Assoziierung mit langfristiger Beitrittsperspektive – dürfte jede spanische Regierung, unabhängig von ihrem politischen Couleur, als eine Brüskierung empfinden und rundweg zurückweisen. Die genannten Bedenken mögen weiter bestehen, aber ihre Kraft reicht nicht aus, einen negativen EG-Beschluß und damit einen politischen Eklat in Westeuropa zu rechtfertigen. Falls der spanische Beitrittsantrag gestellt wird – erwartungsgemäß noch im Laufe des Jahres 1977 – wird die Gemeinschaft um eine klare und grundsätzlich positive Reaktion nicht herumkommen. Insofern beruht die folgende Analyse der Beitrittsfolgen und -probleme auf einer realistischen Prämisse.

2. Die wirtschaftlichen Ausgangsbedingungen

Eine unabdingbare Voraussetzung des Beitritts ist die Errichtung einer parlamentarischen Demokratie in Spanien. Auf diesen Grundsatz haben sich die Regierungen der EG-Länder unwiderruflich festgelegt. Es würde auch keine spanische Regierung, welcher politischen Orientierung auch immer, ohne die Erfüllung dieser Bedingung einen Aufnahmeantrag stellen. Darüber sind sich alle relevanten politischen Kräfte des Landes einig.

Wenn Spaniens Annäherung an Europa in den vergangenen Jahren vornehmlich auf politische Hindernisse stieß, während die wirtschaftlichen Probleme in den gegenseitigen Beziehungen eine vergleichsweise zweitrangige Rolle spielten, dann treten heute, als die politischenBarrieren im Zuge der Demokratisierung allmählich abgebaut werden, die mittlerweile erheblich verschlechterten wirtschaftlichen Verhältnisse Spaniens in den Vordergrund. Es besteht die Gefahr, daß das Land seinen Antrag auf Vollmitgliedschaft in der EG zu einem Zeitpunkt stellen könnte, zu dem seine Wirtschaft sich in der tiefsten

Krise seit Ende der fünfziger Jahre befindet. Allerdings kann man davon ausgehen, daß Politik und Wirtschaft sich gegenseitig bedingen und deshalb auch die Lösung zumindest der wichtigsten Wirtschaftsprobleme des Landes durch den erfolgreichen Verlauf des politischen Entwicklungsprozesses wesentlich erleichtert wird.

Der wirtschaftliche Abstand zwischen Spanien und den westeuropäischen Industrieländern hat sich seit 1959 deutlich verringert. Seit Anfang der sechziger Jahre bis 1974 wies Spanien neben Japan und Griechenland die höchsten Wachstumsziffern unter allen OECD-Ländern auf. Die soziale und politische Entwicklung jedoch, wie schon erwähnt, blieb weit hinter dem Strukturwandel der Wirtschaft zurück. Diese wachsende Disparität zwischen Wirtschaft und Gesellschaft erzeugte einen politischen und sozialen Nachholbedarf, der parallel zur Agonie der Diktatur immer deutlicher artikuliert wird und der heute in erheblichem Maße auf die Situation der Wirtschaft zurückwirkt.

Die in den vergangenen Jahren beobachtete Dynamik der Industrialisierung und des wirtschaftlichen Wachstums brach infol-

Tabelle 11: Spaniens Wirtschaft im europäischen Vergleich

Länder	BIP 1975 in Mrd. US $	Volumen-index des BIP zu Markt-preisen (1970 = 100)	BIP pro Kopf in US $	Industrie-Produktion (1970=100)
BR Deutschland	421,3	112	6 196,7	112
Frankreich	327,9	118	5 069,3	123
Belgien	63,0	115	5 466,6	120
Niederlande	80,0	113	5 107,4	121
Großbritannien	221,8	111	3 370,7	108
Dänemark	35,0	113	6 025,8	–
Italien	169,5	112	2 706,1	119
Irland	7,8	115	2 180,8	123
Griechenland	20,3	129	2 139,0	144
Spanien	84,6	123	2 105,9	150

Quellen: OECD, Main Economic Indicators 1976, Industrial Production 1976, SAEG 1975.
Anmerkung: Sämtliche Zahlen, außer BIP 1975, für das Jahr 1974

ge der verspäteten Auswirkungen der Energiekrise, der weltweiten Rezession und der 1975 eingetretenen politischen Veränderungen ab. Spaniens Wirtschaft konnte sich 1976 keineswegs erholen; im Gegenteil, die Talfahrt beschleunigte sich im Laufe des Jahres und die Perspektiven für 1977 sind noch düsterer. Bei steigendem Konsum sank 1975 die Wachstumsrate des BIP auf Null (offizielle Schätzung: 0,8%)[5]. Die Lebenshaltungskosten stiegen im gleichen Jahr offiziell um 14%, nach Schätzungen von Wirtschaftsexperten um beinahe 20%. 1976 wurde dann die 20%-Marke überschritten. Im Zuge der politischen Veränderungen kam es wiederholt zu größeren Streikwellen: 1975 fielen aus diesem Grund insgesamt 10,5 Millionen Arbeitsstunden aus. Die Investitionen gingen im gleichen Jahr um 3,6% zurück: Nach einer Studie der Bank von Vizcaya sanken die Unternehmergewinne in 1975 um 9%. Aufgrund des ungewissen politischen Klimas verstärkte sich die Kapitalflucht ins Ausland. Die Auslandsverschuldung stieg, die Handelsbilanz wies wachsende Defizite auf: für 1976 wird das Defizit auf 500 Milliarden Pesetas geschätzt. Weitere Zahlungsbilanzprobleme ergaben sich aus dem Rückgang der Tourismus-Einnahmen und der Überweisungen spanischer Wanderarbeitskräfte. Die Prognosen für 1977 hängen natürlich weitgehend von den Annahmen über den Verlauf des politischen Entwicklungsprozesses ab. Sollte im Laufe des Jahres, wie erwartet, eine verhält-

Tabelle 12: Spanische Zahlungsbilanz 1974 und 1975 (Salden in Mrd. Pesetas)

	1974	1975
1. Warenbilanz	− 406,47	− 417,85
2. Dienstleistungsbilanz	+ 151,01	+ 152,51
3. Überweisungsbilanz	+ 66,91	+ 65,72
4. Laufende Bilanz (1-3)	− 188,55	− 199,62
5. Langfristige Kapitalbilanz	+ 100,21	+ 139,33
6. Grundbilanz (4+5)	− 88,34	− 60,29

Quelle: Deutsche Überseeische Bank – Spanien, April 1976

[5] Vgl. Deutsche Handelskammer für Spanien, Die deutsch-spanische Wirtschaft, Bericht über das Geschäftsjahr 1975, Madrid 1976, S. 81 f.

nismäßig stabile, demokratisch gewählte Regierung die Macht übernehmen und sich intensiv um die Lösung der anstehenden Wirtschaftsprobleme bemühen, dann rechnen sich spanische Wirtschaftsexperten[6] etwas bessere Chancen, keinesfalls aber die Gewißheit für die allgemeine Beruhigung und Erholung aus. Auf der Grundlage dieser Annahme wird für 1977 ein reales Wachstum des BIP von etwa 2,5%, ein Rückgang der Inflationsrate auf 15–16%, eine leichte Verbesserung der Tourismus-Einnahmen und damit auch der Zahlungsbilanzsituation, der Anstieg der Auslandsverschuldung auf ungefähr 14 Milliarden US $ und die Zunahme der Arbeitslosen um etwa 250 000 auf insgesamt eine Million vorausgesagt.

In der Tat: Die Chancen, die gegenwärtige Wirtschaftskrise in absehbarer Zeit zu überwinden, sind nicht sehr groß. Die Krise ist nämlich von drei, miteinander eng zusammenhängenden Problemkomplexen charakterisiert: Arbeitslosigkeit, Zahlungsbilanzdefizit und Inflation[7]. Die Arbeitslosigkeit ist kein neues Phänomen, sie konnte aber bis zur weltweiten Rezession von 1974 durch die massive Emigration von Arbeitskräften aufgefangen werden. Infolge der Rückkehr eines großen Teiles der Emigranten und der unverminderten Abwanderung aus der Landwirtschaft ist das Problem innerhalb kurzer Zeit akut geworden: Die ursprünglich für 1980 erwartete Arbeitslosenzahl[8] von einer Million wird vermutlich bereits 1977 erreicht. Nach Berechnungen der Banco de España wäre, unter der Annahme stabiler Reallöhne, eine jährliche durchschnittliche Wachstumsrate des BIP in den nicht-landwirtschaftlichen Sektoren von 6% erforderlich, um die Arbeitslosigkeit wieder auf das Niveau von 1975 zurückzudrängen. Eine gezielte Politik zur Förderung der weiteren wirtschaftlichen Expansion stößt jedoch auf die Grenzen, die durch die Inflation und die Zahlungsbilanzprobleme gesetzt sind. Die Lösung der letzteren kann durch Spanien allein kaum beeinflußt werden, da sie von der internationalen Wirtschaftsentwicklung abhängt: Die be-

[6] Vgl. „Cambio 16", No. 265, 2. Jan. 1977.
[7] Eine ausführliche Analyse in Banco de España, Informe Anual 1975, Madrid 1976, S. 279 ff.
[8] Schätzungen der Subsecretaria de Planificatión del Desarrollo, zit. nach Banco de España, Informe Anual 1975, a. a. O., S. 283.

scheidenen Wachstumsraten in den westlichen Industrieländern dämpfen nicht nur die Nachfrage nach spanischen Exportgütern, sondern auch den Touristenstrom und die Bereitschaft, spanische Wanderarbeiter zu beschäftigen. Ein 6%iges Wachstum erscheint daher als eine Illusion. Aber selbst dann, wenn es gelingen würde, in den nächsten Jahren die hohen Raten realen Wachstums zu erreichen, wie etwa Anfang der siebziger Jahre, wäre das Beschäftigungsproblem nicht gelöst, weil die Schaffung neuer Arbeitsplätze auf zwei gegenläufige Entwicklungstendenzen stößt: auf die Umschichtung der Nachfrage zugunsten von kapital- und technologieintensiveren Gütern sowie auf die Tatsache einer beschleunigten Lohnentwicklung (durchschnittlich 10% jährliche Steigerung der Reallöhne in den letzten Jahren), die auch in den übrigen Produktionsbereichen die Einführung arbeitssparender Technologien begünstigt. Patentlösungen für diese Probleme sind nicht erkennbar; die spanischen Banken und Unternehmer fordern in erster Linie strenge antiinflationäre Maßnahmen, insbesondere an der Lohnfront. Aber gerade dies ist nicht möglich: Angesichts der innenpolitischen Entwicklung könnte eine strenge Austeritätspolitik zu jener sozialen Explosion führen, die sowohl die Regierung als auch die gemäßigten Oppositionskreise um jeden Preis vermeiden möchten.

Eine Wirtschaftspolitik, die Erfolg verspricht, müßte von der Mehrheit der maßgeblichen politischen Kräfte des Landes getragen werden. Ein „Sozialpakt" oder eine „konzertierte Aktion" zur Stabilisierung der Wirtschaft könnte jedoch per Dekret nicht zustandekommen; als eine unabdingbare Voraussetzung dafür wird die Beteiligung demokratisch legitimierter Vertreter auf der Regierungs- und der Arbeitnehmerseite angesehen. Auf diese Weise hängt die Chance zur Überwindung der gegenwärtigen Wirtschaftskrise ursächlich mit der Lösung der noch anstehenden politischen Probleme zusammen.

3. Alternativen zur EG?

Sowohl die wirtschaftlichen als auch die politischen Interessen Spaniens deuten darauf hin, daß es für dieses Land zur Mitgliedschaft in der EG keine Alternative gibt. „Ob wir wollen oder nicht, wir sind bereits im Gemeinsamen Markt, nur eben . . . ohne Stimme, ohne Rechte, den Bedingungen dieses Marktes unterworfen" – meinte kürzlich ein führender Oppositionspolitiker[9].

Die gegenwärtige Isolierung Spaniens, außerhalb der großen Freihandelsblöcke und politischen Bündnisse, ist nicht nur ein Anachronismus, sondern eine unmittelbare Beeinträchtigung der außen-, wirtschafts- und handelspolitischen Interessen des Landes. Die Liquidierung der Diktatur ist deshalb nicht nur ein innenpolitischer Selbstzweck, sondern gleichzeitig auch die Beseitigung jener Hindernisse, die einer institutionalisierten Mitwirkung Spaniens an der Gestaltung der internationalen Wirtschafts- und Handelsbeziehungen bisher im Wege standen. Jenes Lavieren zwischen den Welten, das die spanische Außenpolitik während der Franco-Ära praktizierte und das keineswegs auf dem freien Entschluß des Regimes, sondern auf dem Zwang zu immer neuen, nach allen Seiten unternommenen Ausbruchsversuchen aus der Isolierung beruhte, ist angesichts der fortschreitenden Integration der Wirtschaftsblöcke und politischen Bündnisse eine unrentable und auf längere Sicht nicht mehr praktikable Strategie. Der vom Franco-Regime lange Zeit genährte Eindruck, als stünde Spanien im Brennpunkt des wirtschaftlichen und kulturellen Beziehungsgeflechts zwischen Westeuropa, dem Ostblock, den USA, den arabischen Ländern und Lateinamerika, war für viele Spanier eine Täuschung, für andere eine Selbsttäuschung, die nur deshalb nicht zu ernsthaften wirtschaftlichen Konsequenzen führte, weil Westeuropa und die USA, in einer Phase kräftigen Wachstums und kontinuierlicher Expansion, aus wohlverstandenem Eigeninteresse die Entwicklung der spanischen Wirtschaft direkt und indirekt mitfinanzierten. Diese Epoche ist seit 1974 zu Ende; die weltwirtschaftlichen und die innerspanischen Verhältnisse bieten für das ausländische Engagement in Spanien heute nicht mehr die gleichen Anreize wie früher[10]. Dies gilt

[9] Zit. n. „Cambio 16", No. 265, 3. Jan. 1977, S. 40.
[10] Nähere Ausführungen zu diesem Thema im Kapitel VI, Abschnitt über die Perspektiven für künftige Direktinvestitionen.

gleichermaßen für die ausländischen Direktinvestitionen wie für die Nachfrage nach Spaniens Export an Gütern, Diensten und Arbeitskräften. Die Integration des Landes in einen der großen Wirtschaftsblöcke ist daher nicht nur aus Gründen der politischen Orientierung einer künftigen Demokratie, sondern auch mit Rücksicht auf die existenziellen Wirtschaftsinteressen unvermeidlich.

Der Ausbau und die Diversifizierung der bilateralen Beziehungen zu einzelnen Ländern und Ländergruppen, ohne weiterreichende institutionelle Bindungen, bieten deshalb keine echte Alternative zur EG-Mitgliedschaft. Die spanische Ostpolitik („apertura al este") erfüllte nicht die in sie gesetzten Erwartungen: Seit der Handel mit dem Ostblock 1971 auf konvertible Basis umgestellt wurde, zögern die osteuropäischen Länder in zunehmendem Maße, ihre harte Devisen für spanische Orangen und Schuhe auszugeben[11]. Für Spanien, das im Comecon-Bereich neue Exportmärkte zu erschließen hoffte, war die Entwicklung des Osthandels in doppelter Hinsicht enttäuschend: erstens erwies sich dieser Handel als wenig expansiv (seit 1971 zwischen 2% und 3% des spanischen Handelsvolumens vgl. Tabelle 14), zweitens entwickelte er sich defizitär für Spanien. Die Beziehungen zu den lateinamerikanischen Ländern beruhten schon immer stärker auf kulturellen und sentimentalen als auf wirtschaftlichen und politischen Grundlagen[12], wenn auch der Handel mit Lateinamerika etwa 8% des spanischen Handelsvolumens ausmacht und die Exportchancen nach diesen Ländern nach wie vor günstig sind. Für die langfristige politische Orientierung Spaniens bietet jedoch Lateinamerika keine institutionellen Ansatzpunkte; im Gegenteil, etliche Gründe sprechen dafür, daß eine Verstärkung der wirtschaftlichen Beziehungen Spaniens zu den lateinamerikanischen Ländern gerade durch die Mitgliedschaft in der EG ermöglicht werden könnte. Auch die bilaterale Partnerschaft mit den USA

[11] Vgl. W. T. Salisbury, Spain and Europa: The Economic Realities, in: W. T. Salisbury – J. D. Theberge (ed.), Spain in the 1970s, Economics, Social Structure, Foreign Policy, New York – Washington – London, 1976, S. 33 ff., hier: S. 43.

[12] Eine Analyse der Beziehungen Spaniens mit Lateinamerika im zitierten Buch von W. T. Salisbury – J. D. Theberge (ed.), a. a. O.

Tabelle 13: Spaniens Handel mit den EG-Ländern (1975)

		Importe			Exporte			
		Wert in Mio. Pts.	Veränderung gegenüber 1974 %	Anteil am Gesamt-Import %	Wert in Mio. Pts.	Veränderung gegenüber 1974 %	Anteil am Gesamt-Export %	Deckungsverhältnis %
BR Deutschland	Landwirtschaftliche Erzeugnisse	1 809	12,5		15 142	28,7		837,2
	Industrieerzeugnisse	93 706	−4,5		32 052	−4,0		34,2
	Gesamt	95 515	−4,2	10,2	47 194	4,5	10,7	49,4
Frankreich	Landwirtschaftliche Erzeugnisse	7 279	−24,2		16 399	36,5		225,3
	Industrieerzeugnisse	70 391	6,8		43 855	11,1		62,3
	Gesamt	77 670	2,8	8,3	60 254	17,0	13,7	77,6
Italien	Landwirtschaftliche Erzeugnisse	1 565	23,7		4 704	−57,8		300,5
	Industrieerzeugnisse	46 152	0,5		10 359	− 9,0		22,4
	Gesamt	47 717	1,1	5,1	15 063	−33,1	3,4	31,6
Niederlande	Landwirtschaftliche Erzeugnisse	3 114	3,0		7 621	15,4		244,7
	Industrieerzeugnisse	21 906	6,7		14 168	8,0		64,7
	Gesamt	25 020	6,2	2,7	21 789	10,5	4,9	87,1
Belgien und Luxemburg	Landwirtschaftliche Erzeugnisse	659	−34,1		2 917	19,3		442,9
	Industrieerzeugnisse	18 825	− 3,5		11 098	2,1		59,0
	Gesamt	19 483	− 5,0	2,0	14 015	5,3	3,2	71,9

EG/6	Landwirtschaftliche Erzeugnisse	14 425	−12,6		46 783	6,4		324,3
	Industrieerzeugnisse	250 979	0,4		111 532	3,0		44,4
	Gesamt	265 405	−0,4	28,5	158 315	4,0	35,9	59,7
Großbritannien	Landwirtschaftliche Erzeugnisse	3 850	4,0		14 448	0,8		375,3
	Industrieerzeugnisse	45 992	10,5		19 148	−16,9		41,6
	Gesamt	49 841	10,0	5,4	33 596	−10,1	7,6	67,4
Dänemark	Landwirtschaftliche Erzeugnisse	1 792	− 3,3		1 107	17,4		61,7
	Industrieerzeugnisse	3 986	8,8		2 731	41,3		68,5
	Gesamt	5 778	4,7	0,6	3 838	33,5	0,9	66,4
Irland	Landwirtschaftliche Erzeugnisse	731	33,9		210	2,2		28,7
	Industrieerzeugnisse	1 676	− 0,6		928	13,0		55,4
	Gesamt	2 407	7,8	0,3	1 137	10,8	0,2	47,3
EG/3	Landwirtschaftliche Erzeugnisse	6 373	4,5		15 765	1,9		247,4
	Industrieerzeugnisse	51 653	10,0		22 807	−11,6		44,2
	Gesamt	58 027	9,3	6,2	38 571	− 6,6	8,7	66,5
EG/9	Landwirtschaftliche Erzeugnisse	20 799	− 8,0		62 548	5,2		300,7
	Industrieerzeugnisse	302 632	1,9		134 339	0,2		44,4
	Gesamt	323 431	1,2	34,7	196 886	1,8	44,6	60,9

Quelle: Direccion General de Aduanas, 1976

wäre kein Ersatz für eine eindeutige europäische Option; trotz oder gerade wegen der großen politischen und wirtschaftlichen Vorteile, die sich aus dieser Beziehung seit Mitte der fünfziger Jahre für Spanien ergaben, sind im Laufe der Jahre auch die Gefahren einseitiger Abhängigkeitsverhältnisse im Rahmen eines solchen asymmetrischen Bündnisses deutlich geworden.

Tabelle 14: Spaniens Außenhandel mit den wichtigsten Wirtschaftsblöcken (1974)

	Importe in Mio. US $	Anteil %	Exporte in Mio. US $	Anteil %
Gesamt	15 291	100	7 054	100
EG	5 481	35,8	3 346	47,4
EFTA	939	6,1	577	8,2
USA	2 376	15,5	826	11,7
Lateinamerika	1 147	7,5	595	8,4
Comecon	356	2,3	212	3,0

Quelle: Dirección General de Aduanas

Auch die EFTA ist keine Alternative zur EG. Obwohl im Herbst 1976 Gerüchte umgingen, nach denen die spanische Regierung sich mit einem angeblichen schweizer Vorschlag zur Mitgliedschaft Spaniens in der EFTA befaßt haben sollte[13], würde ein solcher Schritt den fundamentalen Interessen Spaniens nicht entsprechen. Erstens beschränkt sich die EFTA auf den Freihandel mit industriellen Erzeugnissen, während Spaniens kritische Exportprobleme gerade im landwirtschaftlichen Bereich liegen; zweitens bietet die EFTA nicht jenen institutionellen Rahmen, den eine junge spanische Demokratie zur politischen Orientierung brauchen würde; drittens erreicht der Anteil der EFTA wenig mehr als ein Sechstel des Anteils der EG am Gesamtvolumen des spanischen Außenhandels. Das einzige Argument, das aus spanischer Sicht für einen Beitritt zur EFTA sprechen könnte, wäre das relative wirtschaftliche und politische Gewicht Spaniens in dieser Freihandelsorganisa-

[13] Vgl. „Cambio 16", No. 249, 13. Sept. 1976.

tion. Es ist nicht auszuschließen, daß die erwähnten Gerüchte, während einer Rundreise von Außenminister Oreja in den westeuropäischen Hauptstädten, zur Stärkung der spanischen Position gegenüber der EG lanciert wurden.

Eine Assoziierung mit der Gemeinschaft, die die EG ihrerseits als Alternative zum Beitritt anbieten könnte und die Spanien selbst während der sechziger Jahre vergeblich anstrebte, wäre eine Spaniens politischen und wirtschaftlichen Interessen widersprechende Lösung, die Madrid mit Sicherheit ablehnen dürfte. In der Tat, Spaniens Wirtschaft ist in weiten Bereichen faktisch schon heute den Regelungen des Gemeinsamen Marktes unterworfen, aber ohne das politische Mitspracherecht und die finanziellen Vorteile, die sich aus der Vollmitgliedschaft ergeben. Spaniens Interesse an diesen finanziellen Vorteilen ist naheliegend, die entscheidende Bedeutung aber kommt dem politischen Mitspracherecht zu, mit dessen Hilfe Spanien die Möglichkeit erlangt, über die künftige Gestaltung der gemeinsamen Agrarpolitik und insbesondere über die Frage der künftigen Präferenzpolitik der Gemeinschaft gegenüber Drittländern mitzubestimmen.

4. Die Option für Europa

Die politischen und wirtschaftlichen Gründe sowie der Mangel an Alternativen ließen die in den sechziger Jahren offenbarte, aber unerwiderte Neigung Spaniens zugunsten einer europäischen Option zu einer klaren Entscheidung für den Beitritt zur EG ausreifen. Als die Glaubwürdigkeit der Demokratisierungsbestrebungen einige Monate nach Francos Tod außer Zweifel stand, begann die Madrider Regierung mit der ersten vorsichtigen Initiative, die EG-Hauptstädte über diese Entscheidung zu unterrichten. Anläßlich seines Besuches in Brüssel im Februar 1976 machte der damalige spanische Außenminister Areilza deutlich, daß Spanien mittelfristig die Vollmitgliedschaft in der Europäischen Gemeinschaft anstrebe und in zwei bis drei Jahren, sobald die politischen Voraussetzungen dafür gegeben sind, einen entsprechenden Aufnahmeantrag stellen werde. An der Weiterführung der Verhandlungen über die Einbeziehung

Spaniens in eine mediterrane Freihandelszone sei Spanien nicht interessiert. Es scheint, daß die angekündigten zwei bis drei Jahre auf einer allzu vorsichtigen Annahme beruhten; infolge der Beschleunigung des politischen Wandlungsprozesses ist zum gegenwärtigen Zeitpunkt (Februar 1977) bereits im Laufe dieses Jahres, d. h., etwa anderthalb Jahre nach Areilzas Ankündigung, ein Beitrittsgesuch Spaniens zu erwarten[14]. Zu diesem Zeitpunkt läßt sich die offizielle spanische Position folgendermaßen zusammenfassen:

- Spaniens Ziel ist der Beitritt zur Gemeinschaft als Vollmitglied;
- Spanien hat kein Interesse an der Errichtung einer Freihandelszone zwischen der EG und den Mittelmeerländern; es verzichtet auf weitere, diesbezügliche Verhandlungen;
- als Übergangslösung bis zur Aufnahme von Beitrittsverhandlungen strebt Spanien die technische Anpassung des Präferenzabkommens von 1970 an, unter Erweiterung seines Anwendungsbereiches auf die drei neuen EG-Mitglieder.

Diese Position wird von der breiten Mehrheit der spanischen Öffentlichkeit und der politischen Kräfte Spaniens, mit der Ausnahme der extremen Rechten und Linken, aber unter Einschluß der Kommunistischen Partei (PCE), unterstützt. Nach Meinungsumfragen sind 90% der Spanier für den Beitritt zur Europäischen Gemeinschaft, wenn auch nur sehr wenige über die Folgen und Probleme eines solchen Schrittes informiert sind. Die gemäßigte Rechte (Alianza Popular) und die liberal-konservative Mitte werden von Politikern geführt, die, wie etwa Fraga und Areilza, von Anfang an für eine – allerdings allzu vorsichtige – Europäisierung der politischen Institutionen und für die Mitgliedschaft des Landes in der EG eingetreten sind. Auch die Linksparteien sprachen sich eindeutig für einen Beitritt zur Gemeinschaft aus. Die von den europäischen Sozialisten unterstützte Sozialistische Arbeiterpartei (PSOE) hofft auf den Beistand mächtiger Verbündeter im Rahmen der Europäischen Gemeinschaft: „Es besteht kein Zweifel, daß die sozialistischen Kräfte im Gemeinsamen Markt eine entscheidende Macht repräsentieren... Wir glauben, daß Spaniens

[14] Informationen der spanischen Botschaft vor der Europäischen Gemeinschaft in Brüssel. Inzwischen ist der Antrag am 28. 7. 1977 in Brüssel überreicht worden.

Beitritt zur EG einen ideologischen Beitrag gegen die im Inneren schon bekämpfte monopolistische Politik und für die Verteidigung der Interessen der Arbeiterklasse leisten wird[15]." Die sozialistische Föderation (FPS) betrachtet die EG als eine Zollunion, in deren Rahmen es gilt, die vielfältigen Interessen Spaniens zu verteidigen[16]. Die Kommunistische Partei (PCE) begreift die Mitgliedschaft Spaniens in der EG als „einen jener unabdingbaren Schritte, die es Spanien ermöglichen, eine ernsthafte Rolle in Europa zu spielen[17]." Ramon Tamames, prominentester Ökonom der demokratischen Opposition, Mitglied des Zentralkomitees der PCE und einer der schärfsten Kritiker des Präferenzabkommens von 1970 schrieb: „Liegt es im Interesse Spaniens, Mitglied der Gemeinschaft zu werden? Wir glauben, ja. Mehr noch, der Beitritt scheint unausweichlich. Deshalb bezieht sich die Frage nicht darauf, ob wir sollen oder nicht, sondern darauf, unter welchen politischen Voraussetzungen über das Wie und Wann entschieden werden kann[18] . . ." Spaniens Parteienlandschaft hat sich noch nicht stabilisiert. So haben sich auch in den innerparteilichen Diskussionen um die Frage der Mitgliedschaft in der EG noch keine klaren Thesen und ins Detail gehenden Aussagen herauskristallisiert. Zum Zeitpunkt der Drucklegung dieser Studie war die Aufmerksamkeit der innenpolitischen Kräfte auf die Parteienbildung, die Schließung von Wahlbündnissen und die organisatorischen Wahlvorbereitungen konzentriert. Da sämtliche wichtige Parteien sich für den Beitritt zur Europäischen Gemeinschaft ausgesprochen haben, wenn auch ohne konkrete Vorstellungen über die Bewältigung der Folgen und Probleme, die dieser Schritt impliziert, war die Frage der EG-Mitgliedschaft – im Gegensatz zu den letzten Wahlen in Portugal – kein Wahlkampfthema. Die prinzipielle Bereitschaft Spaniens steht fest, wenn auch die Motive vielfältig und die Implikationen zum Teil noch unbekannt sind. Die Diskussion über die Einzelheiten – das „Wie und Wann", nach den Worten von Tamames – wird

[15] Zit. n. „Cambio 16", No. 265, 3. Jan. 1977, S. 40
[16] Ebenda.
[17] Ebenda.
[18] R. Tamames, Estructura . . . a. a. O., Band III, S. 312.

erst nach den Wahlen, im Zuge der Konsolidierung der innenpolitischen Verhältnisse beginnen.

Mögen die Motive noch so unterschiedlich sein, die Option für Europa wird von einem breiten innenpolitischen Konsens getragen. Ein entscheidender Gesichtspunkt dabei ist zweifellos die Einsicht aller relevanten politischen Kräfte Spaniens, daß die Haltung der EG-Länder nicht ohne Einfluß auf die Entwicklung des innenpolitischen Kräftefeldes bleibt. Der „Economist" zitiert einen prominenten spanischen Oppositionspolitiker, der bemerkt haben soll: „Wir können jetzt Risiken eingehen, was wir nicht täten, wenn wir nicht wüßten, daß die EG uns beobachtet[19]." Mit dem gleichen Blick nach außen versucht es die Regierung, möglichst alles zu vermeiden, was ihre Glaubwürdigkeit in den Augen der Gemeinschaft beeinträchtigen könnte. Ob sich die EG in die innerspanische Entwicklung einmischen sollte oder nicht, erwies sich mittlerweile als eine akademische Frage. Zwar wies Tom Normanton vor dem Europa-Parlament darauf hin, daß „jeder Versuch, Druck auf das Volk oder die Regierung auszuüben,.. die entgegengesetzte Wirkung haben (würde)[20]." Aber Corrado Pirzio-Birelli stellte in einem Bericht zusammenfassend fest, daß eine Einmischung seitens der Gemeinschaft sich faktisch gar nicht vermeiden läßt[21]. Allein die Explizierung der politischen Voraussetzungen, die zu einer EG-Mitgliedschaft erforderlich sind, wirkt bereits normativ auf die Grundsätze und das Verhalten der einzelnen politischen Gruppierungen in Spanien. Darüber hinaus erfolgt die offene Unterstützung einzelner politischer Gruppen und Parteien durch die entsprechenden Partnerorganisationen der großen westeuropäischen Parteien (vgl. den PSOE-Kongreß im Dezember 1976) nicht ohne jede innenpolitische Resonanz. Die Haltung der Europäischen Gemeinschaft ist faktisch zum Normativ der innen- und außenpolitischen Orientierung Spaniens geworden.

[19] Aus dem Bericht von C. Pirzio-Birelli, The Spanish Predicament, (Manuskript), Brüssel 1976, S. 77.

[20] T. Normanton, Arbeitsdokument über die künftige Rolle Griechenlands, Portugals und Spaniens in einem integrierten Europa, (Europäisches Parlament, 13. April 1976), S. 7

[21] C. Pirzio-Birelli, a. a. O., S. 80.

Die unerwartet rasche und relativ friedliche Entwicklung in Richtung auf eine parlamentarische Demokratie hat das Selbstbewußtsein sowohl der Regierung als auch der Opposition erheblich gestärkt. So wies der neue spanische Botschafter vor der EG, Raimundo Bassols, in einer Erklärung am 19. Januar 1977 die Möglichkeit einer „Vor-Mitgliedschaft", wie es die Kommission in ihrer Stellungnahme zum griechischen Beitrittsgesuch angeregt hatte, von vorneherein kategorisch zurück. Bassols bekräftigte, daß Spanien noch vor Ende des Jahres 1977 seine Aufnahme in die Gemeinschaft beantragen werde. Damit ist die Diskussion um die Folgen und Probleme der spanischen Mitgliedschaft unmittelbar aktuell geworden.

V. Die Integration in den gemeinsamen Agrarmarkt

1. Vorbemerkung

Die besondere Bedeutung, die den landwirtschaftlichen Folgen des Beitritts neuer Mitgliedsstaaten zur EG beigemessen wird, läßt sich vor allem darauf zurückführen, daß die Landwirtschaft jener Bereich ist, in dem eine einheitliche Gemeinschaftspolitik am weitesten vorangeschritten ist und der gleichzeitig zwei Drittel des EG-Gemeinschaftshaushalts absorbiert. Aus diesen Gründen ist es der Agrarsektor, der durch jede neue Erweiterung der Gemeinschaft am empfindlichsten getroffen wird. Die wichtigsten Probleme, die der Beitritt Spaniens für den Gemeinsamen Agrarmarkt aufwirft und die durch den Beitritt von Griechenland und Portugal zusätzlich verschärft werden, lassen sich in den folgenden vier Punkten zusammenfassen:

- Zunahme des Nord-Süd-Gefälles innerhalb der Gemeinschaft mit den entsprechenden Schwierigkeiten bei der Harmonisierung der Agrarpolitiken und Agrarstrukturen;
- Gefahr eines Verdrängungswettbewerbs für einige Altmitglieder der EG und die assoziierten Mittelmeerländer, die sich daraus ergeben könnte, daß die spanische Landwirtschaft unter dem Anreiz des höheren EG-Preisniveaus und aufgrund der niedrigeren Produktionskosten zumindest in einigen Produktionsbereichen bedeutende Produktionsreserven mobilisieren würde;
- Verhältnismäßig geringe Möglichkeiten für die Entlastung des EG-Agrarmarktes, da Spanien angesichts seiner Zahlungsbilanzsituation die weitgehende Selbstversorgung im landwirtschaftlichen Bereich anstrebt;
- Hohe finanzielle Belastungen für den gemeinsamen Agrarfonds aufgrund der Entstehung von Überschüssen und der Strukturprobleme des spanischen Agrarsektors.

Bei der Analyse der genannten Probleme wird wiederholt auf zwei vorliegende Studien zum Thema des Beitritts Spaniens zur EG Bezug genommen. Die eine wurde von spanischen Wirtschaftswissenschaftlern erstellt und ist 1973 vom „Circulo de Economîa" herausgegeben worden (im folgenden kurz als CdE-Studie bèzeichnet) unter dem Titel: „Die europäische Option für die spanische Wirtschaft[1]." Die zweite erschien 1976 mit dem Titel „Spanien: Ein Schock für Europa", herausgegeben vom französischen Interessenverband „Conseil National des Jeunes Agriculteurs" (im folgenden kurz CNJA-Studie genannt)[2].

Wie schon die Titel zeigen, handelt es sich in beiden Fällen um tendenziöse, wenn auch im übrigen gut dokumentierte Schriften. Die CdE-Studie versucht, die mit dem Beitritt in Zusammenhang stehenden Probleme herunterzuspielen, während die CNJA-Studie Argumente sammelt, um die durch Spaniens Beitritt entstehenden Gefahren für den Gemeinsamen Agrarmarkt zu dokumentieren. In den folgenden Abschnitten werden, neben der Darstellung der einzelnen Problembereiche, auch die wichtigsten Argumente beider Studien kritisch geprüft.

2. Eine strukturschwache Landwirtschaft

Unter dem Gesichtspunkt ihrer möglichen Integration in den Gemeinsamen Agrarmarkt weist die spanische Landwirtschaft eine Reihe von strukturellen Schwächen, aber auch einige Stärken auf. Zu den Schwächen gehören der relativ große Anteil der landwirtschaftlichen Arbeitnehmer an der Gesamtbevölkerung, die äußerst ungleichmäßigen Besitzverhältnisse, die Aufsplitterung und die inadäquate Durchschnittsgröße der landwirtschaftlichen Betriebe, die geringe Produktivität, die zunehmende Diskrepanz zwischen Produktion und Konsum sowie das hiermit zusammenhängende Wachstum des landwirtschaftli-

---

[1] Circulo de Economía, La opción europea para la economía española („Weißbuch" über die Folgen des Beitritts Spaniens zur EG, im folgenden kurz „CdE-Studie" genannt), Madrid 1973.
[2] Bibl. Angaben: siehe Kapitel IV, Fußnote 3.

chen Handelsbilanzdefizits. In der folgenden Tabelle werden die wichtigsten Daten über die Agrarstruktur der EG und Spaniens miteinander verglichen.

Tabelle 15: Vergleich zwischen Agrarstrukturen Spaniens und der EG

	Landwirt. Nutzfläche (in km²)	Erwerbsbevölkerung in der Landwirtschaft		Beitrag der Landw. zum BIP (in %)	Durchschnittliche Betriebsgröße
		Zahl in Tausend	in % der ges. Erwerbsbevölkerung		
EG/9	936 900	9 722,0	9,6	5,0[a]	17,4 ha
EG/10 mit Griechenld.	1 027 000	10 898,0	10,4	5,2	–
Spanien	209 780	3 065,0	22,9	11,0[b]	17,8 ha
Anteil Spaniens an EG/10	30,4 %	28,1 %	11,8[c]	–	–

a) Schätzwert 1973/74
b) 1975
c) Die Zahl drückt den Anteil der landwirtschaftlichen an der gesamten Erwerbsbevölkerung in einer durch Spanien erweiterten EG/11 aus.

Quellen: Statistik der EG, Statistisches Jahrbuch Griechenlands und Agrarstatistik des spanischen Landwirtschaftsministeriums.

Der Anteil der in der Landwirtschaft Beschäftigten an der gesamten Erwerbsbevölkerung liegt in Spanien zwar niedriger als in Griechenland, aber weit über dem EG-Durchschnitt. Die besondere Bedeutung der spanischen Agrarbevölkerung ergibt sich aber vor allem aus ihrer absoluten Größe, die allerdings in den letzten Jahren um durchschnittlich 4,5% pro Jahr abgenommen hat[3]. Es wird angestrebt, die Zahl der landwirtschaftlichen Erwerbsbevölkerung bis 1980 auf etwa 2,6 Millionen zu verringern. Auch der Beitrag des Agrarsektors zum BIP zeigt eine relativ schnell abnehmende Tendenz: In den letzten fünf-

[3] Ministerio de Agricultura, Anuario de Estadistica Agraria, Madrid 1974.

zehn Jahren sank er von 23% auf 11%, was aber immer noch dem doppelten EG-Durchschnitt entspricht[4].

Die traditionellen Besitz- und Produktionsverhältnisse haben sich in den letzten Jahrzehnten kaum geändert. Für die Betriebsstruktur ist das Nebeneinander von Latifundien und Minifundien charakteristisch. Obwohl die durchschnittliche Betriebsgröße mit 17,8 ha scheinbar dem europäischen Standard entspricht, ist diese Zahl völlig irreführend. 93,6% der Gesamtheit der landwirtschaftlichen Betriebe verfügen nämlich über durchschnittlich 6,4 ha[5]. Von den insgesamt 2,5 Millionen Farmbetrieben sind über 50% Minifundien unter 5 ha, die insgesamt nur über etwa 6% der landwirtschaftlichen Nutzfläche verfügen. Auf der anderen Seite besitzen die Betriebe über 200 ha, die 1,5% der Gesamtzahl der Betriebe repräsentieren, beinahe die Hälfte der Nutzfläche[6]. Allerdings wird dieses Verhältnis, wie auch die OECD darauf hinweist, dadurch relativiert, daß die Minifundien überwiegend in den Regionen mit ausreichendem Niederschlag oder in Bewässerungszonen angesiedelt sind[7], und daß es sich dabei in der Regel um flächenproduktive Erzeugnisse handelt.

Tabelle 16: Landwirtschaftliche Betriebe nach Größe und Nutzfläche

Betriebsgrößen in ha	Zahl der Betriebe in 1 000	%	Nutzfläche in 1 000 ha	%
0- 50	2 396	93,6	15 475	33,9
50-200	88	3,4	8 265	18,1
200 und mehr	31	1,2	21 894	48,0
Ohne Land	44	1,7	–	–
TOTAL	2 559	100,0	45 634	100,0

Quelle: Censos Agrarios 1972

[4] Quelle: OECD, Main Economic Indicators. Daten aus OECD, Economic Surveys, Spain, 1975.
[5] Agrarzensus 1972. Zahlen, Ausführungen und Kommentar bei R. Tamames, Estructura..., a. a. O., Bd. I, S. 100 ff.
[6] Ebenda. Vgl. außerdem OECD, Agricultural Policy Reports, Agricultural Policy in Spain, 1974.
[7] Ebenda, S. 26.

Dieser Fragmentierung wirkt die zunehmende Tendenz zur Schaffung von staatlich geförderten Genossenschaften und Vereinigungen zur gemeinschaftlichen Bearbeitung des Landes („agricultura de grupo") entgegen. Trotzdem bleibt das Problem einer Strukturreform, die die Errichtung konkurrenzfähiger mittlerer Betriebe implizieren würde, im Prinzip ungelöst[8]. Dies wäre eine entscheidende Voraussetzung für die Mechanisierung und dadurch die Steigerung der gegenwärtig sehr niedrigen Produktivität der Landwirtschaft, selbst wenn die im europäischen Vergleich niedrigen Hektarerträge zum Teil auf schwer beeinflußbare Faktoren, wie Klima und Bodenqualität, zurückgeführt werden können.

Tabelle 17: Vergleich der Hektarerträge (1973) in kg/ha

Land	Weizen	Gerste	Reis	Mais	Kartoffeln	Zuckerrüben
BR Deutschl.	4450	3963	–	5408	28438	45045
Frankreich	4495	3890	4150	5465	23102	40110
Großbritannien	4373	4041	–	–	29356	41621
Italien	2479	2251	5076	5607	15876	38115
Griechenland	1918	2064	4846	5482	14020	52174
Spanien	1260	1606	6270	3872	13609	29000

Quelle: Anuario de Estadistica Agricola, 1974

Eine weitere Schwäche der spanischen Landwirtschaft liegt in der mangelhaften Anpassung an das Konsumverhalten der Bevölkerung, welches sich in den letzten Jahren infolge des steigenden allgemeinen Lebensstandards rapide verändert hat. Dies führt einerseits zu nicht absatzfähigen Überschüssen, andererseits zur verstärkten Einfuhr von landwirtschaftlichen Produkten. Zwischen 1967 und 1971 stieg der Verbrauch von Rindfleisch um 19%, der von Frischmilch um 22%. Zwar wird die Viehzucht in Spanien seit einigen Jahren verstärkt gefördert, aber das Defizit in der landwirtschaftlichen Handelsbilanz nimmt immer größere Ausmaße an. Es betrug 1963 6,1 Millionen Peseten, 1968 11,5, 1972 25,4 und 1974 66,4 Millionen[9].

[8] Einzelheiten in R. Tamames, Estructura . . . , a. a. O., Bd. I.
[9] Angaben im Entwurf des IV. Entwicklungsplanes. Vgl. Ministerio de Planificación del Desarrollo, IV. Plan Nacional . . . , a. a. O., S. 46.

Als Stärken der spanischen Landwirtschaft können ihre zum
Teil bedeutenden Produktions- und Produktivitätsreserven, die
Qualität und Wettbewerbsfähigkeit einiger Exporterzeugnisse,
sowie die Ähnlichkeit des Stützungs- und Interventionssystems
mit dem des Gemeinsamen Agrarmarktes angesehen werden.
Die Entwicklung sowohl der gesamten als auch der Pro-Kopf-
Agrarproduktion wies in den letzten Jahren höhere Wachs-
tumsraten auf als in den EG-Ländern, mit der Ausnahme
Griechenlands.

Tabelle 18: Indizes der gesamten und der Pro-Kopf-Agrarpro-
duktion in 1974 (1961-65 = 100)

Länder	Gesamte Agrarproduktion	Pro-Kopf-Agrarproduktion
BR Deutschland	122	113
Frankreich	132	120
Großbritannien	130	124
Belgien	126	119
Niederlande	145	128
Italien	122	112
Irland	132	123
Griechenland	153	145
Spanien	148	135

Quelle: FAO, Anuario de Producción

Im Bereich der Mechanisierung und des Verbrauchs von Düngemittel sind die Steigerungsraten ebenfalls verhältnismäßig
hoch, wenn auch das erreichte Niveau immer noch weit unter
dem EG-Durchschnitt liegt[10]. So stieg der Mechanisierungs-
grad, gemessen an der PS-Zahl pro 100 ha, von 32,6 in 1963 auf
98,2 in 1973. Die Produktionsreserven sind nicht unerheblich,
obwohl sie oft überschätzt werden[11]. An Arbeitskraft und an
nutzbarem Land mangelt es in der Tat nicht, wenn auch die
wirtschaftlichen, topographischen und sozialen Strukturprobleme die Entwicklungsfähigkeit der spanischen Landwirtschaft stark begrenzen. Von den 20 Millionen ha bebauten

[10] Daten in Ministerio de Agricultura, Anuario . . . , a. a. O.; vgl. außerdem R. Tamames, Estructura . . . , a. a. O., Bd. I, S. 104 f.
[11] CNJA-Studie.

Landes, 41% der Gesamtfläche, werden gegenwärtig 2,78 Millionen ha bewässert; es wird geschätzt, daß diese Fläche sich im Prinzip auf etwa 4,5 Millionen ha ausweiten ließe[12]. In den letzten Jahren wuchs die bewässerte Fläche im Durchschnitt um 65 000 ha pro Jahr.

Besonders wettbewerbsfähig auf den internationalen Märkten sind Spaniens Früchte, vor allem Zitrusfrüchte, Wein und Olivenöl. Als Produzent von Zitrusfrüchten und Wein nimmt Spanien auf der Weltrangliste den dritten, als Erzeuger von Olivenöl den ersten Platz ein. Trotz des relativen Rückgangs der Agrarprodukte am Außenhandel ist die Bedeutung dieser traditionellen Exporterzeugnisse unverändert, da sie die wegen des steigenden Bedarfs an industriellen Einfuhren defizitäre Handelsbilanz zumindest partiell entlasten können. Es scheint, daß der spanische Agrarexport sich künftig noch stärker auf diese Produktgruppen konzentrieren will. Schließlich ist zu erwähnen, daß das spanische Agrarfinanzierungs- und Garantiepreissystem weitgehend in Anlehnung an das Modell des Gemeinsamen Agrarmarktes entwickelt wurde. Dies dürfte im Falle des Beitritts zur Gemeinschaft die Lösung einiger Anpassungsprobleme insbesondere im Bereich der Preispolitik erleichtern. Ob sich die Ähnlichkeit des institutionellen Rahmens auch im Hinblick auf die strukturpolitische Anpassung als nützlich erweist, bleibt allerdings, wie weiter unten noch dargelegt werden soll, zumindest zweifelhaft.

3. Spaniens Agrarpreis- und Interventionspolitik

Die spanische Agrarpolitik verfolgt im wesentlichen die gleichen Ziele wie die der Europäischen Gemeinschaft: Erhöhung des Lebensstandards der landwirtschaftlichen Erwerbsbevölkerung, Sicherung der Versorgung des Landes mit Nahrungsmitteln und Verbesserung der Handelsbilanz sowie Schutz der Natur und der Umwelt[13]. Im landwirtschaftlichen Bereich liegt der entscheidende Unterschied zur EG nicht in der politischen und institutionellen Ausrichtung, wie etwa im Falle Großbri-

[12] R. Tamames, Estructura . . . , a. a. O., S. 92.
[13] Vgl. OECD, Agricultural Policy . . . , a. a. O., S. 31.

tanniens vor dem Beitritt, sondern in der Diskrepanz der Ausgangsbedingungen und der strukturellen Beschaffenheit.
Die landwirtschaftliche Preispolitik orientiert sich an den Erfordernissen, das Einkommensniveau der Agrarbevölkerung schrittweise dem der in anderen Sektoren beschäftigten Arbeitskräfte anzugleichen und die Agrarproduktion am nationalen Bedarf, und zwar im Hinblick auf den späteren Beitritt Spaniens zur EG, auszurichten[14]. In diesem Zusammenhang werden seit Anfang der siebziger Jahre gezielte Anstrengungen zur Angleichung der Agrarpreise an die Preise in der Gemeinschaft unternommen. Ein Vergleich der Marktordnungspreise zwischen Spanien und der EG zeigt für 1975/76 die folgenden Relationen (Tab. 19).
Das spanische Agrarpreissystem wurde weitgehend in Anlehnung an das EG-Modell entwickelt; es operiert mit garantierten Mindestpreisen, Orientierungs- und Interventionspreisen. Das

Tabelle 19: Relation der Marktordnungspreise Spanien/EG (ohne Berücksichtigung des Grenzausgleichs) Daten für 1976-77

Produkt	Art der Preise: Spanien	Art der Preise: EG	Relation in %
Hartweizen	Garant. Grundpreis	Interventionspreis	79,07
Weichweizen	Garant. Grundpreis	Interventionspreis	106,36
Gerste	Garant. Grundpreis	Interventionspreis	87,01
Mais	Garant. Grundpreis	Interventionspreis	110,71
	Eintrittspreis	Schwellenpreis	98,89
Reis	Erzeugergarant. Preis	Interventionspreis	95,71
Zuckerrüben	Grundpreis	Mindestpreis	138,62
Sonnenblumensaat	Garantiepreis	Grundinterv.-Preis	88,72
Frischmilch	Richtpreis 1. Periode	Richtpreis 1. Periode	114,43
Rindfleisch	Richtpreis	Orientierungspreis für ausgewachsene Rinder	98,72
Schweinefleisch	Richtpreis	Grundpreis	104,82
Wein	Richtpreis	Grundpreis	49,60[a]
Olivenöl	Richtpreis	Grundpreis	42,80[a]
Tomaten	Richtpreis	Grundpreis	43,50[a]

a) Diese Relationen beziehen sich auf das Jahr 1972 und sind dem OECD-Bericht über die Landwirtschaft in Spanien, 1974, entnommen

Quelle: Berechnungen des Spanischen Landwirtschaftsministeriums

[14] Ebenda. Mehrere ausdrückliche Hinweise im III. Entwicklungsplan.

jeweilige Preisniveau wird im Hinblick auf die Zielsetzung der Landwirtschaftspolitik für bestimmte Perioden („campañas") festgesetzt. So wurde in den letzten Jahren etwa im Falle von Weichweizen eine restriktive, im Falle von Viehzucht und Fleischerzeugung eine ausgesprochen stimulierende Politik verfolgt. Interventionen zur Vermeidung von Überschüssen und Preisverfall finden auch bei solchen Produkten statt, die – wie etwa Kartoffeln oder Zitrusfrüchte – nicht den Schutz durch garantierte Mindestpreise genießen[15]. Über die Preisregulierung hinaus werden aber auch weitere Marktordnungs-Instrumente, wie Produktionsbeihilfen und verschiedene andere Arten von Subventionen eingesetzt.

Die Preispolitik der Regierung wurde in spanischen Fachkreisen wiederholt kritisch diskutiert. Man wies darauf hin, daß der während längerer Zeit ziemlich hoch angesetzte Weizenpreis die Entwicklung der Erzeugung von Futtergetreide verhindert habe. Auf der anderen Seite habe der Preisanreiz für Fleisch zu einer Expansion der Viehzucht über die Grenzen der Wirtschaftlichkeit hinaus und zu einer wachsenden Abhängigkeit von Futtermittelimporten geführt. Spanien könne sich den Luxus der kostspieligen Agrarpolitik der Europäischen Gemeinschaft nicht leisten, es müsse vielmehr seine landwirtschaftliche Produktion am Prinzip der komparativen Kostenvorteile orientieren[16]. Die gegenwärtige, am EG-Modell ausgerichtete Preis- und Interventionspolitik habe – so lautet das Argument der Kritiker – dazu geführt, daß in Anbetracht einer veränderten Nachfrage nicht das Angebot umgestellt, sondern lediglich der Überschuß aus dem Markt genommen wurde. Dadurch sei ein Beitrag zur Stabilisierung der bestehenden Angebotsstruktur und zur Erschwerung der notwendigen Veränderungen in der traditionellen Agrarverfassung geleistet worden. Aus dieser Sicht ist dann auch die Meinung nicht ganz unbegründet, daß die frühen Anpassungsversuche Spaniens an

---

[15] Das spanische Preisstützungs- und Marktordnungssystem ist sowohl bei Tamames (R. Tamames, Estructura . . . , a. a. O., Bd. I) als auch in der OECD-Broschüre (OECD, Agricultural Policy . . . , a. a. O., S. 34 ff.) dargestellt.

[16] Vgl. L. Gamir, Politica agraria, in: L. Gamir (ed.), Politica económica . . . , a. a. O., S. 315 ff., hier S. 332.

die in der EG praktizierte Agrarpolitik die Beitrittsprobleme weniger verkleinern als vielmehr vergrößern dürften.

Für die Finanzierung und Marktregulierung im landwirtschaftlichen Bereich ist der 1968 gegründete „Fondo de Organización y Regulación de los Precios y Productos Agrarios" (FORPPA) zuständig. Zu den Aufgaben dieser Institution gehören die Formulierung von Vorschlägen zur Festsetzung der Produktions- und Preispolitik, die Durchführung von Interventionsmaßnahmen zur Regulierung der Märkte, die konzeptionelle Ausrichtung der strukturellen Reformmaßnahmen sowie die Ausarbeitung und Ausführung der Kredit-, Prämien- und Subventionspolitik für die Landwirtschaft. Neben diesen Aufgaben, die mit denen des EAGFL vergleichbar sind, hat der FORPPA aber auch rein exekutive Funktionen wahrzunehmen, hauptsächlich im Bereich der administrativen Durchführung und Überwachung der von der Regierung verordneten Maßnahmen. Die Subventionen, die über den FORPPA in die Landwirtschaft fließen, betragen jährlich ungefähr 5% des Bruttoagrarproduktes, liegen also etwas niedriger als in der EG. Angesichts weiterer Schutzmechanismen, wie z. B. der Importrestriktionen, ist jedoch der Agrarprotektionismus in Spanien keineswegs weniger ausgeprägt als in der Gemeinschaft[17].

Unter dem Gesichtspunkt der institutionellen Voraussetzungen kann man davon ausgehen, daß im Beitrittsfall der FORPPA zum Instrument der Anpassung und Harmonisierung umgewandelt werden könnte. Während der Übergangszeit hätte er die Kompetenzen für die Durchführung jener Maßnahmen, die sich im Interesse der Angleichung der Strukturen und Politiken im landwirtschaftlichen Bereich als notwendig erweisen. Nach der Übergangszeit wäre es denkbar, daß diese Institution, die ihre politischen Funktionen an die Organe der EG abtreten müßte, als nationales Exekutivorgan der Gemeinsamen Agrarpolitik auch weiterhin wichtige Aufgaben wahrnimmt. Es wird nämlich zunehmend deutlich, daß jede neue Erweiterung der

[17] Vgl. R. Tamames, Estructura . . . , a. a. O., Bd. I, S. 119 ff; L. Gamir, Politica agraria . . . , a. a. O., S. 321 ff.

EG eine progressiv wachsende Vielfalt an strukturellen und sektorpolitischen Problemen impliziert, die immer weniger durch einheitliche, gemeinsame agrarpolitische Beschlüsse bewältigt werden können. Die zunehmende strukturelle Heterogenität innerhalb der Gemeinschaft macht gerade im Hinblick auf die Notwendigkeit einer einheitlichen und gemeinsamen Politik wachsende nationale Anstrengungen zur Harmonisierung auf der Ebene der legislativen und exekutiven Maßnahmen erforderlich. Unter diesem Aspekt könnte sich der FORPPA während und nach der Übergangszeit als ein nützliches Integrationsinstrument erweisen.

4. Auf der Suche nach einem Reformkonzept

Die strukturellen Probleme der spanischen Landwirtschaft wurden bereits aufgezeigt. Hier geht es um die Frage, welche Lösungen in Spanien für diese Probleme angestrebt werden und welche Implikationen diese Probleme für den Beitritt Spaniens zur Europäischen Gemeinschaft haben können.

Es ist einsichtig und auch die Erfahrungen der EG bestätigen es, daß eine mehr oder weniger tiefgreifende Strukturveränderung in der Landwirtschaft allein mit Hilfe des preispolitischen Instrumentariums nicht erzielt werden kann. In Spanien, wo der Agrarsektor im Schutze von Zollmauern und Staatshandelsmonopolen jahrzehntelang ein Werkzeug der wirtschaftlichen Autarkie und ein Reservat der politischen und gesellschaftlichen Stabilität war, bergen preispolitische Stützungsmaßnahmen die zusätzliche Gefahr in sich, die bestehenden Strukturen zu zementieren. Im Zuge der Liberalisierung des Handels und der allmählichen wirtschaftlichen Annäherung an Europa wurde dann auch erkannt, daß die Zukunft der Landwirtschaft vom Erfolg einschneidender strukturpolitischer Maßnahmen abhängig ist. Im dritten Entwicklungsplan sowie im Entwurf des vierten wurde diesen Maßnahmen tatsächlich eine hohe Priorität eingeräumt. Als Ziele der Strukturreform wurden die folgenden identifiziert: Verbesserung der Einkommensverteilung in der Landwirtschaft, Ausrichtung der Produktion im Sinne der veränderten Nachfrage, sowie Förderung der Vermarktung und der industriellen Verarbeitung der landwirtschaftlichen Produkte[18].

In der Praxis konzentrierten sich die Maßnahmen hauptsächlich auf die Verbesserung der Infrastruktur, vor allem auf die Ausdehnung der Bewässerungsfläche. Die relative Bedeutung dieses Förderungsbereiches läßt sich daran erkennen, daß 85% der für die Planperiode 1976–79 veranschlagten direkten staatlichen Investitionen im Agrarsektor für Bewässerungsvorhaben vorgesehen sind[19]. Die sonstigen strukturpolitischen Maßnahmen waren in den letzten Jahren eher zögernd und zeigten bislang noch keinen durchschlagenden Erfolg. Gewisse Fortschritte wurden in den Bereichen der Flurbereinigung, der landwirtschaftlichen Ausbildung und Beratung, der Schaffung wirtschaftlicher Betriebsgrößen und der Förderung der gemeinschaftlichen Bewirtschaftung („agricultura de grupo") erzielt[20]. Besiedlungs- und Dorfentwicklungsprogramme sowie die Mechanisierung, der Erwerb von Viehbeständen und die Zusammenlegung von Parzellen wurden in den letzten Jahren teilweise durch Gewährung von Krediten verstärkt gefördert. Von dem Fernziel einer modernen Landwirtschaft mit rentablen, wettbewerbsfähigen Produktionsbetrieben ist Spanien jedoch noch sehr weit entfernt. Nicht nur in Oppositions-, sondern auch in Regierungskreisen vernimmt man deshalb immer deutlichere Forderungen nach einer Beschleunigung des Wandlungsprozesses.

Die bisherige Politik der punktuellen Verbesserungen war im Endeffekt eine Status-quo-Politik, die schon deswegen nicht weiter verfolgt werden kann, weil sie die durch die Expansion der Industrie- und Dienstleistungssektoren verursachte Krise der traditionellen Landwirtschaft nicht mehr zu bewältigen vermag[21]. Wenn auch die Richtung des erforderlichen Wandels

---

[18] Ministerio de Planificación del Desarrollo, IV. Plan Nacional..., a. a. O., S. 167 ff.
[19] Vgl. die öffentlichen Investitionsprogramme für die einzelnen Sektoren in Ministerio de Planificación del Desarrollo, IV. Plan Nacional..., a. a. O., S. 441 f.
[20] Vgl. OECD, Agricultural Policy..., a. a. O., S. 26–27.
[21] Nähere Ausführungen in L. Gamir, Politica agraria..., a. a. O.

Tabelle 20: Einige Indikatoren des Strukturwandels in der spanischen Landwirtschaft 1961-1973

Jahr	Land-wirtsch. Erwerbs-bevölk. (in 1000)	Investition in Mechani-sierung (in Mio. Ptas., konst. Preise)	Verbrauch von Dünge-mitteln (in Mio. Ptas., konst.)	Zahl der Traktoren (in 1000)	Index PS/ha
1961	4629,8	1499,6	5689,6	71,1	–
1964	4105,2	4253,0	6567,2	130,1	–
1967	3828,0	5849,3	8246,0	191,4	46,8
1970	3596,9	5475,0	9990,7	259,8	78,3
1973	3324,3	5110,4	10799,3	330,4	98,2

Quelle: Ministerio de Agricultura

unumstritten ist, so besteht noch keineswegs Einigkeit über die zu ergreifenden Maßnahmen. Einer der immer wieder diskutierten Vorschläge ist, die gegenwärtig für den Aufkauf von Überschüssen und für direkte Subventionen aufgewendeten Mittel gezielt für die Kapitalausstattung der Produktionsbetriebe einzusetzen. Die Umwandlung der traditionellen in eine moderne Landwirtschaft müßte mit Hilfe verstärkter öffentlicher Investitionen erfolgen, wobei zugleich ein Transfer der Finanzmittel aus dem Bereich der Preispolitik in den Bereich der Kreditpolitik erforderlich wäre[22]. Weit radikalere Maßnahmen schlägt Ramón Tamames vor: Ihm schwebt ein spanischer „Mansholt-Plan" vor: In einem Zeitraum von zwölf Jahren sollte die landwirtschaftliche Produktionsfläche in einem entscheidenden Ausmaß reduziert werden. Dies würde eine radikale Konzentrationspolitik erfordern unter Festsetzung einer Mindestgröße für moderne und mit Kapital ausreichend ausgestattete Produktionseinheiten. Die landwirtschaftliche Erwerbsbevölkerung würde sich von gegenwärtig drei Millionen auf etwa 780000 verringeren: Angesichts der sowieso fortschreitenden Überalterung würden 1 bis 1,5 Millionen Erwerbs-

auch M. Suarez, Se puede industrializar la agricultura española? in: Cuadernos para el dialogo, Nr. 141/142, 1975, S. 24 ff.
[22] L. Gamir, Politica agraria . . . , a. a. O., S. 330.

personen aus der Produktion ausscheiden, während die restlichen Arbeitskräfte, etwa eine Million, von den übrigen Produktionssektoren absorbiert werden könnten[23]. Die Zweifel an der Durchführbarkeit dieser Konzeption sind allerdings begründet: Die spanische Wirtschaft, die selbst im Falle eines neuen Aufschwungs mit relativ hohen Arbeitslosenzahlen rechnet, könnte weder die Freisetzung zusätzlicher Arbeitskräfte noch die Versorgung der aus der Produktion Ausscheidenden verkraften, nach dem Beitritt wohl noch weniger als davor. Nichtsdestoweniger zeigt die Konzeption von Tamames die notwendige Zielrichtung künftiger strukturpolitischer Maßnahmen an.

Da Agrarpolitik gleichzeitig Innenpolitik ist, hängt der landwirtschaftliche Strukturwandel eng mit der innenpolitischen Entwicklung in Spanien zusammen. Aus diesem Zusammenhang ergeben sich auch für Europa wichtige Konsequenzen. In einer EG/11 (EG/9 + Griechenland + Spanien) wäre jeder neunte Bürger, aber jeder vierte landwirtschaftlich Erwerbstätige ein Spanier. Jeder dritte landwirtschaftliche Betrieb wäre ein spanischer. Bereits diese Angaben verdeutlichen die Größen-

Tabelle 21: Bevölkerung, landwirtschaftliche Erwerbstätige und landwirtschaftliche Betriebe in einer EG/11 (in 1000)

Land	Bevölkerung	Landwirtschaftliche Erwerbsbevölkerung	Landwirtschaftliche Betriebe
BR Deutschland	61 967	1 954	967
Belgien	9 757	150	114
Dänemark	5 025	227	136
Frankreich	52 130	2 560	1 300
Niederlande	13 438	309	150
Irland	3 029	261	270
Italien	54 888	3 192	2 173
Luxemburg	350	14	6
Großbritannien	55 933	735	287
Griechenland	8 769	1 330	1 036
Spanien	33 956	3 238	2 559

Quellen: SA EG; Schätzungen für 1973, OECD, España, Anuario Estadistico 1975

[23] Vgl. R. Tamames, Estructura . . . , a. a. O., Bd. I, S. 124 ff.

ordnung der Probleme und das Maß der Gleichgewichtsver-
schiebung, die der Beitritt Spaniens unter den gegenwärtigen
Verhältnissen innerhalb der Gemeinschaft verursachen würde.
Falls es Spanien nicht gelingt, noch vor dem Beitritt Lösungsansätze für die anstehenden landwirtschaftlichen Strukturprobleme zu finden, könnten sich daraus negative Konsequenzen für
beide Seiten ergeben. Die Gemeinschaft wäre durch diese Probleme zusätzlich belastet: politisch, weil die strukturellen Disparitäten zwangsläufig zur Verschärfung der Interessengegensätze führen und dadurch die gemeinsame Beschlußfassung
erschweren; finanziell, weil der EG-Haushalt eine große Zahl
unrentabel operierender Produktionsbetriebe durch die Abteilung Ausrichtung des EAGFL mitsubventionieren muß; wirtschaftlich, weil der sich verschärfende innergemeinschaftliche
Wettbewerb einzelne Mitgliedsstaaten veranlassen kann, immer
wieder neue Forderungen nach zusätzlichen Preis- und Absatzgarantien oder anderen Kompensationen zu stellen. Auch für
Spanien wären die Folgen möglicherweise nicht nur vorteilhaft.
Unter den gegenwärtigen Bedingungen wirkt sich der Beitritt
mit einiger Wahrscheinlichkeit stabilisierend auf die bestehenden Verhältnisse in der spanischen Landwirtschaft aus. Im
Genuß der Preisgarantien und Subventionen des EAGFL und
durch den Gemeinsamen Zolltarif vor der Konkurrenz von
Drittländern abgeschirmt, wären kaum Antriebsmotive erkennbar, die die spanische Landwirtschaft zu strukturellen Reformen veranlassen könnten. Einige der vermutlichen Konsequenzen wären die Verzögerung der erforderlichen Maßnahmen zur
Modernisierung der Betriebe und zur Reform der Betriebsgröße, die Erschwerung der Versuche, die Produktion im Sinne der
sich ändernden Nachfrage umzustellen, die Perpetuierung der
Privilegien der bereits gegenwärtig wettbewerbsfähigen, exportorientierten Betriebe und der Fortbestand oder sogar die
Verschärfung der sozialen Probleme in weiten Bereichen der
spanischen Landwirtschaft. Die in manchen Kreisen der spanischen Administration vorherrschende optimistische Meinung,
daß die Strukturprobleme im Beitrittsfall mit Hilfe des EAGFL
und der verbesserten Exportbedingungen ohne größere Schwierigkeiten gelöst werden könnten, läßt sich durch die Analyse

der Beitrittsfolgen nicht erhärten. Im Gegenteil, alle Überlegungen sprechen dafür, daß die landwirtschaftlichen Modernisierungs- und Reformmaßnahmen, deren Notwendigkeit auch in Spanien nicht angezweifelt wird, im beiderseitigen Interesse noch vor dem Beitritt in Angriff genommen werden müssen.

5. Die Angst vor Spanien

Ein großes Problem wird darin gesehen, daß die spanische Landwirtschaft unter dem Anreiz der teilweise höheren EG-Agrarpreise angesichts der niedrigeren Produktionskosten erhebliche Produktions- und Produktivitätsreserven mobilisieren könnte. Besonders für Frankreich und Italien würden sich daraus erhebliche Wettbewerbsprobleme ergeben. Die zitierte CNJA-Studie weist in diesem Zusammenhang auf vier entscheidende Trümpfe der spanischen Landwirtschaft hin: die Produktionsmenge, die Produktqualität, die kostengünstige Erzeugung und die geographische Nähe[24]. Ob und in welchem Maße die diesbezüglichen europäischen Befürchtungen im einzelnen berechtigt sind, wird im Zusammenhang mit den Wettbewerbsproblemen zu prüfen sein. An dieser Stelle wollen wir nur auf die Frage eingehen, ob die Argumente bezüglich der spanischen Produktions- und Produktivitätsreserven sowie der niedrigen Produktionskosten in dieser pauschalen Form überhaupt zutreffen.

Die Frage, welche Produktionsreserven die spanische Landwirtschaft überhaupt besitzt und wie die Übernahme der EG-Marktordnungen sich auf deren Mobilisierung auswirkt, kann nur anhand der Analyse der einzelnen Produkte beantwortet werden. Dabei zeigt es sich, daß im Falle einiger wettbewerbsfähiger Agrarerzeugnisse Spaniens, etwa bei Obst und Wein, tatsächlich mit einer Steigerung des Angebots gerechnet werden muß. Es gibt aber auch Produktionsbereiche, in denen eher das Gegenteil zu erwarten ist. So würde der spanische Weichweizen, auf den heute etwa 60% der landwirtschaftlich bebauten Fläche entfallen, im Beitrittsfall mit negativen Folgen zu rech-

[24] CNJA-Studie, S. 1.

nen haben. Angesichts der höheren Qualität des nordeuropäischen Konkurrenzprodukts hätte der spanische Weizen nicht nur geringe Chancen für Exporterstattungen, sondern auch die Perspektive eines Wettbewerbs auf dem inländischen Markt. Es ist, wie auch die CdE-Studie feststellt, nicht sehr wahrscheinlich, daß die Produktion allein im Hinblick auf die Denaturierungsprämie erhöht werden würde[25]. Die Integration in den Gemeinsamen Agrarmarkt würde den spanischen Weizensektor hart treffen und vermutlich zum Rückgang der Produktion führen, mit den entsprechenden wirtschaftlichen und sozialen Konsequenzen für die betroffenen kleinbäuerlichen Betriebe. Aufgrund dieser Einsicht sah bereits der dritte Entwicklungsplan die Reduktion der Anbauflächen besonders in den marginalen Anbaugebieten sowie bestimmte, bislang nicht sehr weitreichende Maßnahmen zur Modernisierung der unwirtschaftlichen kleinbetrieblichen Strukturen vor.

Vor dem Hintergrund der bereits dargestellten Strukturprobleme der spanischen Landwirtschaft kann vom Beitritt in vielen Bereichen keine unmittelbare Auswirkung auf die Mobilisierung von Produktivitätsreserven erwartet werden. Unter den gegenwärtigen Bedingungen, zu deren Änderung die Finanzhilfen und die Mittel der Ausrichtungsfonds der EG höchstens sehr langfristig einen Beitrag leisten können, bleiben die Grenzen der Produktivitätssteigerung durch solche schwer zu beseitigenden Hindernisse markiert, wie die Bodenqualität in weiten Teilen des Landes, die klimatischen Verhältnisse, die Fragmentierung der Betriebe und die Schwierigkeiten, Investitionsmittel zu beschaffen. So ist auch der Hinweis auf die Ausdehnungsmöglichkeiten der bewässerten Fläche nur bedingt sinnvoll. Zwar könnten mit Hilfe der Bewässerung, nach den Berechnungen der Weltbank von 1960, die Hektarerträge im Falle von Weizen und Kartoffeln beinahe um das Sechsfache oder im Falle von Zuckerrüben über das Zehnfache steigen, aber Tamames weist nach, daß die Produktion bei einer Höhe der Bewässerungskosten von 105 000 Pts pro ha (1972) in allen von ihm untersuchten Fällen mit Ausnahme von Zuckerrüben nicht

[25] Vgl. CdE-Studie, S. 86.

mehr rentabel wird[26]. Für manche Regionen und Produktbereiche würde dies heißen, daß der Nettoertrag der bewässerten Kulturen den der Trockenkulturen nicht übersteigt.

Die Produktionskosten in der spanischen Landwirtschaft sind in der Tat wesentlich niedriger, stiegen aber in den letzten Jahren erheblich schneller als in den EG-Ländern. Das Lohnniveau für ungelernte Arbeitskräfte liegt heute etwa 60% unter dem EG-Durchschnitt; der Stundenlohn eines Traktorführers erreicht knapp die Hälfte des EG-Niveaus. Die Lohnentwicklung zeigt aber eine rasche Beschleunigungstendenz: Der Index zeigt seit dem Basisjahr (1963/64 = 100) eine Steigerung auf 376 im Vergleich zu 257 in der Bundesrepublik Deutschland[27]. Allein in der Zeitperiode 1973–74 stiegen die Löhne in der spanischen Landwirtschaft mit 32,2% doppelt so schnell wie die Lebenshaltungskosten. Zwar hat sich das Tempo des realen Zuwachses seit 1975 wieder etwas verlangsamt, aber im Falle der Überwindung der Wirtschaftskrise und der weiteren politischen Veränderungen lassen sich erneut verstärkte Beschleunigungstendenzen erwarten. Auch die Einkaufspreise landwirtschaftlicher Betriebsmittel stiegen rapide in den letzten Jahren, allein um 30,2% in den Jahren 1973/74. Auch in diesem Bereich ist der Rhythmus der Preisentwicklung schneller als in den EG-Ländern.

Diese Angleichungstendenzen sollen selbstverständlich nicht darüber hinwegtäuschen, daß die spanische Landwirtschaft insbesondere in den lohnintensiven Produktionsbereichen noch für viele Jahre beträchtliche Kostenvorteile aufweisen wird. Im Falle einiger dieser Produkte, zu denen Obst, Gemüse, Wein und mit gewissen Einschränkungen auch Olivenöl gerechnet werden müssen, könnte zum gegenwärtigen Zeitpunkt tatsächlich die Gefahr eines Verdrängungswettbewerbs bzw. der Erzeugung schwer absetzbarer Überschüsse entstehen, mit allen

---

[26] R. Tamames, Estructura . . . , a. a. O., Bd. I, S. 93 f.

[27] Daten für die Bundesrepublik Deutschland und die anderen EG-Länder aus Bundesministerium für Ernährung, Landwirtschaft und Forsten, Statistisches Jahrbuch über Ernährung, Landwirtschaft und Forsten, 1975, Hamburg-Berlin 1975, S. 258 ff.; für Spanien: Ministerio de Agricultura, La agricultura española en 1974, sowie Ministerio de Agricultura, Anuario . . . , a. a. O.

Tabelle 22: Gesamtindex der landwirtschaftlichen Erzeuger-
und Einkaufspreise in einigen europäischen Ländern (1973/74)

Länder	Erzeugerpreise (1963/64 = 100)	Einkaufspreise (1970 = 100)
BR Deutschland	116	126
Frankreich	161	124
Italien	170	125
Niederlande	140	122
Spanien	184	153

Quelle: SAEG, Spanien: Ministerio de Agricultura

schwerwiegenden Folgen für den Markt und den Haushalt der
EG. Wenn man aber davon ausgeht, daß Spanien nach etwa
dreijährigen Verhandlungen und einer Übergangszeit von mindestens fünf Jahren nicht vor 1985 voll in den Gemeinsamen
Agrarmarkt integriert wird, dann ist auch die Erwartung gerechtfertigt, daß die inzwischen fortschreitenden Lohn- und
Preisangleichungstendenzen, verbunden mit strukturpolitischen Maßnahmen in Spanien und geeigneten Übergangsregelungen auf dem europäischen Markt einiges zur Abschwächung
dieser Gefahren beitragen würden.

6. Defizite oder Überschüsse?

Die Europäische Gemeinschaft ist im Agrarbereich weitgehend
selbstversorgend. Aus diesem Grund reagiert der Gemeinsame
Agrarmarkt besonders empfindlich auf jede Gleichgewichtsver-
schiebung, die durch den Beitritt eines neuen Mitgliedsstaates
verursacht wird. Wie aus der Tabelle 23 ersichtlich ist, würde
Spaniens Beitritt den Selbstversorgungsgrad der Gemeinschaft
im allgemeinen weiter erhöhen. Daher sind die Auswirkungen
des Beitritts auf das Gleichgewicht des EG-Agrarmarktes nicht
unproblematisch, weil in einigen Bereichen Überschüsse zu
erwarten sind, während in manchen anderen Bereichen die
Möglichkeiten zur Komplementarität, im Gegensatz zu Portugal etwa, relativ gering sind.
Die Zahlen der Tabelle können nur als grobe Indikatoren für
die jeweiligen Größenordnungen aufgefaßt werden. Zur Be-

Tabelle 23: Selbstversorgungsgrad der EG und Spaniens im Falle einiger landwirtschaftlicher Produkte (Zahlen für 1972-74) (Mengen in 1 000 t)

Erzeugnisse	EG/9		EG/10 (mit Griechenland)		Spanien		EG/11 (mit Spanien)	
	Menge	SVG	Menge	SVG	Menge	SVG	Menge	SVG
Weizen	40 582	99,6	42 465	99,8	4 659	99,0	47 124	99,7
Gerste	32 767	103,7	33 599	103,6	4 515	92,7	38 114	102,2
Mais	14 646	57,1	15 224	57,5	2 006	45,0	17 230	55,6
Reis	771	82,0	820	82,5	364	108,3	1 184	89,0
Zucker	9 395	94,4	9 530	94,0	903	96,8	10 433	94,2
Frischgemüse	26 289	93,6	27 707	94,1	5 972	108,9	33 679	96,4
Frischobst	14 004	78,4	15 251	80,2	4 183	106,0	19 434	84,6
Zitrusfrüchte	2 429	41,3	2 842	46,6	2 622	234,3	5 464	75,7
Olivenöl	547	79,2	755	84,9	499	136,9	1 204	98,9
Wein	14 352	99,0	14 809	99,8	3 018	130,4	17 827	104,0
Rind- und Kalbfleisch	5 486	87,1	5 576	86,7	331	83,2	5 907	86,5
Schweinefl.	8 143	101,0	8 219	101,0	510	91,2	8 729	100,4
Eier	3 743	99,4	3 848	99,4	407	107,0	4 255	99,5
Vollmilch	97 404	100,1	98 807	100,1	5 216	98,2	104 023	100,0
Fisch	4 127	94,9	4 254	94,9	1 335	101,4	5 589	96,4

Quellen: SAEG (Portugal konnte bei dieser Berechnung nicht berücksichtigt werden).

rechnung der im Beitrittsfall zu erwartenden Überschüsse bzw. Defizite reichen sie nicht aus, da die Entwicklung der Eigenerzeugung und der Importe durch viele Faktoren, darunter auch von der steigenden Nachfrage nach Veredelungsprodukten in Spanien beeinflußt wird. Die Analyse muß sich daher auf die gegenwärtigen Relationen und auf die bereits erkennbaren Trends der Entwicklung beschränken. So gibt die folgende Synopse einen Überblick über die Produkte, deren Erzeugung in Spanien und in der EG zum gegenwärtigen Zeitpunkt jeweils defizitär oder überschüssig ist. Es werden dabei die allgemeinen Tendenzen der Eigenerzeugung und der Ein- bzw. Ausfuhr der betreffenden Produkte in größeren Mengen berücksichtigt, ohne Beachtung zeitweiliger Schwankungen zwischen Defizit und Überschuß.

Sowohl die Länder der Gemeinschaft als auch Spanien sind auf absehbare Zeit auf massive Importe von Mais, Soja, Ölsaaten

		SPANIEN	
		Defizit	Überschuß
EG	Defizit	Pflanzenöle (außer Olivenöl) Soja Mais	Frischobst Zitrusfrüchte Gemüse Olivenöl Reis
	Überschuß	Rindfleisch Milch und Milchprodukte	Getreide Wein Schweinefleisch Eier Einige Sorten von Frischobst und Gemüse

und anderen Futtermitteln angewiesen. Indessen sind die Voraussetzungen für die Eigenerzeugung in Spanien nicht ungünstig. Die Maisproduktion zeigt besonders in den nördlichen Regionen des Landes eine steigende Tendenz, wenn auch im Jahre 1974 4 Millionen Tonnen importiert werden mußten, vor allem aus den USA, Argentinien und Brasilien. Mit dem Anbau von Soja wird seit Jahren experimentiert; die Erzeugung von Pflanzenölen, insbesondere Sonnenblumenöl, wird in Spanien verstärkt gefördert, einmal um den inländischen Markt mit billigeren Produkten als dem Olivenöl zu versorgen, zum anderen, um das Olivenöl überwiegend für Exportzwecke vorzubehalten. Angesichts des steigenden inländischen Bedarfs und der angestrebten Selbstversorgung auf dem Fleischsektor wird Spanien in diesen Produktionsbereichen noch lange Zeit defizitär bleiben.

In den Bereichen, wo sowohl die Gemeinschaft als auch Spanien zur Erzeugung von Überschüssen neigt, sind die Probleme je nach Produkt und den jeweiligen Marktordnungsregelungen unterschiedlich. Auf die voraussichtlichen negativen Folgen für den spanischen Weizensektor wurde bereits hingewiesen; für die EG dürften im Falle von Weizen und auch der anderen Getreidesorten keine Probleme entstehen. Wettbewerbsfähig ist allerdings der spanische Hartweizen, der im Beitrittsfall mit EG-Beihilfen rechnen kann. Relativ unproblematisch für beide Seiten wären die zeitweiligen Überschüsse an Schweinefleisch,

Geflügel und Eiern, wenn auch einige Interessenverbände in den EG-Ländern die Ansicht vertreten, daß die betreffenden Marktordnungen zum Schutze der Erzeuger in der gegenwärtigen Gemeinschaft noch vor dem Beitritt Spaniens verbessert werden müßten[28]. Die eigentliche große Schwierigkeit entsteht im Falle des Weines. Angesichts der bestehenden Regelungen der EG-Marktordnung für Weine würden die spanischen Weinüberschüsse den EG-Haushalt erheblich belasten, ganz abgesehen von dem verschärften Wettbewerb auf dem europäischen Markt. Da die Problematik der Auswirkungen des Beitritts in diesem Bereich besonders vielfältig ist, werden wir uns damit im nächsten Abschnitt etwas ausführlicher befassen.

Eine gewisse Komplementarität ist im Falle von Rind- und Kalbfleisch zu erwarten. Obwohl Spanien in den letzten Jahren mit Hilfe der Weltbank erhebliche Anstrengungen zur Förderung der Viehzucht unternommen hat, hauptsächlich um die Devisenkosten für die wachsenden Importe infolge der gestiegenen inländischen Nachfrage zu sparen, ist mit einer Selbstversorgung auf absehbare Zeit nicht zu rechnen. Die Förderungspolitik zeigte bislang nur einen mäßigen Erfolg, da die klimatischen Bedingungen, die Betriebsstrukturen und die Probleme mit den Futtermitteln für die Rinderzucht wenig günstige Voraussetzungen implizieren. Die Importe sind allerdings seit 1969 in erheblichem Maße gesunken, wenn auch Experten die Verlangsamung der weiteren Expansion der Eigenerzeugung erwarten[29]. Im Falle des Beitritts könnten die gegenwärtigen Hauptlieferanten Spaniens, Argentinien und Uruguay, zumindest teilweise durch die EG ersetzt werden, wodurch eine begrenzte Entlastung des EG-Marktes möglich wäre. Geringer sind die Aussichten auf eine Entlastung des EG-Milchmarktes: Im Jahre 1974 hat Spanien bei einer Eigenerzeugung von 5 Millionen t Vollmilch lediglich 354 000 t aus Frankreich importiert. Ziemlich unwesentlich sind auch die Absatzchancen für andere höherwertige Milcherzeugnisse.

Von den Produkten, die in der EG defizitär und in Spanien überschüssig sind, bringt der Reis keine Probleme mit sich. Der

[28] Informationsgespräche des Verfassers in EG-Hauptstädten.
[29] Informationsgespräche des Verfassers in Madrid.

spanische Reis ist aus Qualitätsgründen auf den europäischen Märkten nicht wettbewerbsfähig und wird vor allem nach Portugal und Israel exportiert. Die wirklichen Schwierigkeiten für die betroffenen Konkurrenten und vermutlich auch für den Haushalt der EG, wie auch zugleich die großen Chancen für den Export Spaniens würden sich im Falle jener Produkte ergeben, die Spanien gegenwärtig unter besonders günstigen Produktionsbedingungen erzeugen und preislich – zumindest heute noch – äußerst kompetitiv anbieten kann. Es handelt sich um Olivenöl, Zitrusfrüchte, Frischobst und Frischgemüse. Während im Falle des Olivenöls und der Zitrusfrüchte der Selbstversorgungsgrad der Gemeinschaft auf 99% bzw. 76% steigt, können bei einigen Sorten von Frischobst und Frischgemüse größere Mengen von Überschüssen auftreten, ganz abgesehen von der Gefahr eines zum Preisverfall führenden Verdrängungswettbewerbs, der wegen der Schwäche der Marktordnungen für Obst und Gemüse nicht auszuschließen ist.

Da Spanien gezwungen ist, seine chronischen Handelsbilanzdefizite zumindest teilweise durch den verstärkten Export landwirtschaftlicher Erzeugnisse auszugleichen, wird es logischerweise diese besonders wettbewerbsfähigen Produkte auf dem europäischen Markt anbieten. Es ist daher erforderlich, diese Produkte unter dem Gesichtspunkt des Wettbewerbs etwas näher zu untersuchen.

7. Die kritischen Produkte: Wein

Die Konkurrenz spanischer Agrarerzeugnisse verursacht Frankreich und Italien bereits jetzt und ganz unabhängig von den Beitrittsaussichten große Sorgen. Davon zeugt die wiederholte Vernichtung spanischer Gütertransporte durch französische Bauern, wie auch die warnende Stimme des französischen Bauernverbandes: „Spaniens Beitritt wäre für Frankreich wirtschaftlich wie sozial die größte Erschütterung seit der Gründung des Gemeinsamen Marktes[30]". Die Produkte, deren Wettbewerbsdruck auf diese Weise gefürchtet wird, sind, wie bereits erwähnt: Wein, Olivenöl, Früchte und Gemüse.

[30] Vgl. die CNJA-Studie.

Auf den Weinbau entfallen 1,6 Millionen ha, d. h. rund 8% der
landwirtschaftlich bebauten Fläche Spaniens.
Die Anbaufläche hat sich in den letzten Jahren nicht ausgewei-
tet; abgesehen vom Ersatz für ältere, gerodete Pflanzungen sind
Neupflanzungen gesetzlich untersagt. Um die Produktionsaus-
weitung zu verhindern, wurde auch die künstliche Bewässerung
verboten. Die Produktivität im Weinbau ist im europäischen
Vergleich sehr niedrig, was einerseits auf die im allgemeinen
schlechte Bodenqualität, andererseits auf die rückständigen An-
baumethoden zurückzuführen ist.

Tabelle 24: Weinbau: Fläche und Erzeugung im europäischen
Vergleich (1973)

Länder	Anbaufläche (in 1 000 ha)	Erzeugung von Weintrauben (in 1 000 t)	Ertrag pro ha (t Weintrauben)
Frankreich	1 400	12 217	87,3
Italien	1 400	11 571	82,6
BR Deutschland	96	1 363	141,9
Griechenland	220	1 560	70,9
Spanien	1 574	6 509	41,4

Quelle: Anuario de Estadistica Agraria, 1974

Trotz der gleichbleibenden Anbaufläche sind in den letzten
Jahren die Hektarerträge erheblich gestiegen, was auf gewisse
Erfolge bei der Produktivitätsverbesserung zurückzuführen ist.
Die durchschnittliche jährliche Produktion stieg von 17 Mio. hl
vor 25 Jahren auf 36 Mio. hl 1974. Für die nächsten Jahre
rechnet man mit einer durchschnittlichen Produktion von 35
Mio. hl, von denen etwa 65% für den inländischen Verbrauch
und 10% für den Export bestimmt sind. Der Rest verteilt sich
auf andere Verwendungszwecke, wie Alkoholgewinnung, Herstellung von Vermouth usw.
Die Preise liegen etwa 30–40% unter denen der vergleichbaren
französischen Weine. Es ist zu erwarten, daß infolge des Beitritts die Übernahme eines höheren Preisniveaus trotz des
Verbots von Neupflanzungen zu Produktionsanreizen führen
wird. Die Produktionsreserven sind groß, da die ha-Erträge bei

intensiverer Bepflanzung, Düngung und Schädlingsbekämpfung beträchtlich erhöht werden könnten.

Aber auch unter den gegenwärtigen Bedingungen werden jährlich Überschüsse erzeugt. An diesem Problem ist die spanische Interventionspolitik mit ihren relativ hohen Stützungspreisen auch für minderwertige Qualitäten weitgehend mitschuldig. Tamames weist darauf hin, daß die bisherige Wein-Politik weder hinsichtlich des inländischen Marktes noch hinsichtlich des Exports adäquat gewesen sei, weil sie die Erzeugung großer Mengen und minderer Qualitäten begünstigte[31].

Das seit 1972 gültige neue Wein-Statut sieht nun erhebliche Verbesserungen bezüglich der Förderung höherer Qualitäten vor. Die neue Marktordnung führt das System einer obligatorischen Weinabgabe von 10% der jeweiligen Erzeugung ein, wodurch das Gesamtangebot vermindert, eine marktstabilisierende Wirkung erzielt und die Herausnahme minderer Qualitäten aus dem Angebot erreicht werden sollen. Der aus dem Markt genommene Wein wird für Destillationszwecke verwendet. Gleichzeitig soll der Garantiepreis relativ niedrig gehalten werden, damit die Interventionskäufe des SENPA (staatliche Dienststelle für Agrarprodukte im Auftrag des FORPPA) in engen Grenzen gehalten werden können. Die Interventionskäufe beschränkten sich in den Jahren 1974/75 auf 1,7 Mio. hl und 1975/76 auf 1 Mio. hl.

Es ist zu erwarten, daß die neuen Marktregelungen für Wein sich stabilisierend auf das Angebot und die Preise auswirken werden. Mit Hilfe weiterer Maßnahmen soll eine statistische Bestandsaufnahme der Anbauflächen, Erzeugung und Sorten und die schrittweise Angleichung der Qualitätskontrolle an den EG-Standard erreicht werden. Diese Maßnahmen werden zweifellos einen Beitrag zur Abschwächung der im Falle des EG-Beitritts zu erwartenden Probleme auf dem Weinsektor leisten, wenn auch die eigentlichen Schwierigkeiten für die EG

---

[31] Siehe die ausführliche Darstellung von R. Tamames, Estructura..., a. a. O., Bd. I, S. 203 ff.; einige der hier aufgestellten Forderungen wurden in der Zwischenzeit erfüllt. Seit dem neuen Weinstatut sind nach Informationen des spanischen Landwirtschaftsministeriums und des FORPPA intensive Bemühungen im Gange, die Qualitätskontrolle zu verbessern.

keineswegs aus der Welt geschafft werden können. Die Gemeinschaft wird, trotz der neuen Regelungen in Spanien, mit einem kräftigen Preisdruck, möglichen Kompensationsforderungen von Frankreich und Italien zur Sicherung der Erzeugererlöse sowie wachsenden Überschüssen zu rechnen haben. Zusätzlicher Druck auf den europäischen Weinmarkt wird von den beiden anderen Beitritts-Kandidaten, Griechenland und Portugal, ausgeübt.

8. Die kritischen Produkte: Olivenöl

Die Olivenkulturen umfassen 2,2 Mio. ha, d. h. 10,5% der landwirtschaftlich bebauten Fläche. Etwa die Hälfte dieser Fläche wird von Experten als wenig geeignet für den Anbau angesehen. In manchen Regionen des Landes, etwa in der Provinz Jaen, zeigt der Olivenanbau die Merkmale einer Monokultur mit den entsprechenden wirtschaftlichen und sozialen Implikationen. Ein Drittel der Anbaufläche wird von Kleinstbetrieben zwischen 0 und 3 ha bebaut; in weiten Teilen des Anbaugebietes verhindert es die Bodenqualität, die Produktionsfläche für andere Kulturen zu verwenden. Die Produktivität ist niedrig: Der durchschnittliche Hektarertrag lag in den letzten Jahren bei 200 kg, obwohl der II. Entwicklungsplan für Neuanpflanzungen den Mindestertrag von 400 kg/ha vorsah. Der nationale Pro-Kopf-Verbrauch ist rückläufig, da das Olivenöl auf dem Markt mit anderen Pflanzenölen konkurriert; auch die Exportchancen werden auf längere Sicht nicht besonders günstig beurteilt.

Die Olivenölproduktion lag in den letzten Jahren bei 400 000 t durchschnittlich pro Jahr. Der Markt war strengen Regelungen unterworfen. Preisregulierung und Exportbehinderung durch Kontingente und Ausfuhrabgaben sollten das Angebot und die Preise im Hinblick auf die mit dem Olivenöl konkurrierenden Soja- und Sonnenblumenöle stabilisieren. Als Reaktion auf den starken Druck der Erzeuger wurden die Preise 1974/75 plötzlich freigegeben. Die Erzeuger hofften auf höhere Preise, die die Verbraucher jedoch nicht bereit waren zu bezahlen. Der Konsum wich auf andere Pflanzenöle aus: Der Inlandsverbrauch von Olivenöl sank innerhalb eines Jahres um mehr als 20%. Auch der Export verringerte sich, vor allem aufgrund der restriktiven Importpolitik der EG. Die Entwicklung führte zu einem Preisrückgang und zu Überschüssen. Auf den neuerlichen Druck der Erzeuger sah sich der Staat zu Interventionen gezwungen: Anfang 1976 nahm der FORPPA 100 000 t Olivenöl aus dem Markt.

Das Problem des Olivenöls ist im Beitrittsfall nicht unbedeutend: einmal im Hinblick auf den Wettbewerb mit Italien, zum anderen im Hinblick auf die jeweils gültigen Marktordnungen. Italien, neben Spanien der wichtigste Erzeuger, ist gleichzeitig Importeur des spanischen Olivenöls, das es zum Teil in raffinierter Form weiterverkauft. Nach dem Beitritt würde Spanien selbst als Exporteur auftreten und das italienische Olivenöl unter starken Konkurrenzdruck setzen. Trotz der erhöhten Preise in Spanien besteht auch heute noch eine Preisdifferenz im Verhältnis zur Gemeinschaft, so daß im Falle der spanischen Vollmitgliedschaft ein Preisdruck zu erwarten wäre, dessen Folgen sich wahrscheinlich in Forderungen nach höheren Beihilfen niederschlagen würden. Die EG-Beihilfen sind jetzt schon recht hoch; als Mitglied der Gemeinschaft hätte Spanien in den letzten Jahren auf dem Olivenölsektor jährlich zwischen 133 und 168 Mio. RE kassiert.

Auch im Falle des Olivenöls dürfte der wichtigste Beitrag zur Lösung der anfallenden Probleme von Spanien selbst geleistet werden. In erster Linie fehlt es an einer konsistenten Politik in diesem Sektor, unter Berücksichtigung der konkurrierenden Soja- und Sonnenblumenöle. Der Ansatz zur Lösung liegt zweifellos in der Reduktion der Produktionsflächen, vor allem in jenen Anbaugebieten, deren Boden für die Erzeugung alternativer Produkte geeignet ist. Modernisierungsmaßnahmen sind im Olivenanbau schwer möglich, da die Produktion besonders arbeitsintensiv ist (über 50% Lohnanteil an den Produktionskosten) und daher die Bedeutung von Mechanisierungs- oder anderen produktivitätssteigernden Maßnahmen kaum ins Gewicht fällt.

9. Die kritischen Produkte: Obst und Gemüse

Die Früchte (Zitrus und Frischobst) sind Spaniens größte
Trümpfe auf den internationalen Märkten. Sowohl die Qualität
der Produkte als auch die natürlichen und kostenmäßigen
Produktionsvorteile prädestinieren sie zu Hauptexporterzeug-
nissen des Landes. Ihre Anbaufläche beträgt 750 000 ha, d. h.
nur 3,6% der landwirtschaftlich bebauten Fläche, ihr Anteil an
der landwirtschaftlichen Endproduktion jedoch 17,5%. Die
Produktivität erreicht in diesem Sektor etwa das Fünffache des
landwirtschaftlichen Durchschnitts. Der Anteil am Gesamtexport des Landes betrug in den letzten Jahren 8–9%. Unter dem
Gesichtspunkt des Wettbewerbs ist festzuhalten, daß die im
Beitrittsfall zu erwartenden Probleme bei den Zitrusfrüchten
(vor allem Orangen und Mandarinen) und den übrigen Obst-
sorten unterschiedlich sind. Im Falle der Zitrusfrüchte treten
eigentlich kaum innergemeinschaftliche Schwierigkeiten auf.
Überschüsse sind genauso wenig zu erwarten wie ernsthafte
Konkurrenzprobleme mit anderen Mitgliedsstaaten: Spanien
war, auch ohne EG-Mitgliedschaft, traditioneller Lieferant des
europäischen Marktes. Einige Drittländer, vor allem Marokko,
Algerien und Israel, würden allerdings Marktanteile verlieren.
Dazu ist jedoch zu bemerken, daß Spanien seit den fünfziger
Jahren gerade zugunsten dieser Länder immer größere Markt-
anteile auf dem europäischen Markt verlor, trotz ständiger
Steigerung des Exportvolumens[32]. Im Falle einiger Reformen,
die heute in Madrid diskutiert werden, könnte sich Spaniens
Angebot an Zitrusfrüchten noch weiter erhöhen; zu diesen
Maßnahmen zählen die Ausdehnung der lange Zeit gesetzlich
begrenzten Produktionsflächen und die Straffung des gegen-
wärtig zersplitterten Vermarktungssystems.
Trüber sind die Aussichten für einige andere Frischobst- und
Gemüsesorten, deren Erzeugung in den EG-Ländern bis an die
Grenze der vollen Selbstversorgung, zeitweise sogar zu Überschüssen führt. Die Größenordnung der Probleme wird aus der
folgenden Tabelle deutlich.

---

[32] Vgl. die Zahlen zur zeitlichen Entwicklung in R. Tamames,
Estructura . . . , a. a. O., Bd. I, S. 181.

Tabelle 25: Produktion und Selbstversorgung im Falle einiger Sorten von Obst und Gemüse (1974) - Produktion in 1 000 t

Erzeugnisse	SVG-EG/9	Produktion EG/9	Produktion Spanien
Äpfel	98	7 400	892
Birnen	100	2 611	430
Pfirsiche	98	1 838	330
Aprikosen	94	271	150
Erdbeeren	102	359	14
Artischocken	100	910	300
Melonen	97	1 250	750
Zwiebeln	88	1 100	860
Tomaten	95	4 500	2 100
Knoblauch	95	94	200

Quellen: Für EG: CNJA-Studie, für Spanien: Ministerio de Agricultura

In EG-Kreisen wird befürchtet, daß in Anbetracht der niedrigen Produktionskosten Spanien unter dem EG-Rücknahmepreis anbieten könnte. Die Folge wäre entweder die Überschwemmung des Marktes unter starker Beeinträchtigung der Interessen vor allem der französischen und italienischen Erzeuger, oder die von diesen beiden Ländern zu erwartende Forderung nach Heraufsetzung des Rücknahmepreises mit entsprechenden finanziellen Belastungen für den Haushalt. Mit einer Selbstbeschränkung seitens der spanischen Erzeuger ist in diesem Bereich nicht zu rechnen[33]. Zwei Umstände könnten etwas zur Abschwächung der Probleme beitragen: erstens weichen die Produktionsperioden einiger Erzeugnisse von denen in den EG-Ländern ab (beispielsweise sind die spanischen Pfirsiche einen Monat vor den französischen auf dem Markt und die Einfuhrzeiten der kanarischen Tomaten sind von Dezember bis Mai), zweitens kann die Lohnentwicklung in Spanien bis zum Zeitpunkt des Beitritts die Produktionskosten in diesem besonders arbeitsintensiven Bereich in die Höhe treiben und dadurch die gegenwärtige Preisniveaudifferenz verringern. Lange Übergangszeiten mit entsprechenden Regelungen für die einzelnen Produkte werden auf jeden Fall unvermeidlich sein.

[33] Informationsgespräche des Verfassers in Madrid.

10. Was kostet die EG Spaniens Landwirtschaft?

Eine genaue Berechnung der fianziellen Folgen, die sich aus dem Beitritt Spaniens für den EAGFL ergeben würden, ist nicht möglich. Es ist schwer abzuschätzen, wie sich einerseits die Produktion in Spanien, andererseits die EG-Haushaltsansätze für die jeweiligen Interventionen und Beihilfen im Falle der einzelnen Produkte entwickeln werden. Die bislang vorliegenden Schätzungen gehen deshalb von den bekannten Größen der letzten Jahre aus, und sie beruhen auf der Extrapolation der bisherigen Entwicklung für die nächsten Jahre. In welchem Maße die spanische Erzeugung durch den Anreiz der höheren EG-Preise expandieren oder durch eine etwaige Restriktionspolitik zurückgehen wird, ist schwer prognostizierbar. Die folgenden Berechnungen sollen deshalb nur die ungefähre Größenordnung der jeweiligen finanziellen Implikationen verdeutlichen.

Die Zahlen in der Tabelle 26 basieren erstens auf inoffiziellen Schätzungen in EG-Kreisen, zweitens auf Schätzungen der Verfasser der CdE-Studie. Sie beziehen sich auf die Kosten, die im Rahmen der Abteilung Garantie des EAGFL anfallen könnten.

Die Kosten für die Abteilung Garantie des EAGFL fallen in verschiedenen Formen an: als Erstattungen für die Exporte außerhalb der Gemeinschaft, als Interventionen in strengem Sinne und als Produktionsbeihilfen. Von der Gesamtheit der auf diese Weise entstehenden Kosten abzuziehen sind die Einsparungen der Erstattungen für die Agrarexporte der Gemeinschaft nach Spanien sowie die Abschöpfungseinnahmen aus der Einfuhr landwirtschaftlicher Produkte aus Drittländern, die Spanien an die Gemeinschaftskasse abführen wird. Die Höhe der letztgenannten Beträge ist von solchen schwer voraussehbaren Entwicklungen abhängig, ob und wieweit z. B. der spanische Einfuhrbedarf an Rindfleisch anstelle der traditionellen südamerikanischen Lieferanten in Zukunft von der EG gedeckt werden kann. Auch hier zeigen sich die großen Unsicherheiten, mit denen die Zahlen in Tabelle 26 zu interpretieren sind.

Tabelle 26: Finanzielle Folgen des Beitritts von Spanien für die Abteilung Garantie, EAGFL. Zwei Schätzungen (in Mio. RE)

Positionen	EG-Schätzung		Cde-Studie	
	1976	1980	1974	1980
Kosten				
Getreide	–	–	150	–
Hartweizen	11	18	–	–
Reis	–	–	10	–
Zucker und Zuckerrüben	–	–	8	–
Rohtabak	24	35	28	–
Olivenöl	157	300	200	–
Ölsaaten	11	32	–	–
Wein	65	200	10	–
Schweinefleisch	–	–	4	
Milch und Milchprodukte	–	–	25	–
Eier	–	–	3	
Obst und Gemüse	60	80	20	–
Fische	5	15	–	–
andere Produkte	–	–	22	–
Gesamtbetrag	333	680	480	650-720
Einsparungen				
Zucker	1	–	–	–
Rindfleisch	27	20	–	–
Abschöpfungseinnahmen				
Rindfleisch	33	25	–	–
Mais	85	150	–	–
Gerste	15	77	–	–
Gesamtbetrag	161	272	k. A.	k. A.
Spaniens Beitrag	–	–	–	600-700
Nettobelastung	172	408	–	50-120

Anmerkung: Die EG-Schätzungen berücksichtigen an dieser Stelle nicht die Finanzbeiträge Spaniens, so daß die Zahlen im Zusammenhang mit der Nettobelastung miteinander nicht vergleichbare Größen darstellen.

Die Kosten für die Abteilung Ausrichtung des EAGFL wurden von der Kommission nach einem Schlüssel (landwirtschaftliche Erwerbsbevölkerung in Spanien im Verhältnis zur EG) pauschal auf 117 Millionen RE berechnet, die im Hinblick auf die Strukturprobleme Spaniens um 50% auf 175 Millionen RE erhöht werden könnten. Eine Schätzung nach Einzelvorhaben (Maßnahmen zur Modernisierung landwirtschaftlicher Betriebe, Beihilfen für die Landwirtschaft in Berggebieten und anderen benachteiligten Regionen, usw.) wäre schon deshalb problematisch, weil sie genaue Informationen über geplante bzw. laufende Maßnahmen voraussetzen würde. Für die nächsten Jahre müßte jedoch mit einigen neuen Ansätzen zur Lösung der landwirtschaftlichen Strukturprobleme Spaniens gerechnet werden.

Die spanische CdE-Studie kommt auf einem ähnlichen Berechnungsweg wie die Kommission auf einen Betrag zwischen 150 und 250 Millionen RE. Der Nettonutzen Spaniens würde sich, nach dieser Studie, in einer Größenordnung von 150 bis 270 Millionen RE (Garantie + Ausrichtung − Eigenbeitrag) bewegen[34]. Diese Schätzungen beschränken sich selbstverständlich auf den landwirtschaftlichen Bereich. Die Berechnung der gesamten Nettobelastung des EG-Haushalts infolge des Beitritts von Spanien würde weitere Schätzungen über die anfallenden finanziellen Folgen für die anderen Positionen des Haushalts (Sozialfonds, Regionalfonds, Verwaltung, usw.) einerseits, und über die Höhe der Gesamtbeiträge Spaniens (Zoll- und Abschöpfungseinnahmen aus dem Gesamthandel mit Drittländern, Mehrwertsteuer bzw. Finanzbeitrag) erfordern. Eine solche Globalschätzung wird, mit den entsprechenden Vorbehalten, im Kapitel VII unternommen.

11. Einige weitere Folgen für Spanien

Die Integration der spanischen Landwirtschaft in den Gemeinsamen Agrarmarkt wird Konsequenzen haben, die über den landwirtschaftlichen Sektor hinausgehen und gesamtwirtschaft-

[34] CdE-Studie, S. 102 ff.

liche Bedeutung erlangen. Die CdE-Studie untersucht u. a. die voraussichtlichen Auswirkungen auf die Lebenshaltungskosten und auf die Entwicklung des spanischen Außenhandels.

Die Studie geht davon aus, daß im Beitrittsfall die Preise für Agrarprodukte in Spanien sich dem EG-Niveau angleichen werden. Zwei Hypothesen werden geprüft. Entweder steigen die im allgemeinen niedrigeren spanischen Preise auf das jeweilige Preisniveau jenes Mitgliedsstaates, der innerhalb der EG die niedrigsten Preise hat, oder erfolgt diese Preisangleichung mit der Einschränkung, daß jene Preise, die in Spanien gegenwärtig höher liegen als in der Gemeinschaft, nach dem Beitritt auf dem gleichen Niveau bleiben. Unter diesen Annahmen würde sich das Preisniveau für landwirtschaftliche Erzeugnisse in Spanien zwischen 23,8% und 27% erhöhen. Über die Auswirkungen auf die Nahrungsmittelpreise würde dies eine Steigerung der Lebenshaltungskosten um 11,8% bis 13,3% bedeuten. Nimmt man weiterhin an, daß im Zuge der in den nächsten Jahren zu erwartenden allgemeinen Einkommenssteigerung die Ausgaben der Einzelhaushalte für Nahrungsmittel relativ zurückgehen, könnten die Auswirkungen auf die Lebenshaltungskosten mit 7% bis 9,5% beziffert werden. Dies ist als „Bruttoeffekt" anzusehen, d. h. ohne Rücksicht auf jene Preissteigerungen für Nahrungsmittel, die auch ohne EG-Beitritt zu erwarten sind. In diesem Zusammenhang weist die Studie darauf hin, daß in der Zeitperiode 1963–71 die Preise für Nahrungsmittel in Spanien beinahe doppelt so schnell gestiegen sind als in den Ländern der Gemeinschaft[35].

Hinsichtlich der Auswirkungen auf das Einkommen der landwirtschaftlichen Erwerbsbevölkerung geht die CdE-Studie von der Schätzung der Differenz der Erzeugerpreise für die spanische Agrarproduktion mit und ohne EG-Beitritt für das Jahr 1980 aus. Es wird dabei angenommen, daß die vom 3. Entwicklungsplan vorgesehenen Steigerungsraten von 3% für die Agrarproduktion von 4% für die Erzeugerpreise p. a. auch ohne Beitritt zur EG erreicht werden. Der Vergleich führt zu dem Ergebnis, daß im Falle des Beitritts das Pro-Kopf-Ein-

[35] Ebenda, S. 78 ff.

kommen der landwirtschaftlichen Erwerbsbevölkerung jährlich durchschnittlich um 14% zunehmen würde, was einer relativen Verbesserung der Einkommenssituation der Landwirtschaft gegenüber den anderen Sektoren gleichkäme[36].

Die Prognosen bezüglich der Auswirkungen auf den Außenhandel und damit auf die Entwicklung der landwirtschaftlichen Handelsbilanz sind nicht sehr aussagekräftig. Die CdE-Studie verweist darauf, daß in der Periode 1969–71 der Anteil der landwirtschaftlichen Einfuhren am Gesamtverbrauch landwirtschaftlicher Produkte 6,3% betrug, woran die Importe aus den EG-Ländern mit 13,6% beteiligt waren. Aufgrund von Analogieschlüssen zu den Entwicklungen in Frankreich und Italien werden für 1980 zwei Annahmen konstruiert: Die erste setzt den Importanteil am Nahrungsmittelverbrauch mit 8% an, wovon 25% auf Lieferungen aus der EG entfallen; die zweite geht von einem Importanteil von 10% aus, an dem die EG mit 30% beteiligt ist. Für die Entwicklung der spanischen Agrarexporte nach der EG wird ein konstanter Anteil am durchschnittlichen jährlichen Wachstum des Nahrungsmittelverbrauchs in der Gemeinschaft, d. h. eine Steigerungsrate von 7% (in laufenden Preisen) angenommen. Unter diesen Bedingungen bleibt die landwirtschaftliche Handelsbilanz mit der EG im Jahre 1980 auf alle Fälle positiv, aber die Effekte auf die *gesamte* landwirtschaftliche Handelsbilanz wirken sich unterschiedlich aus. Im Falle der ersten Hypothese wird mit einem Defizit von 921 Millionen Pesetas gerechnet, während im Falle der zweiten Hypothese das Defizit auf über 30 Milliarden Pesetas steigt[37]. Auch andere Berechnungen kommen zu dem Schluß, daß aufgrund der starken Abhängigkeit der Importe vom Wachstum des Volkseinkommens, die Einfuhren in größerem Maße zunehmen werden als die Ausfuhren[38].

Abschließend läßt sich sagen, daß Spanien trotz der Anstrengungen, die es im günstigsten Fall noch vor dem Beitritt zur Modernisierung seiner Landwirtschaft unternehmen könnte,

---

[36] Ebenda, S. 88 ff.

[37] Ebenda, S. 98 ff.

[38] Vgl. etwa L. Gamir, Politica de Comercio Exterior, in: L. Gamir (ed.), Politica económica . . . , a. a. O., S. 139 ff.

nicht in der Lage sein wird, den Abstand zur EG in absehbarer Zeit zu überbrücken. In diesem Zusammenhang stellt Luis Gamir fest: „Die Landwirtschaft der Europäischen Gemeinschaft könnte beinahe als ‚Luxussektor‘ bezeichnet werden, getragen von der Leistungskraft der Industrie und der Dienste. Die spanische Wirtschaft, auf einem niedrigeren Entwicklungsstand, könnte diese Last weit weniger verkraften. Da aber die Landwirtschaft in der EG einen kleineren Anteil am Sozialprodukt hat als bei uns, wäre im Falle unserer Vollmitgliedschaft auch die Last, die die anderen Sektoren für die Landwirtschaft zu tragen hätten, etwas geringer. Auf diese Weise käme es letztlich zu einem Ressourcen-Transfer aus den anderen Produktionsbereichen der gesamten Gemeinschaft nicht nur in den landwirtschaftlichen Sektor, sondern auch in die Gesamtwirtschaft unseres Landes[39].“ Ein solcher Ressourcen-Transfer wird im Beitrittsfall mit Sicherheit stattfinden; er kann aber für beide Seiten sowohl Belastungen als auch Nutzen bringen. Der Transfer von Ressourcen wird für beide Seiten zur Belastung, wenn die Mittel zur Zementierung z. T. unwirtschaftlicher Produktionsstrukturen verwendet werden; er bringt Nutzen für alle, wenn es gelingt, die Mittel unter dem übergeordneten Gesichtspunkt der Integration in die Kanäle einer planvollen Harmonisierungspolitik zu leiten.

12. Ein Schock für Europa?

Aus den bisherigen Ausführungen läßt sich die Folgerung ziehen, daß Spaniens Beitritt zur Europäischen Gemeinschaft im landwirtschaftlichen Bereich tatsächlich zu einigen Problemen und Konflikten führen kann, deren Dimension umso größer wird, je weniger die Beteiligten, Spanien und die EG, bereit oder in der Lage sind, entsprechende Anpassungsmaßnahmen zu ergreifen. Die am Anfang dieses Kapitels aufgezählten Befürchtungen der Gemeinschaft erweisen sich als zumindest teilweise begründet; andererseits wäre es eine dramatische Übertreibung, Spaniens Beitritt im Sinne des Titels der CNJA-

---

[39] L. Gamir, Politica agraria . . . , a. a. O., S. 327.

Studie als einen „Schock für Europa" zu betrachten. Die Probleme können in den folgenden drei Punkten zusammengefaßt werden:

- Spaniens Beitritt erhöht den Selbstversorgungsgrad der Gemeinschaft und führt im Falle einiger Produkte zu Überschüssen. Daraus ergibt sich nach innen die Tendenz zu vermehrten Interventionen und Ausnahmeregelungen, nach außen die Einschränkung der handelspolitischen Flexibilität der EG gegenüber Drittländern, insbesondere im Mittelmeerraum;
- durch Spaniens Beitritt verschärft sich das Nord-Süd-Gefälle innerhalb der Gemeinschaft. Mit der zunehmenden Interessenvielfalt wächst auch das Potential an Interessengegensätzen, was die künftige Gestaltung einer gemeinsamen Politik im Agrarbereich, wie auch in anderen Bereichen, beeinträchtigen kann;
- wenn die spanische Landwirtschaft in ihrem gegenwärtigen Zustand, d. h. ohne weitreichende strukturelle Änderungen in den Gemeinsamen Agrarmarkt eingegliedert wird, kann die Gefahr entstehen, daß die Durchführung notwendiger Strukturreformen dadurch eher erschwert als erleichtert wird. Dies wiederum würde zur Stabilisierung der bestehenden strukturellen Diskrepanzen zwischen Spanien und der EG beitragen.

Zur Lösung dieser Probleme, die infolge der Beitrittsabsicht Griechenlands und Portugals eine noch gravierendere Bedeutung erhalten, können in diesem Rahmen keine detaillierten Vorschläge ausgearbeitet werden. Von der realistischen Annahme ausgehend, daß Spanien und die anderen beiden Beitrittskandidaten ein geschlossenes Vertragswerk zu übernehmen haben, kann die Richtung der Suche nach Lösungen durch die folgenden Punkte angedeutet werden:

- Formulierung adäquater Anpassungsauflagen der EG an Spanien zur Vorbereitung und Einleitung struktureller Reformmaßnahmen, die unter anderem auch eine gewisse Produktionsbeschränkung bewirken sollen in jenen Bereichen, in denen insgesamt chronische Überschüsse zu erwarten sind. Dieses Prinzip der Produktionsbeschränkung sollte natürlich nicht nur einseitig für Spanien gelten;
- da das bestehende System des innergemeinschaftlichen Finanzausgleichs nicht ausreicht, um das Gefälle zwischen Spanien und der EG in entscheidendem Maße zu verringern, müßte die Erfüllung der Anpassungsauflagen durch Spanien mit Hilfe einer gezielten Mittelübertragung seitens der Gemeinschaft unterstützt werden. Hierzu wären Überlegungen über die Entwicklung wirksamerer Instrumente des Ressourcen-Transfers erforderlich;

– zugleich müßte Spanien noch vor dem offiziellen Beitritt eigene Anstrengungen zur Einleitung einer wirksamen Modernisierungspolitik im Agrarsektor unternehmen. Da die Ziele und Instrumente der EG-Agrarpolitik ursprünglich zur Lösung anderer als der für Spanien typischen Probleme entwickelt wurden, wäre die Konzipierung und Durchführung einer eigenen spanischen Anpassungspolitik eine notwendige Ergänzung zur Übernahme der gemeinschaftlichen Regelungen und Politiken.

Ob die Gemeinschaft unter dem Druck der infolge der Erweiterung entstehenden Probleme sich veranlaßt sehen wird, über eine mögliche Modifizierung der bisherigen Agrarpolitik neue Überlegungen anzustellen bzw. ältere Überlegungen neu aufzugreifen, hängt von der politischen Gewichtung dieser Probleme und der Bereitschaft zum Umdenken ab. Ist Spanien einmal Vollmitglied der Gemeinschaft, werden bei solchen Überlegungen auch die Interessen und das Mitspracherecht dieses Landes voll zu berücksichtigen sein.

VI. Folgen und Probleme für die Industrie

1. Vorbemerkung

Im Gegensatz zu ihrem Agrarprotektionismus verfolgt die Europäische Gemeinschaft eine verhältnismäßig liberale Industriepolitik. Da die westeuropäische Industrie, von einigen sensiblen Produktionszweigen abgesehen, international äußerst wettbewerbsfähig ist, hat die Gemeinschaft von dem Beitritt südeuropäischer Länder in diesem Bereich wenig zu befürchten. Im Gegenteil, die Erweiterung der EG sichert den Altmitgliedern wichtige Absatzmärkte für ihre Industrieerzeugnisse und neue Partner für eine künftige industrielle Kooperation. Probleme entstehen dabei für die industriell weit weniger entwickelten Beitrittsländer.

Bei ihren Besuchen in den westeuropäischen Hauptstädten argumentierten Mitglieder der spanischen Regierung wiederholt damit, daß Spanien heute den zehnten Platz auf der Rangliste der Industrienationen einnehme. Welche Kriterien für eine solche Berechnung auch immer verwendet worden seien, Tatsache ist, daß der Abstand der industriellen Entwicklung zwischen der Gemeinschaft und Spanien trotz der hohen Wachstumsraten der spanischen Industrieproduktion in den letzten anderthalb Jahrzehnten immer noch erheblich ist. Zwar wird in Madrid keineswegs geleugnet, daß der Beitritt zur EG für einen Teil des Industriesektors Schwierigkeiten bedeuten würde, aber die Chancen für die rasche und erfolgreiche Bewältigung der entsprechenden Anpassungsprobleme werden zuversichtlich beurteilt. Dieser Optimismus stützt sich vor allem auf die folgenden Argumente:

- Spanien hat sich eine diversifizierte Industrie aufgebaut, die zum Teil bereits heute international wettbewerbsfähig ist. Der Beitritt zur EG würde starke Anreize schaffen, um die Fusions- und Modernisierungsbestrebungen im Industriesektor zu beschleunigen und dadurch die Wettbewerbsfähigkeit weiter zu erhöhen;
- Der durch den Zollabbau sich verstärkende Konkurrenzdruck könnte für einige Produktionszweige und besonders für die kleinen und mittleren Betriebe erhebliche Probleme verursachen. Vor der Gründung der EWG waren jedoch die Schutzzölle einiger Mitgliedsstaaten höher als zur Zeit die spanischen; die Erfahrungen innerhalb der Gemeinschaft zeigen, daß diese Probleme lösbar sind. Außerdem zeigt es sich, daß die spanische Industrie die bisherigen, im Rahmen des Präferenzabkommens von 1970 vorgenommenen Zollsenkungen mühelos verkraftet hat;
- Vom Beitritt zur EG hat die spanische Industrie auf längere Sicht Massenproduktionsvorteile zu erwarten. Es kann zugleich mit einer Erhöhung des Investitionsniveaus und einer zunehmenden intrasektoralen Spezialisierung gerechnet werden. Daraus ergibt sich eine weitere Steigerung der Wettbewerbsfähigkeit;
- Beschäftigungsprobleme, die sich aus der strukturellen Anpassung der Industrie ergeben, können zumindest teilweise über die Emigration aufgefangen werden, die durch die Gewährung der vollen Freizügigkeit der spanischen Arbeitskräfte innerhalb der EG ermöglicht wird;
- Der Beitritt zur EG dürfte sich positiv auf den Zufluß ausländischen Kapitals nach Spanien auswirken. Dies würde die Zahlungsbilanz entlasten, Beschäftigungseffekte erzeugen und die Möglichkeit für eine technologische Zusammenarbeit verbessern.

Ob und wieweit diese Argumente zutreffen, läßt sich nicht mit letzter Genauigkeit feststellen. Die Folgen des Beitritts für den spanischen Industriesektor sind von solchen wirtschaftlichen und politischen Entwicklungen abhängig, deren Verlauf auf mittlere bis längere Sicht kaum vorausgesagt werden kann. Aus diesem Grund muß auf die Grenzen der vorliegenden Studie deutlich hingewiesen werden. Wir beschränken uns darauf, die Struktur und die Probleme des spanischen Industriesektors in groben Umrissen darzustellen und die mit dem EG-Beitritt zusammenhängenden wichtigsten Fragekomplexe aufzuzeigen. Daraus ergeben sich dann einige Folgerungen hinsichtlich der Berechtigung der oben angeführten Argumente.

2. Eine zersplitterte Industriestruktur

Im Kapitel II wurde Spaniens importsubstituierende Industrialisierung, die zwischen 1939 und 1959 stattgefunden hat, bereits in groben Zügen skizziert. Es wurde auch über die 1959 eingeleitete Wendung berichtet, die zu einer Liberalisierung der Importe, zur Förderung des Exports und zur Öffnung der Wirtschaft für ausländische Kapitalinvestitionen geführt hat. Diese Wende in der Wirtschaftspolitik hatte in wenigen Jahren einen industriellen Aufschwung zur Folge[1]. Der Anteil der Industrie am BIP (ohne Bauwirtschaft, Bergbau und Energie) wuchs in 10 Jahren von 24,5% auf 30,7%. Heute ist der Industriesektor mit 38,7% am BIP und mit 37,7% an der Gesamtzahl der Beschäftigten beteiligt. Das Bruttoindustrieprodukt erreichte in den letzten 10 Jahren eine durchschnittliche jährliche Wachstumsrate von 8,1%[2].

Trotz der dynamischen Expansion der letzten Jahre weist die spanische Industrie etliche schwerwiegende Strukturprobleme auf. Zu den wichtigsten dieser Probleme gehören die ungünstige Betriebsgrößenstruktur, die Schwäche der Kapitalausstattung, das niedrige Niveau der eigenen Forschung und Technologie, die im Durchschnitt geringe Produktivität, der immer noch relativ hohe Zollschutz und der wachsende Bedarf an Kapitalgüterimporten, die immer größere Lücken in die Handelsbilanz reißen[3]. Obwohl die industrielle Konzentration seit 1962 vom Staat gezielt gefördert wird, ist die Betriebsstruktur auch heute noch so atomisiert, daß ein Teil der Unternehmungen den Konkurrenzdruck der Industrien der EG-Staaten nicht überleben würde.

Von der Gesamtheit der Produktionsbetriebe entfallen auf die 300 größten Unternehmungen 31% des Produktionswertes,

---

[1] Eine sehr gute Zusammenfassung dieser Entwicklung bei J. B. Donges, From an Autarchic Towards a Cautiously Outward-Looking Industrialization Policy: The Case of Spain, in: Weltwirtschaftliches Archiv, Bd. 107, Nr. 1, 1971, S. 33 ff.

[2] Vgl. Ministerio de Planificación del Desarrollo, IV. Plan Nacional . . . , a. a. O.

[3] Vgl. J. F. Arenas, Politica industrial, in L. Gamir (ed.), Politica económica . . . , a. a. O., S. 341 ff.

Tabelle 27: Industrielle Betriebsgröße (Anteile in %)

Betriebsgröße nach Beschäftigtenzahl	Anteil der Betriebe	Anteil der Beschäftigten
Handwerkliche Betriebe (1-5)	62,4	8,4
Kleinbetriebe (6-50)	31,6	29,2
Mittlere Betriebe (51-250)	4,9	30,0
Großbetriebe (mehr als 250)	0,9	32,4

Quelle: III Entwicklungsplan

34,6% des Bruttoindustrieprodukts, 16,3% der im Industriesektor beschäftigten Arbeitskräfte und 73,7% der Investitionen[4]. Ziemlich schwach ist auch die Kapitalausstattung des größten Teiles der spanischen Industrie; der Anteil der Eigenmittel an der Finanzierung von Investitionen schwankt zwischen 20 und 50% (zum Vergleich: EG-Staaten 50–70%, USA um 70%)[5]. Das technologische Niveau ist im allgemeinen sehr niedrig; ein Indikator dafür ist der Anteil von Forschungsausgaben am BIP von 0,2% gegenüber 3 bis 4% in den westlichen Industriestaaten. „Der spanische Unternehmer zieht es vor, den leichten Weg des Erwerbs ausländischer Patente zu beschreiten, anstatt eigene Techniker mit der Entwicklung geeigneter Prototypen zu beauftragen; es scheint, daß er sich an die groteske Maxime von Unamuno hält: ‚Laßt die anderen erfinden‘[6]."

Im Gegensatz zu den wenigen meist durch die Beteiligung von Auslandskapital ausgezeichneten Großbetrieben, deren Wettbewerbsfähigkeit durch das wachsende Exportvolumen dokumentiert wird, erreicht der überwiegende Teil der Unternehmungen ein weit unter dem EG-Durchschnitt liegendes Niveau an Produktivität und Konkurrenzfähigkeit. Dies ist teils auf den starken Protektionismus, teils auf die verhältnismäßig unselektive Industrialisierung zurückzuführen. Diese beiden Fak-

[4] Vgl. Deutsche Handelskammer für Spanien, Die deutsch-spanische Wirtschaft, Bericht über das Geschäftsjahr 1972, Madrid 1973, S. 87.
[5] J. F. Arenas, Politica industrial . . . , a. a. O., S. 352.
[6] R. Tamames, Estructura . . . , a. a. O., Bd. II, S. 54.

toren bewirkten aber nicht nur die ungehinderte Proliferation wettbewerbsunfähiger Kleinbetriebe, sondern auch den als vorteilhaft anzusehenden Umstand, daß hinter den hohen Zollmauern ein weitgefächertes Angebot an Industrieerzeugnissen entwickelt werden konnte. Rückblickend läßt sich also sagen, daß die späte Öffnung der spanischen Wirtschaft nach außen die Diversifizierung der Industriestruktur wesentlich erleichterte. Die Voraussetzungen für diese Diversifizierung waren relativ günstig, da Spanien über beträchtliche Vorkommen an Industrierohstoffen, genügend Arbeitskräfte und einen wachsenden Binnenmarkt verfügt. Unter diesen Bedingungen konnten nicht nur die traditionellen arbeitsintensiven Industriezweige (Textil, Leder, Nahrungsmittel usw.) prosperieren, sondern unter Verwertung eigener Rohstoffe und ausländischer Investitionen auch moderne, kapitalintensive Exportindustrien wie Chemie (Pyrit, Quecksilber, Phosphat, Öl- und Kohlederivate), Metallverarbeitung (Eisen- und andere Erze), Transportausrüstung (Metalle in Verbindung mit ausländischen Lizenzen) aufgebaut werden. Eine, wie es scheint, nicht unwirksame Politik zur Förderung des Aufbaus moderner Industrien war in den sechziger Jahren die allmähliche Verteuerung des überschüssigen Produktionsfaktors Arbeit (durch Lohnerhöhungen und relativ hohe Sozialleistungen) und die künstliche Verbilligung des knappen Produktionsfaktors Kapital (durch präferenzielle Wechselkurse, günstige Abschreibungsmöglichkeiten). Die gegenwärtige Zusammensetzung des Industrieproduktes nach den einzelnen Produktionszweigen sowie die Expansion der Produktion seit 1962 ist aus der Tabelle 28 ersichtlich.

Die rasche Expansion dieser Industrie erzeugte einen steigenden Bedarf an Industrierohstoff- und Kapitalgüterimporten, die gegenwärtig 75% des spanischen Gesamtimports ausmachen. Der Wert der Kapitalgütereinfuhren stieg von 462 Millionen Dollar 1964 auf 2071 Millionen Dollar 1974. Im gleichen Jahr war das Deckungsverhältnis zwischen industriellen Ein- und Ausfuhren nur 40%. Dieses Verhältnis bedeutet eine schwere Belastung für die Handelsbilanz. Es ist daher verständlich, daß Spanien seit einigen Jahren eine betont selektive Industrialisierungsstrategie zu verfolgen versucht, die einerseits zur Exportförderung, andererseits zur Beschleunigung der Konzentrations- und Fusionsprozesse zwecks Verbesserung der Betriebsgröße beitragen soll.

Tabelle 28: Zusammensetzung des Industrieproduktes und Produktionsindex (1974)

Produktionszweige	Anteil am Industrieprodukt		Index der Produktion (1962=100)
	Wert in Mrd. Pts.	%	
Extraktive Ind.	45,2	2,7	106,8
Gewerbl. Wirtschaft	1 171,3	70,6	357,2
Nahrungsmittelind.	117,3	7,0	346,7
Getränke	35,3	2,1	316,2
Tabak	7,1	0,4	363,9
Textilerzeugnisse	58,4	3,5	143,7
Lederverarbeitung	99,4	5,9	252,5
Leder und Felle	13,4	0,8	280,6
Holz, Kork und Möbel	63,0	3,8	266,3
Papier- und Druckerzeugnisse	74,4	4,5	406,5
Kautschuk	22,2	1,3	496,3
Chemisch-pharmaz. Produkte	104,4	6,3	474,3
Öl- und Kohlederiv.	16,2	0,9	–
Nichtmetallische Mineralprodukte	74,2	4,5	–
Metalle	101,2	6,1	567,3
Metallverarb. Industrie	80,7	4,9	475,4
Nichtelektr. Geräte	39,3	2,4	371,1
Elektrogeräte	54,4	3,3	533,4
Kfz.- u. Transportausrüstung	163,4	9,8	518,3
Sonstige Industrien	47,0	2,8	–
Bauindustrie	364,1	21,9	–
Strom, Gas, Wasser	79,2	4,7	351,3
Total	1 659,8	100,0	–

Quelle: Banco de España, Informe Anual 1975; INE, Boletin mensual de estadistica, Dezember 1975

3. Die Suche nach Lösungsansätzen

Im Entwurf des vierten Entwicklungsplanes sind jene Industriezweige aufgeführt, die im Hinblick auf vier sektorpolitische Ziele besonders gefördert werden sollen[7]. Das erste Ziel bezieht sich auf die Versorgung der Industrie mit Basisprodukten; betroffen sind die Schwerindustrie, Basischemie, Agrochemie, Papierindustrie sowie Zement- und Baumaterialherstellung. Das zweite Ziel ist die Förderung jener Industrien, die entweder den größten Beschäftigungseffekt pro investierte Kapitaleinheit erzielen oder im Interesse des Ausgleichs von Disparitäten in relativ rückständigen Regionen angesiedelt werden können (nichteisenhaltige Metallverarbeitung, Nahrungsmittelindustrie, Zulieferungsindustrien der Automobilherstellung, Bekleidungsindustrie). Das dritte Ziel ist die Förderung des Exports und der Importsubstitution in qualitativ hochwertigen und dennoch kostengünstigen Produktionszweigen (Schiffbau, Investitionsgüter, Transportausrüstung, Lederverarbeitung, Kunstgewerbe). Viertens schließlich sollen Industrien bevorzugt werden, die mittlere Technologien verwenden, aber durch eigene Forschung den Übergang zur Entwicklung hochspezialisierter Technologien schaffen können. Zwar wird der vierte Entwicklungsplan, wie bereits erwähnt, nicht in Kraft treten, aber die Richtung, die mit dieser selektiven Förderungsstrategie eingeschlagen wird, dürfte auch den künftigen Kurs der spanischen Industriepolitik bestimmen. In diesem Sinne äußern sich auch angesehene spanische Wirtschaftswissenschaftler und Industriefachleute, die die wichtigsten Aufgaben der künftigen Industriepolitik in der Sanierung der Grundstoffindustrien, der gezielten Weiterverarbeitung eigener Rohstoffe und Agrarprodukte, sowie dem tendenziellen Ausgleich der industriellen Handelsbilanz erblicken[8].

Schwerpunkt der Industriepolitik der vergangenen Jahre war die Förderung von industriellen Zusammenschlüssen mit dem Ziel, durch Erhöhung der Faktorproduktivität und Verringe-

---

[7] Ministerio de Planificación del Desarrollo, IV. Plan Nacional . . . , a. a. O., S. 202–203.
[8] Vgl. J. F. Arenas, Política industrial . . . , a. a. O., S. 356–357.

rung der Produktionskosten die Wettbewerbsfähigkeit zu steigern. Trotz eines sehr differenzierten, in der Hauptsache fiskalischen Instrumentariums konnten jedoch nur ziemlich bescheidene Ergebnisse erzielt werden. Im Zeitraum von 1959 bis 1972 erfolgten insgesamt nur 1132 Zusammenschlüsse durch Absorption oder Fusion; die Zahl der auf diese Weise vergrößerten Betriebe beträgt 308[9]. Diese mäßigen Resultate werden auf Mängel in der Gesetzgebung und die schleppende Bearbeitung durch die Administration zurückgeführt[10]. Neben den Zusammenschlüssen wird aber auch ein anderes Instrument der industriellen Konzentration eingesetzt: die ,,konzertierten Aktionen`` (acciones concertadas), in deren Rahmen der Staat hauptsächlich durch Kreditmittel die Vergrößerung und Modernisierung industrieller Unternehmungen fördert.

Tabelle 29: Ergebnisse der ,,konzertierten`` Aktionen (1974)

Produktionszweige	Zahl der ,,konzertierten`` Betriebe	Anteil der Betriebe an der Produktion des Sektors (in %)	Gewährte staatliche Kredite (in Mio. Pts.)
Schwerindustrie	17	56	30 009
Häute und Felle	169	6	633
Gemüsekonserven	66	22	779
Papier	26	28	1 676
Eisenerz	5	31	3 564
Schiffbau	3	85	5 805

Quelle: J. F. Arenas, Politica Industrial

Da die Industriestruktur weder durch die Politik der Zusammenschlüsse noch durch die ,,konzertierten Aktionen`` allein in entscheidendem Maße verbessert werden kann, versucht es der Staat, die kleinen und mittleren Betriebe auf den Weg der fortschreitenden Spezialisierung zu führen, um auf diese Weise deren Wettbewerbsfähigkeit zu steigern. Da im Falle des Bei-

[9] Ebenda, S. 347.
[10] Ausführungen bei J. F. Arenas, Politica industrial . . . , a. a. O., S. 346–347. Vgl. auch Ders., La concentración de empresas en España: un mito o una realidad? In: Revista Anales de Economia, Jan.–März 1973.

tritts zur EG über das Schicksal eines großen Teiles dieser kleinen und mittleren Betriebe kaum noch Zweifel bestehen können, erweist sich die Formulierung einer mittelfristigen Politik zur Lösung des Problems der industriellen Atomisierung als dringend notwendig. Eine direkte staatliche Intervention ist nur in jenen Industrieunternehmungen möglich, die im Rahmen des staatlichen Holdings „Instituto Nacional de Industria" (INI) zusammengeschlossen sind. Das INI kontrolliert direkt oder indirekt einen großen Teil der Wachstums- und Schlüsselindustrien (Eisen und Stahl, Elektrizität, Gas, Wasser, Schiffbau, Luftfahrt, Automobil, Petrochemie); es ist am Bruttoindustrieprodukt mit 13%, an der Gesamtheit der industriellen Investitionen mit 28%, am gewerblichen Export mit 14% beteiligt. Vor 1959 war diese Staatsgruppe ein Instrument der Autarkiepolitik, heute besteht ihre Hauptaufgabe in der Ausführung der staatlichen Wirtschafts- und Entwicklungspolitik, mit dem Ziel, die internationale Wettbewerbsfähigkeit der spanischen Industrie zu stärken[11]. In den vom INI nicht kontrollierten Bereichen der Produktion sind die Möglichkeiten einer staatlichen Industriestrukturpolitik auf die Schaffung wirksamer Anreize beschränkt. Wenn aber Spanien die sozialen Kosten und Folgeprobleme des Beitritts für den Industriesektor möglichst gering halten will, wird es auch diese beschränkten Möglichkeiten voll ausschöpfen müssen. Die in manchen Kreisen der spanischen Administration vertretene Ansicht, „ein Teil der Industrie wird zwar bitter klagen, sich jedoch schließlich anpassen", mag richtig sein, aber daraus dürfte kein Vorwand für einen Verzicht auf die Steuerung dieses Anpassungsprozesses abgeleitet werden. Schritte in Richtung auf eine solche Steuerung wären vor allem die weitere Lockerung des Protektionismus, die Förderung der Expansion jener wettbewerbsfähigen Exportindustrien, die eigene Roh- bzw. Grundstoffe verarbeiten, sowie der Entwurf einer Strategie zum weiteren Ausbau der eigenen Investitionsgüterindustrie.

---

[11] Zum INI siehe R. Tamames, Estructura . . . , a. a. O., Bd. II, S. 27 ff.; auch J. F. Arenas, Politica industrial . . . , a. a. O., S. 354 ff.

4. Importbeschränkungen und Exportförderung

Bevor die Frage nach den Auswirkungen des Beitritts für den Industriesektor gestellt wird, soll das System des spanischen Außenhandels und die spanische Exportpolitik unter Berücksichtigung des vermutlichen Exportpotentials kurz skizziert werden.

Spanien verfolgt eine differenzierte Importpolitik. Seit 1959 hat der freie Handel das frühere Staatshandelsmonopol allmählich abgelöst; etwas mehr als 70% der Einfuhren unterliegen nicht mehr der Lizenzpflicht. Bestimmte Produkte (Fleischkonserven, Bier, Fischmehl, usw.), die etwa 10% der Gesamtimporte umfassen, werden nach festgesetzten Importmengen (Kontingenten) eingeführt. Der Bilateralismus, der aufgrund bilateraler Handelsabkommen bestimmte Einfuhrmengen aus den jeweiligen Partnerländern vorsieht, deckt 8% der Gesamtimporte ab. Der Staatshandel schließlich, der auf dem Monopol des Staates für die Einfuhr bestimmter Produkte (hauptsächlich Rohstoffe und landwirtschaftliche Erzeugnisse) beruht, ist mit 12% an der Gesamteinfuhr beteiligt[12]. Der Beitritt zur EG impliziert die vollständige Liberalisierung des Handels mit den Ländern der Gemeinschaft, beeinflußt aber auch, und zwar nicht nur im Rahmen der zu übernehmenden Assoziations- und Freihandelsverträge, den Handel mit Drittländern.

Der Schutz der heimischen Produktion wird in Spanien nicht nur durch die hohen Zölle, sondern auch durch eine Reihe von steuerlichen und anderen Importbelastungen gewährleistet. Das arithmetische Mittel der anwendbaren Sätze des spanischen Zolltarifs beträgt 17,1 (1961: 24,3) gegenüber 7,6 des gemeinsamen Außenzolltarifs der EG. Berücksichtigt man die effektive Protektion (Zollschutz des Outputs und Zollschutz des Inputs eines Produktes), ergeben sich ähnlich große Divergenzen, die die statistische Regel bestätigen, daß die Höhe des effektiven Zollschutzes sich umgekehrt zum Entwicklungsstand einer Volkswirtschaft verhält. Über den Zollschutz hinaus werden die Importe durch diverse Abgaben belastet, von denen die

---

[12] Ausführungen und Literaturhinweise bei R. Tamames, Estructura . . . , a. a. O., Bd. II, S. 32 ff.

bedeutendste die Ausgleichssteuer („Impuesto de Compensación de Gravamenes Interiores a la Importación" – ICGI) ist, deren Höhe in manchen Fällen die des nominalen Zollsatzes übertrifft.

Die Bedeutung dieser Ausgleichssteuer darf nicht unterschätzt werden. Im Falle von zwanzig untersuchten Warengruppen (siehe Tabelle 32) beträgt der durchschnittliche Zollsatz 16,9%; zusammen mit der Importabgabe erhöht sich dieser Wert im Schnitt auf 27,7%. Die Funktion dieser Ausgleichsteuer besteht darin, einen Ausgleich für die indirekten Steuern zu schaffen, mit denen die im Lande hergestellten Produkte belastet sind. Sie entspricht dem Prinzip der steuerlichen Gleichbelastung der nationalen und der importierten Produkte. Sie schafft gleichzeitig den Ausgleich für die Befreiung der Exporte von den indirekten Steuern. In der Praxis ist die Ausgleichsteuer natürlich ein sehr flexibles Instrument, mit dessen Hilfe die Einfuhren trotz Abbau der Zollschranken in einem gewissen Umfang behindert werden können[13]. Andere nichttarifäre Importbehinderungen brauchen nicht erwähnt zu werden, da solche Handelshemmnisse auch in den Ländern der Gemeinschaft bis auf weiteres bestehen bleiben.

Die aus Zahlungsbilanzgründen vorgenommenen Importrestriktionen korrelieren mit einer massiven Exportförderung. Spanien gewährt seinen Exportindustrien einerseits Steuerbegünstigungen ungefähr in der Höhe der Ausgleichssteuer, die auf die einschlägigen Güterimporte erhoben wird, andererseits Exportkredite mit stark verbilligten Zinsen. Weitere Förderungsmaßnahmen erstrecken sich auf die Gewährung von Käuferkrediten und die Übernahme von Kreditversicherungen durch die „Compañia Española de Seguros de Credito a la Exportación". Die Förderung des Exports ist auch das Ziel bei bestimmten Ausnahmeregelungen für den Import von Rohstoffen und Kapitalgütern, die im Lande – etwa in den Industrieparks in Barcelona, Cadiz und Vigo – für Ausfuhrzwecke weiterverarbeitet werden. Ein zusätzliches Instrument der Ex-

---

[13] Zum Begriff und zur Funktion der Ausgleichssteuer (ICGI) siehe I. Sanchez Gonzalez, Mercado Comun y Aduana Española, Barcelona 1976, S. 68 ff.

portförderung ist der bereits erwähnte „Bilateralismus", in dessen Rahmen Spanien die Möglichkeit nutzt, seine Exporte nach den betreffenden Partnerländern zu forcieren[14]. Angesichts der gegenwärtigen Wirtschaftskrise, insbesondere der wachsenden Zahlungsbilanzprobleme hat die spanische Regierung in der zweiten Jahreshälfte 1976 eine Reihe von zusätzlichen Maßnahmen der Ausfuhrförderung erlassen. Zu diesen gehört die Schaffung eines mit maximal 24 Mrd. Ptas. ausgestatteten Fonds, mit dessen Hilfe den Entwicklungsländern die Finanzierung von Importen aus Spanien erleichtert werden soll. Eine weitere Maßnahme besteht darin, die steuerliche Begünstigung von Investitionsrücklagen zur Errichtung von Niederlassungen spanischer Firmen im Ausland oder zur Beteiligung an ausländischen Unternehmen auf alle spanischen Exportunternehmen auszudehnen. Ferner sollen Zusammenschlüsse von Exportunternehmungen durch zusätzliche Steuerbegünstigungen gefördert werden. Gleichzeitig beschloß die Regierung Zollerhöhungen, die den Import von Luxusgütern (ungefähr nur 5% der spanischen Einfuhren) erschweren sollen, die Einfuhr „lebenswichtiger" Erzeugnisse aber nicht betreffen.

Die staatliche Exportförderungspolitik leistete auch in der Vergangenheit einen wichtigen Beitrag zu jener spektakulären Steigerung des spanischen Exports, die seit Anfang der sechziger Jahre bis zur Gegenwart registriert werden konnte. Allerdings läßt sich dieser Beitrag im Verhältnis zur Bedeutung anderer Wirkfaktoren nicht mit Genauigkeit feststellen. In einer Studie über Spaniens Industrieexporte kommt Donges zu dem Schluß, daß der wichtigste Faktor, der die Exportentwicklung bestimmte, das weltweite Wachstum des Einkommens und damit der Nachfrage war[15]. Die Rolle der staatlichen Exportförderung bestand hauptsächlich darin, daß die spanische Exportindustrie mit Hilfe der genannten Maßnahmen ihre Preise bei gleichbleibendem oder sogar erhöhtem Gewinn erheblich verringern und dadurch ihre Wettbewerbsfähigkeit verbessern konnte[16].

[14] L. Gamir, Politica de Comercio Exterior . . . , a. a. O., S. 153.
[15] Vgl. J. B. Donges, Spain's Industrial Exports . . . , a. a. O., S. 201.
[16] Ebenda, S. 210.

Zusätzlich zu den bereits erwähnten günstigen Voraussetzungen hat die gezielte Exportförderung Spanien ermöglicht, seinen Anteil am Weltexport innerhalb eines Jahrzehntes überproportional zu vergrößern: bei den chemischen Produkten von 0,43% auf 0,57%, der Transportausrüstung von 0,16% auf 0,43%, und bei der Warengruppe „Sonstige Industrieerzeugnisse" von 0,35% auf 0,78%[17].

Donges macht außerdem auf den interessanten Aspekt aufmerksam, daß Spaniens industrielle Exporte von Anfang an zu einem im Verhältnis zum wirtschaftlichen Entwicklungsstand des Landes ungewöhnlich großen Teil aus kapitalintensiven Erzeugnissen bestanden. Die zur Messung der Faktorintensität angewendete Methode ging davon aus, daß die Wertschöpfung pro Arbeitskraft im Verhältnis zum industriellen Gesamtdurchschnitt als Indikator für die Kapitalintensität eines Produktionszweiges betrachtet werden kann. Aufgrund dieser allerdings nicht unumstrittenen Annahme ergab sich, daß während der untersuchten Periode (1962–69) der Anteil der kapitalintensiven Produkte am gesamten industriellen Export Spaniens über 30% lag. Dieser als sehr hoch anzusehende Anteil ist in der Hauptsache auf die bereits erwähnte Politik der Verteuerung der Arbeitskraft und Verbilligung des Kapitals, zum Teil aber auch auf die guten Exportmöglichkeiten für relativ kapitalintensive Güter nach lateinamerikanischen und anderen Entwicklungsländern zurückzuführen. Diese Politik wäre zweifellos nicht möglich gewesen, wenn der spanische Arbeitsmarkt nicht durch die Emigration und das Wachstum des Tourismus-Sektors hätte entlastet werden können. Durch die gezielte Förderung der kapitalintensiven Produktionszweige haben sich zwar die Disparitäten innerhalb des Industriesektors verschärft, aber es entstand gleichzeitig eine relativ wettbewerbsfähige moderne Exportindustrie, die auch auf dem EG-Markt gewisse Chancen hat. Die Zusammensetzung des spanischen Exports sowie die Anteile und Wachstumsraten der einzelnen Industriezweige sind (allerdings mit dem Datenmaterial aus dem Jahre 1969) aus der Tabelle 30 ersichtlich.

[17] Ebenda, S. 208.

Tabelle 30: Spaniens industrielle Exporte (Datenmaterial 1969)

Erzeugnisse	Anteil des Exports an Produktionsoutput (in%)	Anteil am gesamten Industr.-Export (in %)	Wert des Exports (in Mio. US $)	Jährliche durchschnittl. Wachstumsrate (1958-69)	Beitrag zum sektoralen Wachstum (in %)
A. Relativ kapital-intensive Produkte					
Ölprodukte	13,5	6,5	106,2	13,0	2,3
Automobilindustrie	3,3	2,9	38,2	24,6	14,6
Chemie	4,5	7,7	102,1	14,2	13,1
Eisen und Stahl	2,0	2,1	27,4	13,9	7,7
Schiffbau	25,1	4,4	57,3	12,5	2,3
Kautschuk und Asbest	12,4	2,6	27,8	14,5	1,8
Papiererzeugn.	1,0	0,3	9,2	11,0	2,9
Eisenbahnausrüstung	24,0	2,2	17,7	5,6	0,5
Nichtmetall. Mineralprod.	2,4	1,2	21,1	11,9	6,1
Lederwaren	7,7	1,6	19,5	9,0	0,8
B. Relativ arbeits-intensive Produkte					
Nahrungsmittelverarbeitung	0,5	1,0	197,7	6,9	8,1
Getränke	8,7	4,5	60,4	8,6	3,5
Nichtelektr. Geräte	22,1	9,7	126,2	9,2	3,6
Druckerzeugn.	16,1	3,9	49,5	8,6	3,7
Elektr. Geräte	7,2	3,8	39,2	13,2	4,3
Textil und Bekleidung	4,2	9,9	117,9	5,0	9,5
Motor- und Fahrräder	20,7	0,7	–	1,8	0,1
Schuhwaren	25,1	6,8	79,3	11,0	2,1
Möbel	2,5	1,1	} 40,5	8,2	1,1
Holz und Kork	13,7	2,1		3,6	1,4

Quelle: Zusammenstellung aus dem Datenmaterial und den Berechnungen von J. B. Donges: "Spain's Industrial Exports..." a. a. O., und "Shaping Spain's Export Industry..." a. a. O.

Genaue Berechnungen über das industrielle Exportpotential Spaniens liegen nicht vor. Donges berechnet mit den Daten von 1968/69 und aufgrund einiger Annahmen über die Kapazitätsauslastung, den Anteil des Exports an der Produktion der jeweiligen Warengruppe und den Anteil der spanischen am Weltexport innerhalb einer Warengruppe, daß der Export der folgenden Erzeugnisse erheblich gesteigert werden könnte: chemische Produkte, Eisen und Stahl, elektrische Geräte, Automobile und Transportausrüstung, Schiffe, Bekleidung[18]. Auch diese Berechnungen ergeben, daß die besten Exportchancen für die relativ kapitalintensiven Erzeugnisse bestehen. Bei dieser Folgerung müssen jedoch auch einige limitative Faktoren, wie etwa die weltweite Überkapazität im Schiffbau, oder das Ausfuhrverbot in einigen, mit ausländischer Lizenz produzierenden Zweigen der Automobilindustrie berücksichtigt werden. Für die Periode 1970–1980 berechnet Donges für die industriellen Exporte Spaniens eine jährliche Wachstumsrate von 17,4%. Die Exportintensität der Produktion wird nach diesem Kalkül von 13% 1970 auf 21% 1980 steigen[19]. Bis 1974 übertraf die tatsächliche Exportentwicklung diese Prognose; seit 1975 zeigt sich eine rückläufige Tendenz. Der rasche Anstieg der Material- und Lohnkosten im Vergleich mit den EG-Ländern hat das spanische Exportprodukt in den letzten Jahren erheblich verteuert; es bleibt fraglich, in welchem Maße die sich daraus ergebende Verschlechterung der Wettbewerbschancen mit Hilfe der bereits eingeleiteten Exportförderungsmaßnahmen ausgeglichen werden könnte.

5. Was geschieht, wenn die Zölle wegfallen?

Die Übernahme des GZT bedeutet, daß Spanien nach einer Übergangszeit und auf der Basis der Gegenseitigkeit seine Zollschranken gegenüber den EG-Ländern und allen anderen Staaten, mit denen die Gemeinschaft entsprechende Abkommen unterzeichnet hat (EFTA, AKP), vollständig aufhebt und die Zollsätze gegenüber Drittländern auf die Höhe der jeweili-

---

[18] Ebenda, S. 218 ff.
[19] J. B. Donges, Shaping Spain's Export Industry . . . , a. a. O., S. 33.

gen Sätze des GZT reduziert. Die Zollreduktion ist gewiß nur einer unter mehreren Faktoren, die die Folgen des Beitritts für den Industriesektor mitbestimmen. Da aber einige dieser Faktoren von der mittelfristigen Entwicklung der Weltwirtschaft und der politischen und wirtschaftlichen Lage in Spanien abhängen und daher schwer kalkulierbar sind, wird der Vergleich der Zollsätze als Ausgangspunkt für die folgenden Überlegungen betrachtet.

Die Analyse der Zusammensetzung des spanischen Außenhandels (vgl. Tabelle 31) zeigt, daß gegenwärtig die Exportstruktur wesentlich flexibler ist als die Importstruktur. Der Anteil diversifizierter Konsumgüter am Gesamtexport beträgt 23%, am Gesamtimport jedoch nur 6,3%. Im Falle der Errichtung einer Zollunion mit der EG liegt wahrscheinlich in diesem Konsumgüterbereich die größte Chance sowohl für Spanien, um die Ausfuhr seiner Produkte nach den Ländern der Gemeinschaft auszudehnen, als auch für die EG, den Umfang seiner Exporte nach Spanien zu vergrößern. Weit weniger flexibel ist der Handel im Falle der industriellen Rohstoffe und der Investitionsgüter, deren Austausch in geringerem Maße von der Höhe der Zollsätze als vielmehr von der allgemeinen wirtschaftlichen Expansion und der damit zusammenhängenden Nachfrageentwicklung der Industrie beeinflußt wird[20]. Bei den industriellen Roh- und Grundstoffen, deren Zollschutz im Vergleich zum Konsumgüterbereich verhältnismäßig gering ist, dürfte der Beitritt zur EG keine entscheidenden Veränderungen auf die Handelsströme bewirken. Auch im Falle der Investitionsgüter sind die Wirkungen weniger vom Wegfall des Zollschutzes als viel eher von der Möglichkeit Spaniens abhängig, einzelne Produkte durch den Ausbau der eigenen Investitionsgüterindustrie zu substituieren. Relativ unflexibel sind auch Spaniens Importe an landwirtschaftlichen Erzeugnissen; es genügt darauf hinzuweisen, daß beinahe die Hälfte der importierten Agrarprodukte aus Futtermitteln und Getreide besteht, die von den USA und lateinamerikanischen Ländern geliefert werden und von der EG nicht substituiert werden können. Damit sind auch die Berei-

[20] Vgl. L. Gamir, Politica de Comercio Exterior . . . , a. a. O., auch die CdE-Studie, S. 154 ff.

Tabelle 31: Import- und Exportstruktur Spaniens (Januar-Oktober 1975)

Produktionsgruppen	Importe		Exporte	
	Wert in Mio. Ptas.	Anteil am Gesamt-import (%)	Wert in Mio. Ptas.	Anteil am Gesamt-export (%)
1. Landwirtschaftliche Erzeugnisse, Nahrungsmittel	127 411	16,2	76 038	21,3
– Für den Verbrauch	53 158	6,7	72 095	20,2
– Für Weiterverarbeitung	74 282	9,4	3 943	1,1
2. Rohstoffe und Halb-fertigwaren	434 669	55,5	120 521	33,8
– Landw. Rohstoffe	1 902	0,2	2 011	0,5
– Industr. Rohstoffe	162 166	20,7	30 242	8,4
– Rohölprodukte	173 763	22,2	816	0,2
– Verarbeitete Ölprodukte	14 176	1,8	11 195	3,1
– Halbfertigwaren für Investitionen	32 444	4,1	28 684	8,0
– Andere Halbfertigfabrikate	49 719	6,3	47 332	13,2
3. Investitionsgüter	170 581	21,8	77 583	21,7
– Für landwirtschaftl. Zwecke	6 050	0,7	4 426	1,2
– Transport	23 572	3,0	34 683	9,7
– Dienstleistungen	25 088	3,2	3 284	0,9
– Industrie	115 195	14,7	34 985	9,8
4. Konsumgüter	49 298	6,3	81 973	23,0
– Kraftfahrzeuge	2 047	0,2	10 866	3,0
– Metallverarbeitung	11 425	1,4	11 620	3,2
– Schuhe, Konfektion	6 692	0,8	20 806	8,6
– Uhren, Schmuck	18 043	2,3	3 682	1,0
– Möbel, Spielwaren	4 173	0,5	10 025	2,8

Quelle: Dirección General de Aduanas, 1975

che, in denen Zollwirkungen von einiger Bedeutung erwartet werden können, mit groben Zügen eingegrenzt. Die Anpassung der spanischen Zollsätze an den Gemeinsamen Außenzolltarif wird in der Tabelle 32 verdeutlicht. In dieser Tabelle wurden für zwanzig ausgewählte Warengruppen die arithmetischen Mittel der Zollsätze des GZT und Spaniens berechnet (Kol. 3 und 4). Es wurde außerdem die jeweilige Höhe der Gesamtabgaben (Zoll und Ausgleichssteuer) errechnet, mit denen Spanien die Importe belastet (Kol. 5). Die nächsten beiden Spalten (6 und 7) enthalten die Differenz zwischen dem GZT und dem spanischen Zollsatz bzw. dem GZT und der Höhe der gesamten Importbelastung. In den Spalten 8 und 9 ist schließlich die absolute Größe der spanischen Importe (1974) bzw. der Anteil der EG an diesen Importen aufgeführt.

Die Zahlen der Tabelle 32 lassen sich nur mit der größten Vorsicht interpretieren. Es zeigt sich allerdings mit Deutlichkeit, daß die Übernahme des Gemeinsamen Außenzolltarifs der EG durch Spanien bereits im Hinblick auf die absolute Höhe der spanischen Zollsätze (Spalte 4) und der gesamten Importbelastung (Spalte 5) erhebliche Auswirkungen auf die spanische Industrieproduktion verursachen kann. Es ist mit großer Wahrscheinlichkeit anzunehmen, daß die vollständige Beseitigung der Zölle gegenüber der EG und den Ländern, mit denen die Gemeinschaft Freihandelsbeziehungen unterhält, sowie die Senkung des Zolltarifs gegenüber Drittländern auf das Niveau des GZT, zu einer Verstärkung der Importströme nicht nur aus der EG, sondern auch aus Drittländern führen wird. Die zu erwartende Steigerung der Importrate verhält sich natürlich nicht unbedingt proportional zur Höhe der Differenz zwischen dem gegenwärtigen spanischen Zolltarif und dem GZT, so daß die Zolldifferenz allein (Spalte 6) noch nicht viel über mögliche Veränderungen der Handelsströme aussagt. Aus diesem Grunde sind auch die Berechnungen der CdE-Studie bezüglich der zu erwartenden Importsteigerungen von zweifelhaftem Prognosewert. Diese Studie geht von der Annahme aus, daß Spanien nach dem Beitritt den in den westeuropäischen Industrieländern beobachteten durchschnittlichen Anteil der industriellen Importe am BIP erreichen würde, und sie kommt auf dieser Basis zu dem Ergebnis, daß die jährliche durchschnittliche Zuwachsrate der industriellen Importe zwischen 14,1% (Minimalhypothese) und 16,0% (Maximalhypothese) liegen könnte[21]. Solche statischen Berechnungen mögen sich als richtig oder unrichtig erweisen; sie gehen jedenfalls an der entschei-

[21] Cde-Studie, S. 132 ff., bes. Tabelle 16 auf S. 134.

Tabelle 32: Übersicht über die Höhe der Zollsätze der EG und Spaniens für 2-stellige SITC-Positionen sowie über die entsprechenden Importe Spaniens

SITC	Bezeichnung	GZT	Spanischer Zollsatz	Gesamte Importbelastung (Zoll+ICGI)	4-3	5-3	Spaniens Importe Gesamt (in 1000 US $)	Anteil der EG
1	2	3	4	5	6	7	8	9
24	Holz und Kork	3,3	5,0	12,5	− 2,7*	− 9,2	323 620	10,6
25	Ausgangsstoffe für Papierherstellung	0,8	5,7	14,0	− 4,9	− 13,2	125 731	15,4
32	Kohle und Koks	1,1	8,2	15,7	− 7,1	− 14,6	184 259	16,7
42	Fette und Öle	–	11,4	19,4	–	–	34 056	14,7
53	Farbstoffe	6,7	15,9	26,1	− 9,2	− 19,4	98 232	75,7
54	chemisch-pharmazeutische Erzeugnisse	6,9	12,8	22,6	− 5,9	− 15,7	174 804	57,8
56	chemische Düngemittel	1,7	10,0	19,4	− 8,3	− 17,7	23 235	76,3
58	Kunststoffe	7,8	21,7	33,7	− 13,9	− 25,9	304 926	83,1
59	verschiedene chemische Erzeugnisse	5,2	15,7	25,5	− 10,5	− 20,3	133 797	67,2
61	Lederwaren	6,0	8,4	15,8	− 2,4	− 9,8	33 688	38,9
62	Kautschukwaren	5,5	18,6	32,8	− 13,1	− 27,3	46 648	83,1
64	Papier, Pappe	12,2	17,5	33,9	− 5,3	− 21,7	180 186	29,3
67	Eisen und Stahl	6,1	12,4	27,2	− 6,3	− 21,1	597 376	65,9
71	Maschinenbau	5,9	17,0	28,6	− 11,1	− 22,7	1 978 215	68,6
72	elektrische Geräte	8,1	24,9	36,8	− 16,8	− 28,7	657 258	64,9
73	Fahrzeuge	7,6	28,0	39,4	− 20,4	− 31,8	572 770	48,7
82	Möbel	8,1	33,9	45,2	− 25,8	− 37,1	27 137	83,4
83	Reiseartikel	11,3	21,8	32,0	− 10,5	− 20,7	3 940	46,0
84	Bekleidung	11,0	30,1	42,2	− 19,1	− 31,2	44 830	57,3
85	Schuhwaren	11,2	20,9	31,0	− 9,7	− 19,8	6 861	61,1

* Das negative Vorzeichen bedeutet eine Anpassung nach unten.

denden Frage nach den möglichen Handelsumlenkungs- und Handelsschaffungseffekten vorbei.

Infolge des Beitritts zur EG wird ohne Zweifel eine gewisse Handelsumlenkung zugunsten der Gemeinschaft stattfinden. Es gibt jedoch mehrere Anzeichen, die darauf hindeuten, daß das Ausmaß der Zollwirkungen auf die Veränderung der Handelsströme relativ begrenzt sein wird, vor allem auf der Importseite. Erstens ist im Konsumgüterbereich, wo die größten zollinduzierten Importsteigerungen zu erwarten sind, der Anteil der EG an den spanischen Einfuhren schon heute sehr hoch (vgl. Tabelle 32, Spalte 9) im Vergleich zu den Einzelanteilen jener Drittländer, die entsprechende Konkurrenzprodukte liefern und nicht zur EFTA gehören (etwa USA, Japan). Zweitens impliziert die Anpassung des spanischen Zolltarifs an den GZT, daß die Differenz zwischen den gegenwärtigen Zollsätzen Spaniens auf Importe aus der EG und der vollständigen Liberalisierung gegenüber der EG (d. h. Zollsatz 0) in einem nicht sehr entscheidenden Ausmaß von der Differenz zwischen dem gegenwärtigen spanischen Zollsatz und dem GZT abweicht. Dies deutet ebenfalls auf eine mögliche Beschränkung der Handelsumlenkung hin. Drittens schließlich können sich zollinduzierte Handelsumlenkungseffekte schon deshalb nicht voll auswirken, weil besonders im Falle der dauerhaften Konsumgüter die Märkte zum Teil nicht dem freien Wettbewerb, sondern der Kontrolle multinationaler Konzerne unterliegen.

Der Haupteffekt des Zollabbaus wird deshalb weniger die Handelsumlenkung als vielmehr die Handelsschaffung sein. Angesichts der ungünstigen Betriebsgrößen innerhalb der spanischen Industrie wird sich infolge der Beseitigung der Schutzmaßnahmen der Konkurrenzdruck der EG-Industrien voll auswirken, und zwar auf Kosten der inländischen Produktion. Besonders schwerwiegende Folgen sind im Falle jener Erzeugnisse zu erwarten, die gegenwärtig sowohl einen relativ hohen Zollschutz genießen als auch in größeren Mengen importiert werden (elektrische und nicht-elektrische Geräte, Fahrzeuge, Kunststoffe, usw.). Betroffen sind außerdem jene Produktionszweige und -betriebe, die aus strukturellen Gründen dem Konkurrenzdruck von außen nicht standhalten können, d. h. selbst nicht wettbewerbsfähig sind. Damit ist aber ein großer Teil der spanischen Industriebetriebe gefährdet. Die folgende Tabelle stützt sich zwar auf die etwas veralteten Zahlen des Industriezensus aus dem Jahre 1968, verdeutlicht aber die ungefähre Größenordnung der zu erwartenden Probleme (vgl. Tabelle 33).

Leidtragende des wachsenden Importdrucks werden die Klein- und Mittelbetriebe sein, die bislang unter hohem Zollschutz für den inländischen Markt produzierten. Ausgenommen werden muß allerdings ein großer Teil der handwerklichen Betriebe, die sich in einigen Produktionszweigen vermutlich unverändert halten können. Überlebenschancen haben auch jene Kleinbetriebe, die für die lokalen Märkte produzieren oder deren Erzeugung aufgrund spezifischer Marktbedingungen im Inland kaum durch Importe gefährdet werden kann (etwa Lederwaren, Möbel). Zwar sind die Auswirkungen auf die inländische Industrieproduktion nicht genau kalkulierbar, aber wenn 30% der kleinen und mittleren Betriebe infolge des Wettbewerbsdrucks ihre Produktion einstellen müssen, sind damit 17% aller im Industriesektor Beschäftigten, d. h. ungefähr 600 000 Arbeitsplätze betroffen. Sollten nur 20% der kleinen und mittleren Betriebe auf der Strecke bleiben, würde die Zahl der betroffenen Arbeitsplätze immerhin zwischen 350 000 und 400 000 liegen. Es ist fraglich, wie weit die wettbewerbsfähige Großindustrie, die sich immer mehr auf lohnsparende, kapitalintensive Technologien umstellt, und der bereits heute aufgeblähte Dienstleistungssektor eine ähnlich große Zahl von freigesetzten Arbeitskräften absorbieren können. Die Größenordnung des effektiv zu erwartenden Beschäftigungsproblems hängt nicht zuletzt davon ab, in welchem Maße es gelingen wird, einen Teil der Kleinbetriebe in Zuliefer- und Reparaturbetriebe für die Produktion der Großindustrie umzuwandeln. Natürlich können hier die langfristigen, dynamischen Auswirkungen des Beitritts auf das Beschäftigungsproblem Spaniens nicht berücksichtigt werden. Angesichts der relativ begrenzten Möglichkeiten der westeuropäischen Industrieländer, in den nächsten Jahren wesentlich höhere wirtschaftliche Wachstumsraten und wesentlich niedrigere Arbeitslosenraten zu erreichen, dürften je-

Tabelle 33: Betriebsgröße nach Produktionszweigen (1968)

Produktionszweig	Kleinbetriebe (0-10 Beschäftigte)		mittlere Betriebe (11-100 Beschäftigte)		Großbetriebe (100 und mehr)	
	Anteil der Betriebe	Anteil der Beschäftigten	Anteil der Betriebe	Anteil der Beschäftigten	Anteil der Betriebe	Anteil der Beschäftigten
Holz und Kork	93,6	56,2	6,3	33,8	0,2	10,1
Chemie	69,7	8,9	24,7	31,5	5,6	59,5
Lederwaren	81,9	24,1	17,3	52,4	0,8	23,5
Papier, Pappe	54,5	8,6	39,5	43,2	6,0	47,1
Eisen und Stahl	42,9	2,9	48,5	29,0	8,6	68,0
Maschinenbau	63,8	11,1	31,8	40,9	4,4	48,1
Elektrische Geräte	45,3	1,8	41,2	13,8	13,3	84,1
Fahrzeuge	92,3	24,4	6,9	19,4	0,9	56,0
Möbel	79,3	28,0	19,7	50,9	1,4	21,1
Bekleidung	65,4	12,8	31,5	42,0	3,2	45,2
Schuhwaren	71,3	18,7	27,7	57,2	1,0	24,0
Industrie, gesamt	79,1	15,3	18,5	34,1	2,4	50,6

Quelle: Estadística de Producción Industrial, 1968

doch selbst von solchen dynamischen Effekten keine Wunder für Spaniens Wirtschaft erwartet werden.

6. Die „dynamischen Integrationseffekte"

Wenn von spanischer Seite die Folgen des Beitritts für den Industriesektor den aufgezeigten Problemen zum Trotz optimistisch beurteilt werden, dann gründet sich diese Zuversicht auf Erwartungen, die den folgenden vier Kategorien zugeordnet werden können: Beschleunigung des strukturellen Anpassungsprozesses innerhalb des Industriesektors, Ausnutzung von Massenproduktionsvorteilen unter Senkung der Stückkosten, Steigerung der Wettbewerbsfähigkeit durch intrasektorale Spezialisierung und Erhöhung des Investitionsniveaus insbesondere durch den verstärkten Zufluß von Auslandskapital. Die Erfahrungen der Europäischen Gemeinschaft in den letzten zwanzig Jahren deuten in der Tat darauf hin, daß derartige Erwartungen im Prinzip nicht ungerechtfertigt sind[22]. Die Frage, die uns in diesem Abschnitt beschäftigt, bezieht sich darauf, wieweit die Analogie dieser Erfahrungen unter den gegenwärtigen weltwirtschaftlichen Bedingungen auf den Fall Spaniens anwendbar ist.

Die Auffassung, daß die spanische Industrie die Integration in die EG-Zollunion ohne katastrophale Folgen überstehen und sich beschleunigt den veränderten Verhältnissen anpassen würde, wird von der zitierten CdE-Studie mit historischen Argumenten begründet. Die Studie geht davon aus, daß der industrielle Protektionismus in Frankreich und Italien vor der Konstituierung der Europäischen Wirtschaftsgemeinschaft 1957 größer war als der gegenwärtige in Spanien. Mit Ausnahme von wenigen Erzeugnissen wurde die französische und die italienische Industrieproduktion zum damaligen Zeitpunkt tatsächlich stärker geschützt als die heutige Industrieproduktion Spaniens[23]. Aus diesem Vergleich lassen sich jedoch keine Analogieschlüsse ableiten. Erstens befand sich die Wirtschaft der

---

[22] Die Literatur zu diesem Thema ist immens. Vgl. u. a. B. Balassa (ed.), European Economic Integration, Amsterdam-Oxford 1975.
[23] Daten in der CdE-Studie, S. 113 ff.

westeuropäischen Industrieländer vor zwanzig Jahren in einer Phase beschleunigten Wachstums, was heute nicht der Fall ist. Zweitens war die handelspolitische Integration innerhalb der EWG ein langdauernder, synchron verlaufender Prozeß, dessen Verlauf den einzelnen nationalen Industrien genügend Spielraum für strukturelle Anpassungen gewährte. Drittens kann die Höhe der Zollsätze nicht als alleiniges Kriterium für das jeweilige Ausmaß der Protektion betrachtet werden; berücksichtigt man die Importausgleichssteuer, dann erweist sich der gegenwärtige spanische Protektionismus stärker als der französische und italienische im Jahre 1957. War die Integration der Altmitglieder der Gemeinschaft ein Prozeß allmählicher, gegenseitiger Anpassung, dann geht es im Falle der spanischen Industrie um die Notwendigkeit einer beschleunigten, einseitigen Adaptation. Realistischer als die CdE-Studie beurteilt ein anderes spanisches Dokument die Aussichten für diesen Anpassungsprozeß: „Oft wird die Annäherung Spaniens an die EG als ein Fortschritt in Richtung auf die Liberalisierung der spanischen Wirtschaft dargestellt. Richtiger scheint es, daß diese Annäherung in Wirklichkeit darin bestehen wird, unseren Wirtschaftspragmatismus einem viel differenzierteren und mächtigeren Pragmatismus anzupassen. Das Endergebnis wird davon abhängen, wie wir diese Anpassung bewerkstelligen können und wie sich die Wirtschaftskonjunktur in Europa entwickeln wird"[24].

Auch die zu erwartenden Massenproduktionsvorteile für die spanische Industrie sollten nicht überschätzt werden. Im Prinzip sind solche Vorteile vom Grad der Standardisierung der Produktion (Nachfrageelastizität in bezug auf den Preis) und der Optimalität der Betriebsgröße abhängig. Andererseits ist die Elastizität der Ausbringungsmenge in bezug auf die durchschnittlichen Stückkosten größer bei Beginn der Produktionsausdehnung als bei einem bereits erreichten, relativ hohen Produktionsniveau. Aufgrund dieser Bedingungen rechnet sich

[24] Consejo Superior de las Camaras Oficiales de Comercio, Industria y Navigación de España, Consideraciones sobre la incidencia en el sector quimico de una eventual zona de libre cambio con la CEE, Madrid 1973, S. 3.

Spanien gute Chancen in den Sektoren Chemie, Maschinenbau und Transportausrüstung, unter Umständen sogar in der Automobilindustrie aus. Dem ist entgegenzuhalten, daß gerade diese Sektoren weitgehend unter der Kontrolle der multinationalen Konzerne stehen. Auf dem Chemiesektor ist kaum noch von einem freien Wettbewerb zu sprechen; auch elektrische Geräte und Automobile werden mindestens zum Teil für zugeteilte Märkte produziert. Ohne eingehende Branchen- und Betriebsanalysen ist es in der Tat schwer zu erkennen, welche Produktionszweige am ehesten aus einer Massenproduktion (economies of scale) profitieren könnten. Da die internationale Wettbewerbsfähigkeit letztlich nur auf der Ebene der einzelnen Produkte untersucht werden kann, hängt die Frage nach den Massenproduktionsvorteilen eng mit der intraindustriellen Spezialisierung und der Produktionsausdehnung aufgrund erhöhter Investitionstätigkeit zusammen.

Die allmähliche Abkehr von der bisherigen Diversifizierung und die Hinwendung zu einer intrasektoralen Spezialisierung ist sicherlich der sinnvollste Weg, den die spanische Industrie angesichts der drohenden Konkurrenz von außen beschreiten kann. Die Umrisse einer solchen Umorientierung werden auch im Entwurf des vierten Entwicklungsplanes und in der CdE-Studie aufgezeigt. In diesem Fall lassen sich auch die Erfahrungen der EG für Analogiezwecke verwenden: Die Handelsstatistiken der Gemeinschaft zeigen, daß die Mitgliedsstaaten im Falle der meisten Warengruppen sowohl als Exporteure wie auch als Importeure einen umfangreichen Handel miteinander und mit Drittländern betreiben[25]. Die Spezialisierung auf einzelne Produkte oder Produktgruppen, sei es für den freien Wettbewerb, sei es für zugeteilte Märkte, könnte sowohl die Fusions- und Modernisierungsprozesse auf der betrieblichen Ebene als auch den Zugang zu den Auslandsmärkten erheblich erleichtern. Auch auf dem bereits heute stark umkämpften Binnenmarkt könnte sich die heimische Industrie auf diese Weise bessere Chancen sichern. Besonders geeignet für solche

[25] CdE-Studie, S. 140–141 (Berechnungen auf der Basis von OECD-Daten).

intrasektorale Spezialisierungen oder Teilfabrikationen sind die bereits genannten Sektoren Chemie, Maschinenbau und Transportausrüstung, einerseits wegen der günstigen Versorgungslage mit Roh- bzw. Grundstoffen, andererseits wegen dem schon jetzt erreichten Grad an Produktdiversifizierung.

Demgegenüber werden sich Spaniens bisherige gute Chancen, solche Industrieprodukte, die die hochentwickelten Industrieländer aufgrund hoher Lohnkosten nicht mehr zu erschwinglichen Preisen herstellen können, in solche Länder zu exportieren, die diese Erzeugnisse selbst noch nicht produzieren können (etwa Dieselmotoren für Schiffe, Werkzeugmaschinen, Stromgeneratoren, usw.) in den nächsten Jahren, angesichts der Lohnentwicklung, wahrscheinlich verschlechtern. Gewisse Exportmöglichkeiten bieten sich für die Kraftfahrzeugindustrie, die sich aufgrund von Produktionsabsprachen mit einigen großen ausländischen Firmen (Fiat, Ford, Renault, Chrysler, British Leyland) auf die Fabrikation bestimmter Modelle spezialisiert hat. In dieser Art der Eingliederung in das System der weltweiten, intrasektoralen Arbeitsteilung scheinen die künftigen Chancen der spanischen Industrie zu liegen.

Ob der Beitritt zur EG den Zustrom ausländischen Privatkapitals nach Spanien positiv beeinflußt, läßt sich nicht mit Sicherheit voraussagen. Mehrere Gründe sprechen eher dafür, daß im Falle der Direktinvestitionen eine stagnierende oder sogar rückläufige Tendenz erwartet werden kann. Da das private Auslandskapital bislang eine sehr bedeutende Rolle im spanischen Industrialisierungsprozeß der letzten anderhalb Jahrzehnte gespielt hat, soll die Frage des künftigen Zuflusses von Investitionskapital in den zwei nächsten Abschnitten etwas ausführlicher behandelt werden.

7. Ausländisches Kapital in Spanien

Durch das Dekret vom 27. Juli 1959 wurde die bis zu diesem Zeitpunkt äußerst restriktive Gesetzgebung bezüglich der Zulassung ausländischer Privatinvestitionen in Spanien mit einem Schlag aufgehoben. Der Weg für den Zustrom ausländischen Investitionskapitals nach Spanien war freigelegt. Die neue Gesetzgebung garantierte sehr weitgehende Freiheiten für Investitionen, die uneingeschränkte Möglichkeit des Gewinntransfers, die Konvertibilität des investierten Kapitals sowie den erleichterten Zugang zum inländischen Kreditmarkt[26]. Das Resultat dieser Förderungsmaßnahmen war ein verstärkter Zufluß ausländischen Privatkapitals nach Spanien. Die Nettozuflüsse haben sich von 1962 bis 1972 versiebenfacht. Das einströmende Auslandskapital verteilte sich während dieser Periode ziemlich gleichmäßig auf längerfristige Darlehen an Unternehmungen und Investitionen in den Erwerb von Besitzrechten. Im letzteren Fall entfällt die Hälfte des Kapitals auf Direktinvestitionen in Unternehmungen, die andere Hälfte auf den Erwerb von Immobilien sowie Portefeuille-Investitionen. Die zeitliche Entwicklung und die Verteilung des zugeflossenen Auslandskapitals auf die einzelnen Anlageformen werden in der Tabelle 34 dargestellt.

Für das ausländische Privatkapital gab es viele Anreize, um in Spanien zu investieren. In einer Studie des Stanford Research Institute werden die folgenden Hauptgründe genannt: Ein rasch expandierender Binnenmarkt, freundliches Investitionsklima, niedrige Lohnkosten, stabile Währung, geringe Steuerbelastung und politische sowie wirtschaftliche Stabilität[27]. Unter diesen günstigen Bedingungen verzeichneten die ausländischen Investitionen eine rasche Expansion, besonders in bestimmten Industriezweigen: Am Gesamtkapital der Elektrogeräte-, Automobil- und chemisch-pharmazeutischen Industrie ist das Auslandskapital jeweils mit etwa 50% beteiligt. Der Anteil ausländischer Investoren am Gesamtkapital der 100 größten spanischen Industrieunternehmungen betrug, nach einer Untersuchung aus dem Jahre 1970, insgesamt 23,7%[28]. Nach Herkunft aufgeteilt entfällt der größte Anteil mit 40% auf das US-Kapital; die EG-Länder sind an den ausländischen Investitionen in Spanien insgesamt mit nur 30% beteiligt. Berücksichtigt man die Investitionen von europäischen Tochter-

---

[26] R. Tamames, Estructura . . . , a. a. O., Bd. III, S. 256.
[27] J. M. Alvarez de Eulate, Politica de financiación exterior, in: L. Gamir (ed.), Politica económica . . . , a. a. O., S. 77 ff., hier S. 88.
[28] Ebenda, S. 90 f.

Tabelle 34: Langfristig angelegtes privates Auslandskapital in Spanien 1959-1972 (in Millionen Pesetas)

Jahr	Direkt-Investitionen	Portefeuille-Investitionen	Investitionen in Immobilien	Handels-kredite	Eximbank Darlehen	Darlehen an einzelne Unternehmungen	Total
1959	964,2	95,4	5,4	2289,6	540,0		3894,6
1960	2165,4	652,2	19,2	2442,6	1690,8	41,4	7011,6
1961	2247,6	1096,8	90,6	3887,4	2628,6	333,6	10284,6
1962	1377,6	2892,0	969,6	-13,2	2097,0	213,6	7536,6
1963	2478,0	5228,4	1557,6	2298,6	1108,2	1587,0	14257,8
1964	4687,8	4288,8	2281,2	1963,2	1030,2	2771,4	17022,6
1965	6956,4	3201,6	3541,2	2233,2	1184,4	3168,4	20284,8
1966	7716,6	3282,0	3228,0	1832,4	1597,9	7399,2	25056,0
1967	10783,2	2983,2	3121,8	1661,4	3628,8	11881,2	34059,6
1968	10028,9	2376,5	6367,9	140,0	4007,5	15509,2	38423,0
1969	13102,6	717,5	7451,5	910,0	2544,5	18698,4	43424,5
1970	12482,4	-907,9	10062,5	6197,1	202,3	32917,5	60953,9
1971	12335,4	1759,1	18255,3	1711,5	-102,2	31402,7	65361,8
1972	14080,2	2173,2	25421,8	6745,5	693,7	36556,4	85670,8
Total	101406,3	29838,8	82373,6	34290,3	22851,6	162479,6	433240,2

Quelle: Handelsministerium: Zahlungsbilanzstatistiken

Tabelle 35: Verteilung des in Spanien investierten ausländischen Privatkapitals (genehmigte Mehrheitsbeteiligungen) auf die Herkunftsländer (1973)

Länder	Millionen Pesetas	Anteil in %
USA	36,213	40,3
Schweiz	18,566	20,7
BR Deutschland	10,232	11,4
Frankreich	5,303	5,9
Großbritannien	4,385	4,8
Niederlande	3,058	3,4
Italien	2,642	2,9
Canada	1,596	1,8
Belgien	1,512	1,7
Schweden	1,112	1,2
andere Länder	5,304	5,9

Quelle: Handelsministerium

gesellschaften nordamerikanischer Konzerne, erhöht sich der Anteil des US-Kapitals auf etwa 50%.

In den letzten anderthalb Jahrzehnten geriet die spanische Industrie in eine wachsende Abhängigkeit von ausländischer Technologie und ausländischem Kapital. Dabei spielte die Expansion der multinationalen Konzerne in Spanien, besonders aufgrund ihres Technologietransfers, eine entscheidende Rolle. In einer Untersuchung von José Maria Castañé aus dem Jahre 1973 wird errechnet, daß von den 300 größten multinationalen Konzernen 209 mit Niederlassungen in Spanien vertreten sind, von denen 173 über Produktionsbetriebe und 36 über Vertriebsorganisationen verfügen. 166 dieser Konzerne haben mit spanischen Betrieben Verträge über Technologietransfer abgeschlossen[29]. Da die Investitionen dieser, wie auch im allgemeinen der anderen ausländischen Konzerne sich einerseits auf Unternehmungen mit überdurchschnittlicher Betriebsgröße, andererseits auf Schlüsselindustrien konzentrieren, ist die effektive Wirtschaftsmacht ausländischer Investoren noch größer als sie im Lichte der Investitionsstatistiken erscheint[30].

[29] J. M. Castañé, La presencia de las empreses multinacionales en la economia española, in: Economia Industrial, Sept. 1973, S. 7 ff., hier S. 10.

[30] Vgl. M. Suarez, Une économie en voie de dépendance: le cas de l'Espagne, in: Economies et Sociétés, Vol. VII, No. 5–6, 1976, S. 937 ff.

Angesichts dieser wachsenden Abhängigkeit der spanischen Industrie von den ausländischen Investoren wurden bereits Anfang der siebziger Jahre Forderungen laut, bei der Zulassung ausländischer Privatinvestitionen mehr Selektivität walten zu lassen. Als Begründung wurde einerseits auf den „Ausverkauf der spanischen Mittelmeerküste", andererseits auf Diskrepanzen zwischen der Investitionstätigkeit und den postulierten Erfordernissen der nationalen Wirtschaftsentwicklung hingewiesen[31]. Kritisiert wurde weiterhin, daß der Erwerb ausländischer Patente und Lizenzen oft an die Auflage gekoppelt wurde, die hergestellten Produkte nicht zu exportieren. Aufgrund solcher Überlegungen wurde die Investitionsgesetzgebung ab 1973 wieder restriktiver. Durch das Dekret 2495/1973 wurde die Genehmigungspflicht für ausländische Privatinvestitionen weiter ausgedehnt. Im nächsten Jahr erfolgten einige ergänzende Restriktionsmaßnahmen, die den Erwerb von Grundstücken, die Errichtung unselbständiger Niederlassungen und den Zugang zu Inlandskrediten erschwerten. Der Geschäftsbericht der Deutschen Handelskammer für Spanien (1975) stellt zusammenfassend fest: „Es ist nicht mehr die Hereinnahme von Devisen um jeden Preis früherer Jahre. Unsere ... Ansicht, daß die neue gesetzliche Regelung trotz der von offizieller Seite mit ihr betriebenen Werbung für den ausländischen Investor die Dinge nicht erleichtern würde, hat sich bestätigt"[32].

Die Auswirkungen dieser Restriktionen auf den Zufluß ausländischen Kapitals nach Spanien sind schwer abschätzbar. Gegenüber 1974 hat sich zwar das Volumen der ausländischen Mehrheitsbeteiligung im Jahre 1975 mehr als verdoppelt, aber der größte Teil davon ist auf die Investitionen von Ford in Höhe von 1 Mrd. US $ zurückzuführen. Gestiegen sind die Investitionen aus der Schweiz und Großbritannien; deutsche und französische Kapitalbeteiligungen zeigen dagegen eine rückläufige Tendenz. Die weitere Entwicklung ist vor allem vom

[31] R. Tamames, Estructura ..., a. a. O., Bd. III, S. 260 ff.; J. M. Alvarez de Eulate, Politica de financiación ..., a. a. O., S. 96 f.
[32] Deutsche Handelskammer für Spanien, (Geschäftsbericht für 1975), a. a. O., S. 109.

Erfolg der wirtschaftlichen Wiederbelebungs- und Stabilitäts-
maßnahmen abhängig.

8. Ungünstige Perspektiven für künftige Direktinvestitionen

Die Hoffnung Spaniens, daß seine Vollmitgliedschaft in der
Europäischen Gemeinschaft einen verstärkten Zustrom von
privatem Auslandskapital mit sich bringen würde, könnte sich
als trügerisch erweisen. Im Zuge der gegenwärtigen politischen
und wirtschaftlichen Entwicklung werden bereits in den nächsten Jahren viele der bisherigen Investitionsanreize entfallen.
Erstens wird es jene politische und wirtschaftliche Stabilität, die
während der Franco-Ära ausländisches Investitionskapital in
größerem Umfang nach Spanien zog, nicht mehr geben. Das
politische Kräftefeld ist in Bewegung geraten. Der Nachholbedarf an der Artikulierung gesellschaftspolitischer Interessen
und Interessengegensätze ist groß; das Ausmaß von Sozial- und
Arbeitskonflikten wird mit größter Wahrscheinlichkeit zunehmen. Die Periode der politischen und wirtschaftlichen Erschüt-
terungen wird mit der Konstituierung einer parlamentarischen
Demokratie nicht vorüber sein; sie wird vermutlich erst dann
richtig beginnen.
Zweitens ist damit zu rechnen, daß die bisher vergleichsweise
geringe Steuerlast der Unternehmungen sich in einigen Jahren
dem westeuropäischen Niveau anpassen wird. Ein hartes
Durchgreifen auf diesem Gebiet wird nicht zu vermeiden sein:
„Arbeiter und Angestellte sind unter dem jetzigen Steuersy-
stem die Benachteiligten, da ihr Steueranteil von den Unternehmen abgezogen und dem Fiskus direkt zugeleitet wird, während die Kapitaleigner durch Manipulation bei der Einkom-
menssteuererklärung meistens nur einen Bruchteil ihrer Einnahmen angeben und entsprechend billig dabei wegkom-
men"[33]. Einerseits ist zu erwarten, daß im Zuge des politischen
Wandels auch die längst fällige Steuerreform durchgeführt
wird, die neben der Einführung der Mehrwertsteuer nach den

---

[33] W. Haubrich, C. R. Moser, Francos Erben – Spanien auf dem Weg in
die Gegenwart, Köln 1976, S. 250 ff.

EG-Richtlinien auch eine verstärkte Steuerprogression vorsieht. Andererseits müssen auch unabhängig von der Steuerreform entsprechende administrative Maßnahmen zur Verbesserung der Steuerdisziplin ergriffen werden. Für ausländische Investoren dürfte Spanien in einigen Jahren kein Steuerparadies mehr sein.

Drittens ist Spanien kein Billiglohnland mehr. Die Industrielöhne liegen zwar immer noch unter dem EG-Durchschnitt, aber die Steigerungsrate der Reallöhne ist höher als in den Ländern der Gemeinschaft. In einigen Produktionszweigen (z. B. Automobilindustrie) liegen die Lohnkosten nur noch 10–15% unter dem EG-Niveau. Im Laufe der politischen Entwicklung der nächsten Jahre erwarten die Unternehmungen weitere überdurchschnittliche Lohnsteigerungen.

Trotz Wirtschaftskrise steigen die Reallöhne seit 1974 weiterhin in raschem Tempo: 1974 um 10,7%, 1975 um 11,6%. Der im Oktober 1976 dekretierte Lohnstop sowie ähnliche in der nächsten Zukunft zu erwartende Austeritätsmaßnahmen der Regierung werden die Lohnentwicklungstendenz kaum aufhalten.

Tabelle 36: Entwicklung der Industrie-Reallöhne (Stundenlöhne) in einigen europäischen Ländern (in US $, jeweils gültige mittlere Wechselkurse)

Land	1965	1970	1974	Index (1965 = 100)
BR Deutschland	1,00	1,67	3,70	370
Belgien	0,89	1,33	3,40	382
Frankreich	0,61	0,76	1,87	301
Italien	0,62	0,97	1,87	300
Griechenland	0,33	0,53	0,93	282
Spanien	0,35	0,57	1,41	400

Quelle: Eigene Berechnung auf Grund der Daten des ILO, Statistisches Jahrbuch 1975

Viertens ist darauf hinzuweisen, daß die hohen spanischen Schutzzölle sich bislang stimulierend auf die ausländischen Direktinvestitionen in Spanien auswirkten, zumindest in jenen Produktionsbereichen, die sich am spanischen Binnenmarkt orientierten. „Diese Lösung gestattete es den Unternehmungen der EG-Länder, einen Teil ihrer Produktion nach Spanien zu verlagern, ohne sich um die von der spanischen Administration festgesetzten hohen Zölle kümmern zu müssen ... Mit anderen Worten: je stärker der Protektionismus, umso größer das Ausmaß des Zuflusses von ausländischem Kapital"[34]. Es besteht tatsächlich eine hohe Korrelation zwischen der Höhe des Zollschutzes und der Höhe der ausländischen Investitionen in den Schlüsselsektoren der Automobil-, Elektrogeräte- und der chemischen Industrie. Mit dem Abbau der Zollschranken infolge des EG-Beitritts entfällt auch dieser Anreiz für zusätzliche Investitionen von Auslandskapital in Spanien.

Der Investitionsreiz, der für das ausländische Kapital in den folgenden Jahren verbleiben wird, ist in der Hauptsache nur noch das Wachstum des spanischen Binnenmarktes. Diese Meinung wird von den meisten ausländischen Investoren in Spanien geteilt. So folgert auch die Deutsche Handelskammer für Spanien in ihrem Geschäftsbericht für 1975: „Wer heute mit seiner Produktion auf den spanischen Markt geht, tut das in erster Linie eben dieses attraktiven Marktes wegen, eines Marktes von 36 Millionen Verbrauchern mit wachsenden Ansprüchen. Ausnahmen, wie beispielsweise bei der chemischen Industrie und bei der im Bau befindlichen Automobilfabrik von Ford, bestätigen nur diese Regel"[35].

In der gegenwärtigen wirtschaftlichen Situation sind selbst dieser Expansion des spanischen Binnenmarktes enge Grenzen gesetzt. Die Nachfrage stagniert, die Auslastung der Produktionskapazität zeigt eine sinkende Tendenz, die Investitionsneigung ist gering. Dies kann sich in den nächsten Jahren natürlich ändern, wenn es gelingt, im Zuge der politischen Entwicklung auch das Wirtschaftsleben zu stabilisieren. Ein massiver Zufluß von Auslandskapital wird aber, aus den genannten Gründen, auch in diesem Fall nicht zu erwarten sein. Die Annahme, daß die Direktinvestitionen in den folgenden Jahren das Niveau der

---

[34] Vgl. den Artikel España-MEC: Razones económicas, razones politicas, in der Zeitschrift Triunfo, No. 716, 16. 10. 1976, S. 34.

[35] Deutsche Handelskammer für Spanien, Geschäftsbericht 1975, a. a. O., S. 109.

vergangenen Jahre erreichen würden, impliziert bereits einen gewissen Optimismus.

9. Ein begründeter Optimismus?

Zusammenfassend läßt sich sagen, daß die Anpassungsprobleme, mit denen die spanische Industrie im Falle des Beitritts zur Europäischen Gemeinschaft konfrontiert wird, größer sein werden als von der spanischen Seite erwartet oder zugegeben. Die Argumente, auf welche sich die zuversichtliche Haltung Spaniens gegenwärtig stützt, erweisen sich teils als unzutreffend, teils als nur unter Vorbehalten begründet:

- Die optimistischen Prognosen zur Entwicklung der industriellen Handelsbilanz können durch die Analyse der Beitrittsfolgen nicht erhärtet werden. Spanien wird insgesamt mehr importieren und wahrscheinlich überproportional aus den EG-Ländern. Die Exportchancen Spaniens sowohl nach der EG als auch nach Drittländern werden vermutlich in geringerem Maße zunehmen als der Importdruck;
- Die Übernahme des Gemeinsamen Außenzolltarifs und die Eingliederung in die Zollunion der Gemeinschaft wird besonders die kleinen und mittleren Industriebetriebe Spaniens hart treffen. Erhebliche Beschäftigungsprobleme sind zu erwarten;
- Mit Massenproduktionsvorteilen infolge des Beitritts kann nur ein Teil der spanischen Industrie rechnen. Es werden hauptsächlich jene Produktionszweige oder Unternehmungen sein, denen die Umstellung auf eine intrasektorale Spezialisierung gelingt;
- Der Hinweis darauf, daß die spanische Industrie bislang die vom Präferenzabkommen von 1970 vorgesehenen Zollreduktionen ohne größere Schwierigkeiten verkraftet hätte, ist nicht aussagefähig. Bis 1976 hat nämlich Spanien lediglich eine Zollsenkung von 20% vorgenommen;
- Die Aussichten für einen verstärkten Zufluß von ausländischem Investitionskapital nach Spanien sind nicht besonders günstig. Die meisten der früheren Investitionsanreize werden in den nächsten Jahren entfallen; den Hauptanreiz wird der spanische Binnenmarkt selbst bieten.

Dies soll keineswegs dahingehend ausgelegt werden, daß die spanische Industrie die mit dem Beitritt zusammenhängenden Probleme nicht verkraften könne. Spanien muß sich aber auf schwierige strukturelle Anpassungsprozesse einstellen, die in einer allgemeinen politischen und wirtschaftlichen Krisensituation verlaufen werden. Aus diesem Grund ist Spanien an einer möglichst langen Übergangzeit interessiert, die ihm von der

Gemeinschaft unter Zurückstellung kurzfristiger Interessen auch gewährt werden müßte.

Da genauere Voraussagen nur aufgrund eingehender Analysen auf der Branchen-, Betriebs- und Produktebene getroffen werden können, wäre es sinnvoll und nützlich, entsprechende Untersuchungen durchzuführen. Solche Prognosen sind nämlich erforderlich, um ein Instrumentarium zu entwickeln, mit dessen Hilfe die anstehenden Probleme schneller und wirksamer einer Lösung zugeführt werden können.

Wenn die politische Entscheidung der EG zugunsten der Aufnahme Spaniens als Vollmitglied der Gemeinschaft im Agrarbereich ihr wirtschaftliches Opfer fordert, so muß Spanien den Preis seiner politischen Entscheidung, der EG beizutreten, auf dem Industriesektor bezahlen.

VII. Weitere Folgen des Beitritts

1. Die Freizügigkeit der Arbeitskräfte

Die steigenden Arbeitslosenziffern in Spanien sind nicht allein auf die gegenwärtige Wirtschaftskrise zurückzuführen. Die strukturellen Bedingungen der Arbeitslosigkeit waren bereits in den sechziger Jahren gegeben, das Problem konnte jedoch durch die Emigration spanischer Arbeitskräfte ins Ausland wenn auch nicht gelöst, so doch entschärft werden. Die Auswirkungen der Konjunkturkrise in Europa, die Rückkehr von Emigranten, die Stagnationstendenzen im Tourismus-Sektor und die nachlassende Investitionstätigkeit in den produktiven Sektoren haben das gegenwärtige Beschäftigungsproblem nicht geschaffen, sondern lediglich sichtbar gemacht. Angesichts der hohen Arbeitslosenzahlen in den EG-Ländern und entgegen der Erwartung mancher Kreise in Spanien liegt die Lösung dieses Problems nicht allein in der Freizügigkeit, die die Gemeinschaft im Beitrittsfall den spanischen Arbeitskräften gewähren wird.

Seit Anfang der 60er Jahre sind rund 1,1 Millionen spanische Arbeitskräfte in europäische Länder abgewandert. Infolge der Energie- und Wirtschaftskrise von 1973/74 und angesichts einer Arbeitslosenzahl von über 5 Millionen in den EG-Ländern hat sich die Emigration deutlich verlangsamt; seit 1974 kehrten jährlich zwischen 100 000 und 200 000 spanische Arbeitskräfte aus europäischen Ländern in ihre Heimat zurück. Dies führte nicht nur zu einer Verschärfung der Situation auf dem nationalen Arbeitsmarkt, sondern auch zu einem erheblichen Rückgang der Überweisungen aus dem Ausland, mit den entsprechenden negativen Konsequenzen für die Zahlungsbilanz. Die laufende assistierte Emigration konzentrierte sich in den letzten Jahren nicht mehr auf die Länder der Europäischen Gemeinschaft, sondern vor allem auf die Schweiz, die 1970 nur 27,6%, 1973 bereits 55,5% und 1975 sogar 85,7% der nach Westeuropa emigrierten spanischen Arbeitskräfte aufnahm. Diese Entwicklung ist hauptsächlich mit dem Einstellungsstop und den sonstigen indirekten Restriktionsmaßnahmen in den EG-Ländern zu erklären. Tabelle 38 zeigt die Verteilung der

Tabelle 37: Arbeitskräfteemigration nach europäischen Ländern und registrierte sowie geschätzte Arbeitslosigkeit in Spanien (1961-1980)

Jahr	Assistierte Emigration (in 1000)[a]	Registrierte Arbeitslose (in 1 000)	Geschätzte bzw. projezierte Arbeitslosenzahl
1961	42,1	133,1	137,0
1962	65,3	88,1	97,7
1963	83,7	122,3	151,6
1964	102,1	−	201,5
1965	73,7	−	180,2
1966	56,6	−	188,9
1967	25,6	−	252,0
1968	64,7	−	247,0
1969	99,4	−	188,4
1970	97,4	145,6	208,9
1971	113,7	190,3	240,6
1972	103,9	190,9	236,2
1973	96,0	149,6	180,4
1974	50,7	150,3	182,3
1975	20,6	274,6	312,8
1976	−	446,7	771,6-797,4[b]
−	−	−	−
1980	−	−	1000,1-1045,3[b]

[a] Angaben des Instituto Español de Emigración (saisonale Arbeitskräftewanderungen nicht inbegriffen)

[b] Schätzungen und Projektionen der Subsecretaria de Planificación del Desarrollo (zwei Hypothesen)

Quelle: Ministerio de Trabajo, Banco de España, Informe Anual 1975, INE, Boletin Estadistico 1975

Tabelle 38: Emigration spanischer Arbeitskräfte
nach Westeuropa (in 1000)

Land	Zahl der seß- haften spani- schen Staats- bürger (1975)	Zahl der Emigranten		
		1972	1974	1975
BR Deutschland	272,7	23,3	0,2	0,1
Belgien	67,0	–	–	–
Frankreich	567,3	22,1	5,6	1,8
Niederlande	31,3	2,1	2,3	–
Großbritannien	56,0	0,8	0,3	–
Schweiz	112,9	55,7	42,0	18,0
andere Länder	–	0,2	0,1	0,7

Quelle: INE, Instituto Español de Emigración

spanischen Emigration der letzten Jahre auf die wichtigsten
europäischen Zielländer.
Infolge des Einstellungsstops in Europa und der gespannten
nationalen Arbeitsmarktlage haben sich die Ausreiseanträge bei
dem Instituto Español de Emigración in den letzten Jahren
erheblich angestaut. In den Jahren 1975–76 konnte ein Migrationspotential von 280 000 Arbeitnehmern nur um 45 000 abgebaut werden. Für 1979 rechnet das genannte Institut mit einem
Emigrations-Defizit von rund 400 000 Arbeitskräften, ohne
Berücksichtigung der Saisonarbeiter, die gewöhnlich für die
Weinlese in Frankreich angeheuert werden.
Würden die EG-Staaten ihre Grenzen für alle migrationswilligen spanischen Arbeitskräfte öffnen, wäre nach einem größeren
Schub von etwa 300 000–400 000 in den ersten beiden Jahren
eine Stabilisierung der Zahl der Emigranten auf jährlich ungefähr 140 000 zu erwarten[1]. Diese Zahl, die um 30% über dem
Niveau der Jahre 1971–72 liegt, wäre nach Angaben des Instituto Español de Emigración relativ unabhängig von der Entwicklung der Arbeitsmarktlage in Spanien und der Einkommensdif-
ferenz zwischen Spanien und den Ländern der Gemeinschaft.
Diese Annahme stützt sich auf Untersuchungen bezüglich der

[1] Informationen des Instituto Español de Emigración.

soziostrukturellen Merkmale und der Motivationsstruktur der migrationswilligen spanischen Arbeitskräfte.

Da die Gruppe der Wanderarbeiter sich im Hinblick auf die soziostrukturellen und beruflichen Qualifikationsmerkmale stark von der Gruppe der durchschnittlichen Arbeitslosen unterscheidet, muß der Zusammenhang zwischen Arbeitslosigkeit und Migrationspotential mit einiger Differenziertheit beurteilt werden. Die Migrationswilligen sind größtenteils beruflich hinreichend qualifiziert, und sie haben in der Regel keine Schwierigkeit, auch in Spanien einen entsprechenden Arbeitsplatz zu finden. Überdies werden sie vor der Ausreise in speziellen Berufsbildungszentren auf ihre künftige Tätigkeit im Ausland vorbereitet, teilweise auch in spanischen Fortbildungszentren in Westeuropa betreut und weitergebildet. Laut Informationen des Madrider Arbeitsministeriums ist es in Spanien den hohen Arbeitslosenzahlen zum Trotz relativ schwierig, den laufenden Bedarf der Wirtschaft an qualifizierten Facharbeitern zu decken[2]. Als Hauptmotiv der Emigration konnte weniger die Aussicht auf ein höheres Einkommen im Ausland als vielmehr der Wunsch nach beruflichem Fortschritt und Erweiterung des Horizontes identifiziert werden. Daraus folgt für Spanien, daß im Falle der vollen Niederlassungsfreiheit für Arbeitskräfte im EG-Raum der inländische Arbeitsmarkt zwar begrenzt entlastet, das strukturelle Beschäftigungsproblem jedoch nicht gelöst werden kann. Der Rückgang der hohen Arbeitslosenzahlen in Spanien setzt ein teils konjunkturell, teils planerisch bedingtes Zusammenspiel zwischen dem wirtschaftlichen Aufschwung und Maßnahmen zur Intensivierung der beruflichen Aus- und Fortbildung vor allem der großen Masse der ungelernten Arbeitskräfte voraus.

Die Befürchtung in den EG-Ländern, daß die Gewährung der vollen Freizügigkeit für spanische Wanderarbeitnehmer die ohnehin prekäre Beschäftigungssituation in Europa zusätzlich belasten würde, ist natürlich nicht ganz ungerechtfertigt. Allerdings ist darauf hinzuweisen, daß von allen südeuropäischen Nicht-Mitgliedsländern im Verhältnis zu ihrer jeweiligen Ge-

---

[2] Informationen des spanischen Arbeitsministeriums.

samtbevölkerung bislang Spanien das kleinste Kontingent an Emigranten im EG-Raum unterhielt. Auch im Verhältnis zur Gesamtzahl der aus Nicht-Mitgliedsländern stammenden Wanderarbeitnehmer in den EG-Ländern nimmt Spanien, vor Griechenland, den vorletzten Rang ein (vgl. Tabelle 39).

Tabelle 39: Wanderarbeitnehmer aus südeuropäischen Nicht-Mitgliedsländern in den EG-Ländern

Herkunftsland	Anteil an der Gesamtheit der aus Nicht-EG-Ländern stammenden und in EG-Ländern tätigen Arbeitskräfte (in %)	Absolute Zahl der in EG-Ländern beschäftigten Arbeitskräfte (in 1 000)	Anteil der Emigranten in den EG-Ländern an der Gesamtbevölkerung des Herkunftslandes (in %)
Griechenland	5,9	266,6	3,05
Türkei	13,7	618,2	1,73
Jugoslawien	10,9	493,0	2,40
Portugal	12,7	574,7	6,85
Spanien	10,6	479,3	1,37

Quelle: Eigene Berechnung auf Grund der Daten des SAEG

Das Problem für den EG-Arbeitsmarkt wird weniger darin bestehen, die auf jährlich 140 000 geschätzten spanischen Emigranten, von denen 20% oder 30% vermutlich in westeuropäische Nicht-Mitgliedsländer abwandern werden, zu verkraften. Die Schwierigkeit liegt vielmehr darin, daß diese spanischen Emigranten auf einem nicht oder kaum mehr expandierenden Arbeitsmarkt mit einer wahrscheinlich zunehmenden Zahl von griechischen, türkischen und portugiesischen Wanderarbeitern um die gleichen Arbeitsplätze konkurrieren werden. Um das in den römischen Verträgen verankerte Prinzip der Freizügigkeit nicht zu gefährden, gleichzeitig aber sowohl die Überlastung des EG-Arbeitsmarktes wie auch die Diskriminierung einzelner Nationalitäten zu vermeiden, wird es daher unvermeidlich, daß die Länder der Gemeinschaft geeignete Maßnahmen zur Gewährleistung einer besseren Arbeitsmarkt-Transparenz, zur Intensivierung der beruflichen Beratung und Orientierung in den Beitrittsländern und zur Errichtung eines gemeinsamen Systems der Berufsausbildung und Umschulung ergreifen.

2. Folgen für die regionale Entwicklung in Spanien

Die Regionalpolitik der EG hat zum Ziel, den Abstand zwischen einzelnen Gebieten und den Rückstand weniger begünstigter Gebiete innerhalb der Gemeinschaft zu verringern[3]. Für diesen Zweck wurde ab 1. 1. 1975 ein Europäischer Fonds für regionale Entwicklung errichtet und für einen dreijährigen Versuchszeitraum mit 1,3 Milliarden RE ausgestattet. Auch die Europäische Entwicklungsbank konzentriert sich vornehmlich auf die finanzielle Förderung von regionalen Entwicklungsvorhaben. Die Verteilung der Mittel begünstigt vor allem Italien, Großbritannien und Irland, jene Mitgliedsstaaten also, die innerhalb der Gemeinschaft die größten regionalen Ungleichgewichte aufweisen (Anteil dieser Länder am Regionalfonds: 74%). Im Falle seines Beitritts müßte Spanien mit diesen Ländern (auch mit Griechenland und Portugal) um die für die Regionalentwicklung vorgesehenen Ressourcen der Gemeinschaft konkurrieren.

Spanien gehört in der Tat zu jenen Ländern in Europa, die die größten regionalen Disparitäten aufweisen. Allerdings ist ein Vergleich schwierig, da es keine standardisierten Kriterien zur Abgrenzung einzelner Regionen und zur Messung des jeweiligen Entwicklungsgrades gibt[4]. Verwendet man das durchschnittliche pro-Kopf-Einkommen pro Region als Maßstab, ergeben sich um so größere Unterschiede, je desaggregierter der regionale Bezugsrahmen ist. Aus diesem Grunde zeigt der Einkommensvergleich nach Provinzen größere Differenzen als

---

[3] Präambel, EWGV.
[4] Zur Problematik der Regionalentwicklung in der Gemeinschaft siehe u. a. Kommission der EG, Eine Regionalpolitik für die Gemeinschaft, Brüssel, 1969; dieselbe, Erster Jahresbericht über die Tätigkeit des Europäischen Fonds für regionale Entwicklung im Jahre 1975, Brüssel, 1976; dieselbe, Eine neue Regionalpolitik für Europa, Brüssel, 1975; B. Balassa (ed.), a. a. O., S. 258 ff.; K. Boeck, Regionalpolitik – eine Zukunftsaufgabe für die Gemeinschaft, in: Europäische Wirtschaftspolitik: Programm und Realität, Bonn 1973, S. 213 ff.

der Vergleich nach größeren regionalen Einheiten: der Dispersions-Koeffizient für Spanien betrug im Jahre 1970 auf der Provinzebene 2,8, auf der regionalen Ebene 2,2. Die Einkommensdaten sprechen dafür, daß die Disparitäten nach Provinzen in den letzten zwanzig Jahren sich verringert haben; die Bevölkerungsdaten zeigen aber, daß der Konzentrationsprozeß weiter fortschreitet.

Tabelle 40: Pro-Kopf-Einkommen in den Provinzen mit dem höchsten und dem niedrigsten Einkommen

Jahr	Höchstes Pro-Kopf-Einkommen		Niedrigstes Pro-Kopf-Einkommen		Dispersions-koeffizient
	Provinz	Einkommen in 1000 Ptas.	Provinz	Einkommen in 1000 Ptas.	
1955	Guipuzcoa	24,7	Granada	5,6	4,4
1964	Vizcaya	51,8	Almaria	16,0	3,2
1969	Guipuzcoa	82,0	Orense	18,2	2,9
1973	Vizcaya	139,8	Lugo	57,6	2,4

Quelle: Banco de Bilbao, sowie III. Entwicklungsplan

Infolge der zunehmenden Konzentration der Bevölkerung auf wenige geographische Zonen des Landes, vor allem auf die Ballungsgebiete um Madrid, Barcelona und im Baskenland, werden sich die Einkommensdisparitäten und die wirtschaftlichen Ungleichgewichte wahrscheinlich weniger interregional als vielmehr intraregional auswirken. Nach den Projektionen im Entwurf des vierten Entwicklungsplanes werden sich sowohl die Wanderungsbewegungen als auch die wirtschaftlichen Aktivitäten im Lande im Zeitraum 1970–1990 auf neun Ballungszonen konzentrieren, deren Bevölkerung um etwa 14 Millionen zunehmen wird, während gleichzeitig in ungefähr 30% des nationalen Territoriums ein beschleunigter Entvölkerungsprozeß stattfinden wird. Die Bevölkerungsdichte wird in den Jahren 1970 bis 1990 in Madrid von 474 auf 866, in Barcelona von 508 auf 856, in Vizcaya von 472 auf 797 steigen; sie geht zurück in den Provinzen von Avila von 25 auf 18, Caceres von 23 auf 15 und Soria von 11 auf 6[5]. Dieser Konzentrationsprozeß

[5] Ministerio de Planificación del Desarrollo, IV. Plan Nacional . . ., a. a. O., S. 114 ff.

impliziert einen rapide steigenden Bedarf an öffentlichen Investitionen in die materielle und soziale Infrastruktur; einen Bedarf, der aufgrund der gespannten öffentlichen Haushaltslage in den nächsten Jahren kaum gedeckt werden kann.

Schon der erste und der zweite Entwicklungsplan entwarfen eine Regionalpolitik mit dem Ziel, die Einkommensunterschiede zu verringern und den Prozeß der Bevölkerungskonzentration aufzuhalten bzw. umzuorientieren. Das Instrument dieser Politik war die Schaffung von Polen der Industrieförderung (Burgos und Huelva), Polen der regionalen Entwicklung (La Coruña, Sevilla, Valladolid, Vigo und Zaragoza) und Entlastungspolen für die Ballungszentren Madrid und Barcelona. Die Errichtung neuer Industrien im Bereich dieser Entwicklungspole wurde mit Hilfe von zinsgünstigen Darlehen, Steuervergünstigungen und direkten Subventionen gefördert[6]. Die Evaluierung dieser Regionalpolitik brachte jedoch nicht sehr ermutigende Ergebnisse zutage; von wenigen Ausnahmen abgesehen (z. B. Burgos) blieb der Umfang der Neuinvestitionen und die Zahl der neu geschaffenen Arbeitsplätze weit hinter den Erwartungen von 1964 zurück[7]. Von den ursprünglich vorgesehenen Industrie-Neuansiedlungen konnten bis 1970 nur 65% in Betrieb genommen werden; von den geplanten neuen Arbeitsplätzen wurden bis zu diesem Zeitpunkt nur 59% geschaffen (vgl. Tabelle 41). Mit der Ansiedlung kapitalintensiver Großbetriebe in der Region Huelva wurden zwar lokale Entwicklungsimpulse bewirkt, gleichzeitig aber auch ähnliche Probleme geschaffen, wie die wohlbekannten im italienischen Mezzogiorno. Die Politik der Förderung von Entwicklungspolen wurde in den letzten Jahren zwar nicht aufgegeben, aber auch nicht intensiv weiter verfolgt. Die Lösung der regionalen Probleme hat nämlich in der Zwischenzeit eine neue, politische Dimension erhalten. Im Zuge des allgemeinen politischen Wandels fordern viele Regionen des Landes die volle Finanzautonomie, deren Gewährung, die immerhin im Bereich des Möglichen liegt, die Konzeption und die Durchführung regionalpoliti-

[6] Vgl. F. Buttler, a. a. O., S. 33 ff.
[7] G. S. de Buruaga, Politica regional y urbanistica, in: L. Gamir (ed.), Politica económica . . . a. a. O., S. 275 ff., hier S. 301.

Tabelle 41: Vorgesehene (1964) und effektiv erreichte (1970) Resultate der Förderung von regionalen Entwicklungspolen

Enwicklungspole	Vorgesehen (1964)		Erreicht (1970)		Vergleich 1964-1970 (1964 = 100)	
	Investitionen (in 1000 Ptas.)	Arbeitsplätze	Investitionen (in 1000 Ptas.)	Arbeitsplätze	Investitionen	Arbeitsplätze
Burgos	13 104	23 123	11 523	11 450	87,9	49,5
Huelva	10 430	7 572	20 328	5 768	194,9	76,2
La Coruna	5 628	4 988	7 719	2 553	137,2	51,2
Sevilla	11 790	17 356	9 855	11 009	73,5	63,4
Valladolid	4 978	9 838	5 792	8 375	116,4	85,1
Vigo	7 295	15 727	4 385	9 810	60,1	62,4
Zaragoza	10 780	21 261	7 605	10 156	70,5	47,8

Quelle: Berechnungen von G. S. de Buruaga auf Grund der Daten der Comisaria del Plan

scher Vorhaben in Spanien auf ganz neue Grundlagen stellen
kann. Falls eine zentral oder regional entworfene, aber in sich
konsistente Regionalpolitik in den nächsten Jahren nicht zu-
standekommt, könnte der Beitritt zur EG die weitere Verschärfung der gegenwärtigen Disparitäten und die Beschleunigung
der Bevölkerungskonzentration in den Ballungszentren bewirken. Die bisherigen Untersuchungen stimmen nämlich im allgemeinen darin überein, daß das regionale Gefälle im EG-Raum
in den vergangenen Jahren trotz intensiver Ausgleichsbemü-
hungen eher zu- als abgenommen hat[8]. Wie besonders das
Beispiel des italienischen Mezzogiorno zeigt, tendiert die Bewegung der Arbeitskraft von den rückständigen nach den fort-
schrittlicheren Regionen, wodurch die qualitative Zusammensetzung des Arbeitskräftepotentials in den ärmeren Regionen
sich immer weiter verschlechtert. Die zwecks Eindämmung der
Abwanderungsbewegung gezahlten höheren Löhne führen zu
steigenden Produktionskosten und damit zur weiteren Beeinträchtigung der mangels „external economies" ohnehin schwächeren Wettbewerbsposition der in diesen Regionen angesie-
delten Industrien. Die meisten Wirtschaftsunternehmungen
neigen sowieso dazu, die Standortvorteile der durch öffentliche
Investitionen erschlossenen Ballungszentren zu nutzen.

3. Der Zugang zum Regionalfonds und zur EIB

Zur Förderung regionaler Entwicklungsvorhaben kann Spanien, im Falle seines Beitritts, mit dem finanziellen Beistand der
Gemeinschaft rechnen. Der Zugang zu den Mitteln der Europäischen Investitionsbank und die Beteiligung an den Mitteln
des regionalen Entwicklungsfonds würden im Rahmen des
gemeinschaftlichen Finanzausgleichs die Lösung einzelner Probleme und die Durchführung bestimmter regionalpolitischer
Förderungsmaßnahmen zumindest erleichtern.
Für die Haushaltsjahre 1975–77 war der Regionalfonds mit
insgesamt 1,3 Milliarden RE ausgestattet. Es besteht kein Zwei-

---

[8] Vgl. etwa Kommission der EG, Eine Regionalpolitik . . ., a. a. O.;
B. Balassa (ed.), a. a. O., S. 258 ff.

fel, daß der Fonds im Falle der Erweiterung der Gemeinschaft aufgestockt werden muß, was für die finanzstarken Mitgliedsstaaten zusätzliche Belastungen bedeutet. Am bisherigen Transfer von Fondsmitteln, die vor allem Italien, Irland und Großbritannien begünstigen, sind die Bundesrepublik Deutschland mit 50%, die Benelux-Länder mit 30% als Nettozahler beteiligt. Da die Aufstockung des Fonds von politischen Entscheidungen abhängig ist, läßt sich der künftige Anteil Spaniens an diesen Mitteln nicht mit Genauigkeit berechnen. Aufgrund von Analogieschlüssen, unter Berücksichtigung der Bevölkerungszahlen sowie der jeweiligen Anteile, die Italien und Irland gegenwärtig aus dem Regionalfonds erhalten, könnte sich Spanien eine jährliche Zuwendung aus den Mitteln des Regionalfonds in Höhe von etwa 200 Millionen RE ausrechnen. Die Zuweisung dieser Mittel hängt natürlich von einer Reihe von Bedingungen ab, die in den Artikeln 3–6 der am 18. 3. 1975 erlassenen Verordnung über die Errichtung des Fonds für regionale Entwicklung spezifiziert sind. Zu diesen Bedingungen gehört, daß die aus Fondsmitteln bis zu 30% der öffentlichen Ausgaben mitfinanzierten Investitionen sich in ein Entwicklungsprogramm einfügen müssen, welches im Hinblick auf die Integrationsziele der Gemeinschaft einen Beitrag zum Abbau regionaler Ungleichgewichte zu leisten vermag. Die Ausarbeitung solcher Entwicklungsprogramme obliegt der Regierung des betreffenden Mitgliedslandes.

Der Zugang zu den Darlehen der Europäischen Investitionsbank kann für Spanien – eventuell in Verbindung mit einer partiellen Zinsvergütung – einen zusätzlichen, erheblichen Ressourcen-Transfer bedeuten. Die Berechnung der zu erwartenden Mittelübertragung ist schon deshalb problematisch, weil die EIB bei der Mittelvergabe das Prinzip der Subsidiarität und Spitzenfinanzierung verfolgt und über die zu finanzierenden Einzelvorhaben zur Zeit keine spezifischen Informationen vorliegen. Da die EIB keinen Schlüssel für die Verteilung der Mittel auf die einzelnen Mitgliedstaaten besitzt und da die EG auch über kein allgemein akzeptiertes Kriterium zur Messung regionaler Disparitäten und damit zur Feststellung der „relativen Bedürftigkeit" verfügt, kann die Schätzung der Partizipation neuer Beitrittsländer am gesamten Darlehensvolumen nur aufgrund von Analogien erfolgen. Bei der Anwendung dieser Analogien werden hier drei Variablen berücksichtigt: Bevölkerung, Sozialprodukt und ein Analogiekoeffizient, dessen Berechnung auf der Hypothese beruht, daß die Höhe der 1975 an die einzelnen Mitgliedsländer ausgezahlten Darlehen den jeweiligen Grad an Bedürftigkeit des Landes hinsichtlich der Dimension seiner regionalen Probleme indiziert. Der Koeffizient ist also umso größer, je höher die auf diese Weise definierte Bedürftigkeit angesetzt wird. Diese Definition ist natürlich tautologisch, aber in Ermangelung geeigneter Kriterien ermöglicht sie einen quantitativen Vergleich zwischen den einzelnen Darlehensnehmern. Die Berechnung der EIB-Leistungen zugunsten von Spanien erfolgt nun auf der Grundlage der Finanzierungsdaten von 1975 und für das gleiche Jahr in dieser Form:

EIB-Mittel Spanien 1975

= Bevölkerung × BIP × Analogiekoeffizient

Wenn der Wert des Koeffizienten zwischen dem von Italien und dem von Irland angesetzt wird, ergibt sich für Spanien und für das hypothetische Jahr 1975 ein Darlehensvolumen in Höhe von 140 bis 210 Millionen RE. Dies entspricht etwa dem Mittelvolumen, das Spanien aus dem Regionalfonds zu erwarten hat.

Gleichzeitig müßte sich Spanien am Kapital der Bank beteiligen. Die Höhe der Beteiligung und die daraus folgende Änderung der Kapitalanteile sämtlicher Mitgliedsstaaten können unter verschiedenen Annahmen kalkuliert werden. Geht man davon aus, daß das EIB-Kapital infolge des Beitritts von Griechenland und Spanien um 1,5 Milliarden RE auf 5,043 Millionen RE erhöht wird, ergibt sich daraus für Spanien eine Kapitalbeteiligung von ungefähr 320 Millionen RE.

Diese Schätzungen über die voraussichtliche Größenordnung des innergemeinschaftlichen Mitteltransfers zum Zwecke der regionalen Entwicklung gestatten allerdings nur eine einseitige Aussage. Sie zeigen an, ungefähr welches Mittelvolumen zugunsten des Beitrittslandes transferiert wird, sie sagen aber nichts darüber aus, welchen Beitrag diese Transfers zum Ausgleich des innergemeinschaftlichen und des internen, nationalen

Entwicklungsgefälles und damit zur Entschärfung der mit dem Beitritt verbundenen Probleme leisten können. Hinsichtlich der Lösung dieser Probleme ist nämlich die adäquate Verwendung der Mittel mindestens so bedeutsam wie deren quantitative Größenordnung. Es wäre daher falsch, wenn Spanien von diesen ihm zufließenden Mitteln die Lösung seiner regionalpolitischen Probleme erwarten würde. Zumindest zum gegenwärtigen Zeitpunkt verfügt das Land weder über verbindliche, längerfristige Pläne zur regionalen Entwicklung noch über einigermaßen zuverlässige Berechnungen bezüglich des Kapitalbedarfs zur Finanzierung regional- und strukturpolitischer Einzelvorhaben. Über die Alternativen der Mittelverwendung liegen also keine Informationen vor.

In diesem Zusammenhang kann darauf hingewiesen werden, daß z. B. in Italien, dem allein 47% der gesamten Darlehensmittel der Europäischen Investitionsbank und 40% der Mittel des Regionalfonds zuflossen, das regionale Ungleichgewicht zwischen Nord und Süd in nur unbedeutendem Maße verschoben, das Problem des Strukturwandels aber bislang in keiner Weise gelöst werden konnte. Spaniens Problem liegt, wie gesagt, weniger im interregionalen Gefälle als vielmehr im zunehmenden intraregionalen Ungleichgewicht. Bei der Lösung dieser Aufgabe kann der pure Transfer von Finanzmitteln aus Europa eine ausgewogene, nationale Regionalpolitik nicht ersetzen.

4. Folgen für die betroffenen Drittländer

Mit dem Beitritt südeuropäischer Mittelmeerländer zur EG verringert sich sowohl die außenhandelspolitische Manövrierfähigkeit der Gemeinschaft gegenüber Drittländern als auch die Öffnung des Zugangs für diese Drittländer zum Gemeinsamen Markt. Betroffen sind einerseits die übrigen Anrainerstaaten des Mittelmeeres, mit denen die EG Assoziierungs- oder Präferenzabkommen abgeschlossen hat, sowie die AKP-Staaten, sofern ihre Produkte mit denen der Beitrittsländer auf dem EG-Markt konkurrieren, andererseits die Gemeinschaft selbst, die gezwungen sein wird, den Verlust dieser Länder an Marktanteilen mit Hilfe zusätzlicher finanzieller Zuwendungen oder auf andere Weise zu kompensieren.

Es ist an dieser Stelle nicht möglich, die Auswirkungen des Beitritts Spaniens zur EG auf die Beziehungen zwischen der Gemeinschaft und Drittländern quantitativ zu berechnen. Das wichtigste Problem ergibt sich zweifellos daraus, daß durch Spaniens Beitritt die Selbstversorgung der Gemeinschaft mit landwirtschaftlichen Erzeugnissen, insbesondere mit jenen mediterranen Produkten, die auch die übrigen Mittelmeerländer auf dem EG-Markt anbieten, in erheblichem Umfang erhöht wird. Aus diesem Grund haben Spaniens Konkurrenten bedeutende Absatzverluste auf dem Gemeinsamen Agrarmarkt zu befürchten. Betroffen sind, von den Beitrittskandidaten Griechenland und Portugal abgesehen, besonders Tunesien (Olivenöl, Artischocken, Gemüsekonserven), Algerien (Wein), Marokko (Zitrusfrüchte, Sardinenkonserven), Israel (Zitrusfrüchte) und die Türkei (Gemüsekonserven, Zitronen), aber auch Zypern und die Mashrek-Länder. Auch andere, nicht-mediterrane Drittländer könnten sowohl in der gegenwärtigen EG/9 (Hartweizen, Reis, Obst- und Gemüsekonserven) als auch im Beitrittsland Spanien (Zucker, Rindfleisch) Marktanteile verlieren. Selbst auf dem Weltmarkt müßten einige Produkte der Drittländer mit den subventionierten Überschüssen der erweiterten Gemeinschaft konkurrieren. Die Größenordnung der Probleme kann mit dem Hinweis auf die asymmetrischen Abhängigkeiten verdeutlicht werden: Während die EG bislang kaum mehr als ein Zehntel ihres Gesamtexports in die Mittelmeerländer (einschließlich Griechenland und Spanien) kanalisierte, exportierten diese Mittelmeerländer über die Hälfte ihrer Gesamtausfuhren in die Gemeinschaft. Die einseitig ausgerichtete Produktionsstruktur der meisten mediterranen und AKP-Länder orientiert sich traditionell am westeuropäischen Markt; die Wirtschaftssysteme dieser Länder sind durch Veränderungen in der Marktkonstellation des EG-Raumes äußerst verwundbar.

In den Tabellen 42 und 43 wird das Konkurrenzverhältnis zwischen Spanien und den anderen (außergemeinschaftlichen) Anbietern auf dem EG-Markt dargestellt. In der Tabelle 42 sind die wichtigsten landwirtschaftlichen, in der Tabelle 43 einige ausgewählte Industrieerzeugnisse aufgezeigt mit Angaben über die Marktanteile Spaniens und der Konkurrenzländer. Die Zusammenstellung beruht auf dem Datenmaterial einer Studie der spanischen Handelskammer über die Wettbewerbssituation Spaniens auf dem Gemeinsamen Markt[9]. Einschränkend muß hier darauf hingewiesen werden, daß die Zahlen aus dem Jahre 1973 etwas veraltet sind und die Angaben über die Marktanteile (Spalten 4 und 6) sich aus berechnungstechnischen Gründen[10] nur auf die EG/6 beziehen. Aus diesen Gründen können die Daten in den beiden Tabellen für weitere Berechnungen und exaktere Interpretationen nicht verwendet werden; sie verdeutlichen nur die ungefähre Größenordnung der Wettbewerbsprobleme zwischen Spanien und seinen jeweiligen Konkurrenten auf dem EG-Markt.

Ein weiteres Problem für Drittländer besteht darin, daß durch die Erweiterung der Gemeinschaft die interne Nachfrage nach finanziellen Mitteln der Europäischen Investitionsbank stark zunehmen wird. Innerhalb der gegenwärtigen Grenzen wird es einerseits immer schwieriger, die Nicht-Mitgliedsstaaten, die mit der EG durch Präferenz- bzw. Kooperationsabkommen verbunden sind, an den Mitteln der EIB im bisherigen Ausmaß zu beteiligen, andererseits wird die Gemeinschaft unter Hinweis auf die zu erwartenden Absatzverluste infolge der Erweiterung mit zusätzlichen Kompensationsforderungen seitens der

---

[9] Consejo Superior de las Camaras Oficiales de Comercio, Industria y Navegación de España, Grado de dependencia, penetración y competencia exterior de la exportación española a la CEE, Madrid, 1976. Diese ist die erste in einer Reihe von Studien, die von den spanischen Industrie- und Handelskammer über die Auswirkungen der Integration Spaniens in die EG auf die Entwicklung der gegenseitigen Handelsbeziehungen durchgeführt wird.

[10] Das Präferenzabkommen von 1970 wurde nach Erweiterung der Gemeinschaft auf die Beziehungen zwischen den neuen Mitgliedern und Spanien nicht ausgedehnt (vgl. Kap. 2). Großbritannien als größter Abnehmer der spanischen Agrarprodukte verwendete gegenüber den spanischen Exporten niedrigere Zollsätze als die Länder der EG/6. Aus Gründen der Vergleichbarkeit berechnet deshalb die zitierte Studie die Position der spanischen Produkte auf dem EG-Markt gesondert für die Alt-EG/6 und die drei neuen Mitglieder. Eigene Nachrechnungen ergaben, daß die jeweiligen Marktanteile in einer EG/6 und einer EG/9 nicht wesentlich voneinander abweichen.

Tabelle 42: Spanien und Konkurrenzländer auf dem EG-Markt (A. Landwirtschaftliche Erzeugnisse)

Produkte	GZT	Spaniens Export nach EG/9, 1973 (in 1000 Ptas.)	Anteil (in %) am Gesamtimport der EG/6 aus Nicht-Mitgliedsländern 1973			Zollsatz
			Spanien	Konkurrenzländer		
Tafelwein nicht in Flaschen abgefüllt	9 RE/hl	1 418 663	6,3	Algerien	39,8	1,8 RE/hl
				Tunesien	13,7	2,5 RE/hl
				Marokko	13,2	2,5 RE/hl
nicht raffiniertes Olivenöl	Abschöpf.	5 350 221	34,5	Tunesien	25,8	Reduktion
				Marokko	15,0	Reduktion
				Türkei	14,2	Reduktion
Zwiebeln	12 %	560 715	26,2	Ägypten	29,0	6,0 %*
				Polen	12,1	12,0 %
				CSSR	5,9	12,0 %
				Israel	5,7	4,8 %*
Artischocken	13 %	176 291	84,5	Tunesien	11,8	9,1 %*
				Algerien	2,0	9,1 %*
Wintertomaten	11 %	2 126 353	29,4	Marokko	55,7	4,4 %*
				Rumänien	9,9	11,0 %
Orangen	4/20 %	8 546 202	56,0	Marokko	15,1	4/13 %*
				Israel	9,3	4/13 %
				Südafrika	7,9	4/20 %
				USA	2,2	4/20 %
Mandarinen	20 %	4 305 677	63,0	Marokko	32,2	4,0 %
				Algerien	–	–
Zitronen	8 %	1 021 347	57,0	USA	17,8	8,0 %
				Türkei	9,6	4,0 %
				Zypern	4,0	4,8 %
				Griechenland	3,5	–
Tafeltrauben	18 %	918 703	57,0	Südafrika	23,8	18/22 %
				Griechenland	17,1	–
Süße Mandeln	7 %	4 029 540	50,8	USA	18,7	7,0 %
				Marokko	8,4	7,0 %
				Portugal	7,0	7,0 %
				Tunesien	5,0	7,0 %
Melonen	11 %	255 086	40,9	Israel	22,1	5,5 %*
				Griechenland	17,2	–
Sardinen-Konserven	25 %	377 366	14,3	Marokko	44,8	–
				Portugal	35,6	15,0 %
Tomaten-Konserven	18 %	859 625	9,2	Griechenland	38,4	–
				Portugal	18,2	12,6 %
				Marokko	2,8	12,6 %
				Tunesien	2,3	12,6 %
Oliven-Konserven	20 %	773 177	34,9	Marokko	36,4	–
				Griechenland	22,6	–
Gemüse-Konserven	22 %	563 287	55,6	Tunesien	8,2	11,0 %
				Türkei	5,9	11,0 %
Pfirsich-Konserven	22/24 %	1 058 305	40,3	Griechenland	23,2	–
				Marokko	22,9	17,0 %
				Tunesien	5,3	17,0 %

* Beschränkung durch Einfuhrperioden

Quelle: siehe Text

Tabelle 43: Spanien und Konkurrenzländer auf dem EG-Markt (B. Industrieerzeugnisse)

Produkte	GZT	Spaniens Export nach EG/9, 1973 in 1000 Pts.	Anteil (in %) am Gesamtimport der EG/6 aus Nicht-Mitgliedsländern 1973			Zollsatz
			Spanien	Konkurrenzländer		
Gegerbte Felle	4,5 %	1 408 118	19,1	Griechenland	26,9	–
				VR China	11,7	9 %
				USA	10,3	4,5 %
Schuhteile	6,5/9 %	374 312	39,4	Österreich	20,9	–
				USA	7,9	6,5/9 %
Stahlrohre	9/10 %	1 733 214	13,2	Schweden	36,2	3,6 %
				Japan	8,1	9/10 %
Küchenherde	7 %	474 707	19,0	Österreich	21,3	–
				Jugoslawien	10,7	Allg. Präf.
Lampen	7 %	564 857	25,2	Österreich	21,0	–
				Schweden	12,1	–
Kühlschränke	4,5/5 %	535 514	7,7	USA	38,4	4,5/5 %
				Österreich	17,4	–
				Schweden	12,2	–
Waschmaschinen	5/7,5 %	662 422	19,4	USA	34,0	5/7,5 %
				Schweiz	21,1	–
Werkzeugmasch.	2,5/11%	1 259 909	7,0	Schweiz	39,8	–
				USA	22,6	2,5/11 %
				Schweden	7,0	–
Schreibmasch.	5/6,5 %	619 716	21,1	Schweiz	21,9	–
				Japan	19,7	5/6,5 %
				Schweden	12,3	–
Stühle/Sessel	6/8,5 %	789 088	14,2	Jugoslawien	23,7	Allg. Präf.
				Rumänien	10,6	12/18 %
Lederbekleidung	7,5/13	594 732	9,8	Hongkong	21,1	Allg. Präf.
				Türkei	15,7	–
				Jugoslawien	12,4	Allg. Präf.
Kraftfahrzeuge	8/20 %	6 127 264	23,7	Japan	42,9	8/20 %
				Schweden	10,0	–
				USA	9,9	8/20 %
Spielzeuge	16/19%	700 000	14,1	Japan	23,3	16/19 %
				Hongkong	22,0	Allg. Präf.
Korkwaren	16 %	357 768	17,5	Portugal	77,8	– Plafond
				Marokko	3,4	– Plafond
Herrenunter-wäsche	17 %	197 911	2,4	Hongkong	30,3	17 %
				Jugoslawien	13,3	Allg. Präf.
Schuhe	8/20 %	3 307 878	23,8	Taiwan	10,0	?
				Jugoslawien	9,2	Allg. Präf.

Quelle: siehe Text.

betroffenen Drittländer konfrontiert. Da die Möglichkeiten der EIB für gemeinschaftsexterne Finanzierungen begrenzt sind, liegt die wahrscheinlich einzig realistische Chance zur Erhaltung der Manövrierfähigkeit der Gemeinschaft gegenüber Drittländern, insbesondere gegenüber den Mittelmeer- und AKP-Ländern, in der Erhöhung des verfügbaren Mittelvolumens. Es ist schwer zu erkennen, welche anderen Kompensationsinstrumente die Gemeinschaft einsetzen könnte.

5. Folgen für den Gemeinschaftshaushalt

Die finanziellen Implikationen, die sich aus dem Beitritt Spaniens zur EG ergeben, lassen sich in direkte und indirekte unterteilen, je nachdem, ob sie sich unmittelbar im Gemeinschaftshaushalt niederschlagen, oder sich in Form eines induzierten, zusätzlichen Mittelbedarfs manifestieren. Weder die direkten noch die indirekten finanziellen Folgen des Beitritts sind genau berechenbar, weil die Entwicklung der determinierenden Variablen bis zum Zeitpunkt des Beitritts und über diesen hinaus weitgehend unbekannt ist. Die ungefähre Größenordnung der anfallenden direkten finanziellen Folgen kann jedoch aufgrund der gültigen Haushaltsregelungen der Gemeinschaft und der entsprechenden Daten Spaniens unter der ceteris-paribus-Annahme geschätzt werden, wie dies im Kapitel V für den EAGFL bereits geschehen ist.

Der erste Schritt ist eine grobe Schätzung der zusätzlichen Ausgaben, die infolge des Beitritts Spaniens im Rahmen des Gemeinschaftshaushaltes für ein bestimmtes Bezugsjahr anfallen würden. Daraus ergibt sich die Größenordnung der zu erwartenden Bruttobelastung für den EG-Haushalt. Der zweite Schritt ist die Berechnung der Finanzbeiträge der Mitgliedstaaten der erweiterten Gemeinschaft nach einem theoretischen Verteilungsschlüssel, auf der Basis der jeweiligen Sozialproduktanteile. Das Ergebnis dieses Kalküls ist einerseits die ungefähre Nettobelastung des Haushalts infolge des spanischen Beitritts, andererseits der in diesem Fall zu erwartende zusätzliche Aufwand für die einzelnen Mitgliedsländer (EG/9 plus Griechenland ohne Berücksichtigung Portugals). Der Ausgangspunkt für diese Berechnungen ist der Haushaltsansatz der Gemeinschaft für das Jahr 1976[11].

Die Schwierigkeit bei der Feststellung der zusätzlich anfallenden Haushaltsausgaben läßt sich schon daran erkennen, daß die einschlägigen Schätzungen der EG-Kommission und der zuständigen Ressorts der einzelnen Mitgliedsstaaten hinsichtlich der verschiedenen Positionen teilweise um 50% und mehr voneinander abweichen. Im Zweifelsfall greifen wir hier deshalb auf die mittleren Hypothesen zurück. Für den EAGFL übernehmen wir die im Kapitel V aufgeführten Zahlen (vgl. Abt. Garantie: Tabelle 26). Bei der Berechnung des Anteils von Spanien am Europäischen Sozialfonds präsentiert sich das Problem, daß die Zuschüsse einerseits die Mitgliedsstaaten mit besonders gravierenden strukturellen Beschäftigungsproblemen begünstigen sollen, andererseits sich an den tatsächlich anfallenden Kosten in den antragstellenden Ländern orientieren müssen[12]. Da die entsprechenden Maßnahmen und deren Kosten im Falle Spaniens (wie auch im Falle Griechenlands) nicht spezifiziert sind, kann eine Schätzung nur aufgrund von Analogieschlüssen (Übertrag der Ansätze für Irland auf die arbeitsfähige Bevölkerung der Beitrittsländer) vorgenommen werden. Für Griechenland würden sich daraus etwa 100 Millionen RE pro Jahr ergeben; die Kommission rechnet in ihrer Stellungnahme jedoch nur mit 40 Millionen. Auf der gleichen Basis dürfte Spanien jährlich zwischen 300 und 400 Millionen RE aus dem Sozialfonds erhalten; wir gehen hier von einem Betrag von 350 Millionen aus. Die Leistungen des Regionalfonds für Spanien wurden bereits mit jährlich etwa 200 Millionen RE angegeben und zwar ebenfalls auf der Grundlage von Analogien; eine genauere Berechnung ist mangels Informationen über die zu finanzierenden Einzelvorhaben nicht möglich. Im Rahmen des Haushalts fallen außerdem noch Forschungs- und Verwaltungsausgaben an, deren Höhe im Falle Spaniens auf insgesamt 80 Millionen RE beziffert werden kann. Diese Zahlen, die sich

---

[11] Kommission der EG, Stellungnahme zum griechischen Beitrittsgesuch . . . , a. a. O., S. 17 f.

[12] Vgl. E. Reister, Haushalt und Finanzen der Europäischen Gemeinschaften, Baden-Baden, 1975, S. 66 ff.

hypothetisch auf das Haushaltsjahr 1976 beziehen, sowie die entsprechenden Projektionen für 1980 sind in Tabelle 44 zusammengefaßt.

Tabelle 44: Zusätzlich anfallende Ausgaben des EG-Haushalts infolge des Beitritts Spaniens (Bruttobelastung), Haushaltsansätze 1976

Art der Ausgaben	Schätzwerte 1976 (in Mio. RE)	Projektion 1980 (in Mio. RE)
EAGFL		
– Garantie	170[a]	400[a]
– Ausrichtung	175	175
Sozialfonds	350	400
Regionalfonds	200	200
Forschung, Verwaltung	80	100
Gesamt	975	1 275

[a] Einsparungen und Abschöpfungseinnahmen der EG bereits abgezogen.

Nun müßte aber auch Spanien als Vollmitglied seinen Beitrag zur Finanzierung des Gemeinschaftshaushalts leisten. Eine Berechnung auf der Grundlage der an den EG-Haushalt abzuführenden Zoll- und Abschöpfungseinnahmen sowie des noch festzusetzenden Mehrwertsteueranteils wäre angesichts der großen Unsicherheiten nicht praktikabel. Wir begnügen uns deshalb mit der Berechnung der theoretischen Verteilung der Finanzbeiträge der einzelnen Mitgliedstaaten zu dem durch Spaniens Beitritt angewachsenen Gemeinschaftshaushalt auf der Grundlage der jeweiligen Sozialproduktanteile und bezogen auf den ursprünglichen Haushaltsansatz für das Jahr 1976. Daraus läßt sich wiederum die Differenz der Finanzbeiträge mit und ohne die Mitgliedschaft Spaniens errechnen.

Der Haushaltsansatz der Gemeinschaft für 1976 belief sich auf 7506 Millionen RE. In ihrer Stellungnahme zum Beitrittsgesuch Griechenlands errechnete die Kommission zusätzliche (theoretisch anfallende) Ausgaben in Höhe von 453 Millionen RE, so daß der Gesamtbetrag sich auf 7959 Millionen RE erhöht. Wenn man die durch Spaniens Beitritt zu erwartenden Mehrausgaben von 975 Millionen zu diesem Betrag addiert, ergeben sich 8934 Millionen RE. (Die Mehrausgaben, die infolge des Beitritts Portugals entstehen, werden bei diesen Berechnungen nicht berücksichtigt: verschiedene Schätzungen kommen zu dem Ergebnis, daß die EG-Haushaltsbelastungen im Falle Portugals proportional wesentlich geringer sein würden als im Falle Griechenlands und Spaniens). Da durch Spaniens Beitritt sich aber auch das Sozialprodukt der Gesamtgemeinschaft erhöht, müssen die Sozialproduktanteile der einzelnen Mitgliedsstaaten neu berechnet werden. Wird der jeweilige Anteil der Finanzbeiträge auf der Basis dieses Verteilungsschlüssels einmal ohne und einmal mit Spanien kalkuliert, ergibt sich einerseits die Höhe des (theoretischen) Beitrags Spaniens zum EG-Haushalt, andererseits die Höhe der (theoretischen) Mehrbelastung jedes einzelnen Mitgliedsstaates durch Spaniens Beitritt. Diese Berechnungen sind in der Tabelle 45 enthalten.

Die Tabelle zeigt, daß aufgrund des verwendeten Verteilungsschlüssels und der grob vereinfachenden Annahmen Spaniens Beitrag zum Gemeinschaftshaushalt sich im Bezugsjahr auf 526 Mio. RE belaufen würde. Dies bedeutet, daß Spanien unter den gegenwärtigen Bedingungen Nettoempfänger des EG-Haushalts wäre, und zwar in Höhe von abgerundet 450 Millionen RE. Diese Mehrausgaben zugunsten Spaniens würden die einzelnen Mitgliedsstaaten in unterschiedlicher Höhe, dem verwendeten Verteilungsschlüssel entsprechend, belasten (vgl. Spalte 6). Es muß hier jedoch erneut darauf hingewiesen werden, daß diese Berechnung rein theoretisch ist und deshalb keine weiterreichenden Interpretationen zuläßt. Die Praxis der EG-Haushaltsfinanzierung ist wesentlich komplizierter. Es genügt der Hinweis, daß Großbritannien, Dänemark und Irland sich auch im Hinblick auf ihre finanziellen Verpflichtungen gegenüber der Gemeinschaft in einer Übergangsphase befinden und ihre vollen Finanzbeiträge erst ab 1980 an die Haushaltskasse abführen werden[13]. Auch im Falle Griechenlands und Spaniens muß man mit ähnlichen Übergangsregelungen rechnen.

Einige der indirekten finanziellen Folgen für die Gemeinschaft

---

[13] Ebenda, S. 43 f.

Tabelle 45: Theoretische Finanzierung des Gemeinschaftshaushalts in einer EG/11 (Haushaltsansatz 1976, Daten zum BIP 1975)

1	2	3	4	5	6
Land	Anteil am BIP einer EG/10 (ohne Spanien) Basis: 1348,6 Mio. US $ in %	Anteil an der Finanzierung des Haushalts einer EG/10 – Basis: 7,959 Mio. RE in Mio. RE	Anteil am BIP einer EG/11 (mit Spanien) Basis: 1,433,2 Mio US $ in %	Anteil an der Finanzierung des Haushalts einer EG/11 – Basis: 8,934 Mio. RE in Mio. RE	Mehrausgaben durch Spaniens Beitritt (3-5) in Mio. RE
BR Deutschland	31,2	2,483	29,4	2,626	143
Frankreich	24,3	1,934	22,9	2,047	113
Italien	12,6	1,003	11	1,055	52
Belgien	4,7	374	4,4	393	19
Niederlande	5,9	470	5,6	500	30
Luxemburg	0,1	8	0,1	9	1
Großbritannien	16,4	1,305	15,5	1,385	80
Dänemark	2,6	207	2,4	214	7
Irland	0,6	45	0,5	48	3
Griechenland	1,5	119	1,4	125	6
Spanien	–	–	5,9	526	–

wurden in den vorangegangenen Abschnitten bereits angedeutet. In der Hauptsache handelt es sich um mögliche Kompensationsforderungen, die von betroffenen Mitglieds- und auch Nicht-Mitgliedsstaaten gestellt werden könnten. Es ist nicht ausgeschlossen, daß Italien, eventuell auch Frankreich ihre Zustimmung zur Erweiterung der Gemeinschaft von zusätzlichen Konzessionen im Agrarbereich abhängig machen. Denkbar sind auch Forderungen von Absatzgarantien seitens einiger mediterraner Nicht-Mitgliedsländer, deren Erfüllung den gemeinsamen Agrarhaushalt belasten, deren Nicht-Erfüllung die Notwendigkeit anderweitiger, vermutlich finanzieller Kompensationen implizieren würde. Auf die Wahrscheinlichkeit einer zunehmenden Nachfrage nach EIB-Mitteln wurde bereits hingewiesen. Vor diesem Hintergrund nützt es nichts, wenn Spanien immer wieder betont, es wolle kein Geld, sondern Märkte: Die finanziellen Folgen des Beitritts ergeben sich nicht aus der Absicht, sondern aus dem System.

6. Folgen für die europäischen Institutionen

Mit jeder Erweiterung wächst auch die Vielfalt der Strukturen, Politiken und Interessen innerhalb der Gemeinschaft. Daraus ergeben sich zwangsläufig bestimmte Folgen für die Organe und die Verfahrenspraktiken der europäischen Institutionen. Die wesentlichsten Auswirkungen des Beitritts Spaniens auf diese Institutionen können in drei Punkte gefaßt werden: Erschwerung oder zumindest Komplizierung der gemeinsamen Beschlußfassung, Ausweitung der Organe der Gemeinschaft und Verlagerung der Stimmengewichte innerhalb der EG zugunsten der südeuropäischen Mitgliedsstaaten.

Es ist in der Tat zu erwarten, daß die Beschlußfassung im Rahmen der Organe der Gemeinschaft allein schon aufgrund der quantitativen Ausweitung infolge des Beitritts erschwert, zumindest aber kompliziert wird. Die Sorgen hingegen, daß Spaniens Beitritt den Integrationsfortschritt in Richtung auf die Wirtschafts- und Währungsunion in erheblichem Maße hemmen würde, beruhen auf nicht ganz adäquaten Voraussetzungen. Die Integrationsbestrebungen in der Gemeinschaft befinden sich bereits heute in einer Krise, die weniger auf die Erweiterung nach außen, sondern vielmehr auf die innenpolitische und wirtschaftliche Situation in einzelnen Mitgliedsstaaten zurückzuführen ist. In Wirklichkeit stellt sich also nicht die Alternative, Integration oder Erweiterung, sondern lediglich die Frage, Erweiterung trotz Integrationskrise?

Da aber jede Erweiterung eine wachsende Mannigfaltigkeit der Interessen und damit auch der potentiellen Interessengegensätze mit sich bringt, wird auch der Entscheidungsprozeß in einer EG/11 komplizierter sein als in einer EG/9, und noch komplizierter in einer EG/12, die nach Portugals Beitritt entstehen wird. Die Organe der Gemeinschaft müssen entsprechend erweitert werden. Die Kommission hat heute schon eine Größe erreicht, die in keinem Verhältnis zur effizienten Durchführung ihrer Aufgaben steht. Wenn die EG Spanien zwei Kommissarenposten zugesteht, erhöht sich die Zahl der Kommissare (gegenwärtig 13 plus 1 für Griechenland) auf 16, (im Falle des portugiesischen Beitritts: 17) mit allen damit verbundenen Problemen bei der Neu- bzw. Umbesetzung von Stellen und der Verteilung von Zuständigkeiten. Weitere technische Probleme ergeben sich beispielsweise aus der Einführung einer neuen Amtssprache, der bislang sechsten in der Gemeinschaft. Diese und ähnliche quantitative Veränderungen könnten in eine qualitative Veränderung umschlagen, wenn aufgrund der erhöhten Komplexität des institutionellen Gefüges die Bestrebungen zu einer grundsätzlichen Reform der Gemeinschaftsorgane weiter verfolgt werden. Auch im Rat werden bestimmte strukturelle Reformen unumgänglich: Im Zuge der Erweiterung wird zweifellos auch die Diskussion um die Ausdehnung des Prinzips der mehrheitlichen Beschlußfassung wieder aufleben. Wenn es auch nicht sehr wahrscheinlich ist, daß der ehemalige französische Vorschlag zur Schaffung eines dreiköpfigen EG-Direktoriums erneut aufgegriffen wird, so werden die Sachzwänge auf jeden Fall dermaßen zunehmen, daß die Suche nach neuen Lösungen, sei es im Sinne der im Tindemans-Bericht enthaltenen Vorschläge, sei es auf anderer Grundlage, bewußt und systematisch aufgenommen werden muß. Es wird sich auf keinen Fall vermeiden lassen, Überlegungen zur Anpassung der gemeinschaftlichen Institutionen an die infolge der Erweiterung veränderten Realitäten anzustellen.

Eine weitere in struktureller Hinsicht bedeutende Änderung würde sich daraus ergeben, daß durch den Beitritt Griechenlands und Spaniens die nordeuropäischen Mitgliedsstaaten ihre bisherige qualifizierte Mehrheit in der Gemeinschaft verlieren würden. Die Aufzählung jener Beschlüsse, die der Rat im Sinne von Art. 148 EWGV mit qualifizierter Mehrheit zu treffen hat[14], macht die Relevanz dieser Veränderung deutlich. Diese Verlagerung der Stimmengewichte erhält in jenen Entscheidungsbereichen eine besondere Bedeutung, in denen die größten potentiellen und effektiven Interessendivergenzen zwischen den nord- und den südeuropäischen Mitgliedsländern bestehen. In der Hauptsache handelt es sich um die Agrarpolitik, möglicherweise aber auch um andere Fragenkomplexe, etwa im Zusammenhang mit dem Einsatz einzelner gemeinschaftlicher Finanzierungsinstrumente.

Aus der Verlagerung der Stimmengewichte ergeben sich natürlich keine unmittelbaren Probleme, solange die Organe der Gemeinschaft, speziell der Rat, an das Einstimmigkeitsprinzip gebunden sind. Im Hinblick auf den gegenwärtigen Zustand der Gemeinschaft und die infolge der Erweiterung zunehmende Vielfalt ihrer Struktur ist damit zu rechnen, daß das Einstimmigkeitsprinzip nicht sehr bald aufgegeben wird. Die Frage der Stimmengewichte würde erst dann eine wichtige Rolle spielen, wenn das Mehrheitsprinzip bei den Entscheidungen der Gemeinschaftsorgane in immer weiteren Bereichen der Beschlußfassung durchgesetzt werden könnte.

In diesem Fall würde eine derartige Verlagerung der Stimmengewichte die Beschlußfassung etwa über Preise, Beihilfen, strukturpolitische Maßnahmen im Agrarbereich zugunsten der südeuropäischen Länder (einschließlich Frankreich, dessen Interessen sich in diesem Bereich weitgehend mit denen der übrigen Mittelmeerländer decken) beeinflussen.

Diese Auswirkungen auf der institutionellen Ebene haben daher nicht nur eine technische, sondern auch eine politische

---

[14] Eine Aufzählung dieser Beschlüsse in H. J. Krämer, Die Europäische Wirtschaftsgemeinschaft, Frankfurt-Berlin 1965, S. 26 ff.

Tabelle 46: Stimmengewichte in einer EG/11*

Land	Stimmengewichte		
	EG/9	EG/10	EG/11
BR Deutschland	10		
Frankreich	10		
Italien	10		
Belgien	5		
Niederlande	5		
Luxemburg	2		
Großbritannien	10		
Dänemark	3		
Irland	3		
Griechenland		5	
Spanien			9
Gesamt	58	63	72
Qualifizierte Mehrheit	41	47	54
Nördliche Mitgliedsstaaten (mit Frankreich)	48	48	48
Südliche Mitgliedsstaaten (ohne Frankreich)	10	15	24
Südliche Mitgliedsstaaten (mit Frankreich)	20	25	34

*) Berechnung auf Grund des Anteils der jeweiligen Bevölkerung an der Gesamtbevölkerung der EG bei einem gegebenen Höchstgewicht an Stimmen, Verwendung vereinheitlichender Korrekturfaktoren.

Relevanz. Dennoch dürfen aus diesen Folgeproblemen keine Argumente gegen den Beitritt einzelner Länder geschmiedet werden. Die Erweiterung, falls sie erfolgt, beruht auf einer politischen Entscheidung, in einer Situation äußerster Ungewißheit über die einzelnem Auswirkungen, deren vorläufige Formulierung die Lösung der Folgeprobleme erleichtert, nicht aber die fragliche Entscheidung präjudizieren sollte.

7. Mitgliedschaft auch in der NATO?

Unter dem außen- und sicherheitspolitischen Gesichtspunkt wäre Spaniens EG-Mitgliedschaft zweifellos ein Gewinn für Europa. Der Grund liegt einmal in der strategischen Position des Landes zwischen Mittelmeer und Atlantik, Afrika und Europa, zum anderen im traditionell guten Verhältnis Spaniens zu den arabischen und lateinamerikanischen Ländern. Außenpolitische Belastungen würden der Gemeinschaft durch Spaniens Beitritt nicht erwachsen, abgesehen vom Problem Gibraltars, das gerade aufgrund des Beitritts leichter einer für die Beteiligten akzeptablen Lösung zugeführt werden könnte.

Die Gemeinschaft hat ein außerordentliches Interesse an der politischen Stabilität im Mittelmeerraum. Dies war und ist neben dem Wunsch nach einer ausgedehnten wirtschaftlichen Kooperation das Hauptmotiv für die kontinuierliche Bestrebung der EG, die südeuropäischen Mittelmeerländer sowie die Maghreb- und Mashrek-Staaten mit einem feinmaschigen Netz von Assoziations- bzw. Präferenzabkommen an Westeuropa zu binden. Diesem Ziel entsprach auch die seit 1972 aktiv verfolgte Idee, den ganzen Mittelmeerraum zu einer umfassenden Freihandels- und Kooperationszone auszubauen. Da die Gemeinschaft weder in der Lage ist, noch die Absicht hat, im Mittelmeerraum als politische und militärische Ordnungsmacht aufzutreten, kann sie ihren Einfluß auf das Geschehen in diesem Raum nur mit den Mitteln der handelspolitischen und finanziellen Kooperation geltend machen[15]. Spaniens Vollmitgliedschaft in der EG könnte angesichts der geographischen Lage des Landes und seiner guten Beziehungen zu den übrigen Mittelmeerländern die Einflußmöglichkeiten der Gemeinschaft erweitern und zur Aufrechterhaltung der Stabilität im Mittelmeerraum beitragen.

Sicherheitspolitisch ist Spanien eine wichtige Stütze des westlichen Verteidigungsbündnisses. Obwohl nicht NATO-Mitglied, verhielt sich Spanien auch ohne formale Bindungen zur Allianz als Partner des nordatlantischen Verteidigungssystems. So wurde es auch seit 1953 von den USA behandelt. Die Verhandlungen um die Erneuerung des Stützpunktabkommens im Jahre 1975 und die von den USA gewährten massiven Hilfen und Zugeständnisse unterstreichen die Bedeutung der strategi-

---

[15] Vgl. W. Hager, Das Mittelmeer – „Mare Nostrum" Europas? in: M. Kohnstamm, W. Hager (Hrsg.), Zivilmacht Europa – Supermacht oder Partner? Frankfurt 1973, S. 233 ff.

schen Rolle, die Spanien an der Südwestflanke des europäischen Sicherheitssystems einnimmt. Im Falle einer NATO-Mitgliedschaft wäre Spaniens Beitrag zu diesem Sicherheitssystem über die strategische Position und die Stützpunkte hinaus eine gut ausgebildete, wenn auch nicht in allen Bereichen mit den modernsten Waffen ausgerüstete Armee (siehe Kasten). Am entscheidendsten ist jedoch die Kapazität Spaniens, einen großen Teil der euro-afrikanischen Grenzregion von den Balearen bis zu den Kanarischen Inseln zu überwachen. Solche Erwägungen veranlaßten auch Frankreich, seit der Zunahme der sowjetischen Präsenz im Mittelmeer, militärisch stärker mit Spanien zusammenzuarbeiten[16].

Ob jedoch Spanien die NATO-Mitgliedschaft beantragen wird, ist zumindest fraglich. Daß die USA diese Mitgliedschaft befürworten, ist immer wieder deutlich geworden, zuletzt auf der Sitzung des NATO-Rates im Dezember 1976, auf welcher der scheidende amerikanische Außenminister Kissinger erklärte: „Die Vereinigten Staaten haben Spaniens Beitritt zur NATO immer unterstützt, und dieser Schritt wird um so aktueller, je mehr sich der politische Wandel in Spanien beschleunigt . . .“[17]. Die westeuropäischen Alliierten beurteilen die Folgen einer spanischen NATO-Mitgliedschaft allerdings etwas vorsichtiger. In einigen dieser Länder geht man von der Überlegung aus, daß Spanien, besonders im Falle seines Beitritts zur EG, auch ohne formale Bindungen zur Allianz als ein zuverlässiger Verbündeter betrachtet werden kann, während sein Beitritt zur NATO von den Staaten des Warschauer Paktes als eine Verschiebung der Kräfteverhältnisse interpretiert und daher als Vorwand für unerwünschte Reaktionen genommen werden könnte. Die Entscheidung über die Frage der NATO-Mitgliedschaft müßte natürlich von Spanien selbst getroffen werden; die Meinungsbildung zu diesem Problem ist aber noch keineswegs abgeschlossen.

Es ist in der Tat nicht ganz leicht einzusehen, welche objektiven Interessen Spanien an einer Mitgliedschaft in der NATO haben könnte. Während der Franco-Ära erschien die Partnerschaft

---

[16] Ebenda.
[17] Vgl. „Cambio 16“, No. 263, 26. Dez. 1976, S. 31.

Die spanischen Streitkräfte (Aus Zusammenstellungen der spanischen Presse)

Heer (220 000)
- 1 Panzerdivision
- 2 motorisierte Infanteriedivisionen
- 1 Kavalleriedivision
- 2 Gebirgsdivisionen
- 10 unabhängige Infanteriebrigaden
- 1 Gebirgsbrigade
- 1 Luftlandebrigade
- 2 Artilleriebrigaden
- 5 Regimente der Küstenartillerie
- 3 Fremdenlegionen
- 2 Regimente in Ceuta und Melilla
- 1 Raketen-Bataillon (Boden-Luft-Raketen Typ Nike Herkules und Hawk
- 45 Panzer AMX-30, 500 M-47/48, 230 M-41, 40 AML 60/90, 70 M-3, 150 M-113
- 1000 Geschütze von 105 und 175 mm, 80 Geschütze auf Selbstfahrlafette, Mehrfach-Raketenwerfer, Panzerabwehrraketen Typ Cobra und Milan
- 550 Flugabwehrgeschütze, 12 Hubschrauber UH-1B, 16 UH-1H, 16 AB-206A, 6 CH-47C, 3 Alouette III und 6 Bell 47 G

Marine (46 600)
- 11 U-Boote
- 1 Hubschrauberträger
- 13 Zerstörer
- 13 Fregatten, 5 davon mit Raketen
- 2 Torpedoboote
- 22 Minensucher
- 21 Patrouillenboote
- 8 große Landungsboote
- 1 Verbindungsgeschwader
- 6 Hubschraubergeschwader
- 4 leichte Marineinfanterieregimente

Luftwaffe (35 700)
- 205 Kampfflugzeuge
- 5 Jagdgeschwader mit 35 F-4C, 24 Mirage IIIE, 6 IIIDE, 15 Mirage F1CE
- 1 Geschwader Jagdbomber mit 18 F-5A und 2 F-5B
- 2 Geschwader mit 40 HA-200D und 25 HA-22
- 2 Aufklärungsgeschwader, 1 mit 18 RF-5A und 2 F-5B und 1 mit 6 CASA C-212B
- 1 Marineaufklärungsgeschwader mit 11 HU-16B Albatross und 2 P-3A
- 10 Aufklärungs- und Rettungsgeschwader mit 11 AB-205, 8 HU-16A und 10 Alouette III
- 8 Transport- und Verbindungsgeschwader
- 1 Geschwader mit 10 Canadair CL-215
- 1 Geschwader mit Versorgungseinheiten, 3 KC-97
  Ausbildungs- und Übungsflugzeuge

Tabelle 47: Vergleich der Verteidigungsausgaben 1976

Länder	Mio. US $	Pro Kopf	Anteil an öffentl. Ausgaben	Anteil am BIP (1975)
USA	102 691	477	26,0	5,9
BR Deutschland	15 220	242	23,5	3,7
Großbritannien	10 734	190	11,0	4,9
Frankreich	12 857	241	20,6	3,9
Italien	3 821	68	8,6	2,6
Belgien	2 013	204	10,2	3,0
Niederlande	2 825	205	9,8	3,6
Griechenland	1 249	136	26,0	6,9
Spanien	1 766	49	15,2	1,8

Quelle: The Military Balance (1. 1. S. S.) Zit. nach Cambio 16, 268.

mit der Allianz als eine Art Eintrittskarte ins internationale Kräftefeld, die Spanien als EG-Mitglied nicht mehr benötigte. Sicherheitspolitisch erweist sich das bilaterale Bündnis mit den USA als ein Äquivalent für die NATO-Mitgliedschaft. Die Interessen an einer militärischen Zusammenarbeit mit Westeuropa korrelieren auch ohne formale Bindungen mit Westeuropas Interessen an Spaniens Partnerschaft. Aus diesen Gründen haben sich in den Reihen der politischen Gruppierungen Spaniens bislang noch keine klaren Positionen zum Thema NATO herausgebildet. Die Linksparteien neigen zu einer Ablehnung der NATO-Mitgliedschaft. Vertreter der Partido Socialista Popular (PSP) begründeten diese Haltung mit den folgenden Argumenten:[18]

– Der Beitritt zur NATO würde eine beträchtliche Erhöhung der Verteidigungsausgaben implizieren (vgl. die Zahlen der Tabelle 47.);
– Die Unabhängigkeit der spanischen Außenpolitik gegenüber den Ostblockstaaten könnte stark beeinträchtigt werden;
– Die Spannung zwischen den beiden Militärblöcken würde wachsen, was die UdSSR zu einer verstärkten Expansion in Richtung auf das Mittelmeer veranlassen könnte;
– Der Beitritt zur NATO würde sich auf die Beziehungen zwischen Spanien und den arabischen Ländern negativ auswirken.

[18] „Cambio 16", No. 265, 2. Jan. 1977, S. 38 f.

Da die Begeisterung für einen Anschluß an die NATO sich auch in den weiter rechts stehenden politischen Gruppen in gewissen Grenzen hält, wäre es verfrüht, die Ergebnisse eines Entscheidungsprozesses, der zwangsläufig erst nach der Bildung einer demokratisch legitimierten Regierung einsetzen wird, in irgendeinem Sinne vorwegzunehmen. Allein der Umstand, daß Spanien der Europäischen Gemeinschaft beitritt, impliziert eine Stärkung der strategischen Position Westeuropas und eine Intensivierung der mehr oder weniger formalisierten Zusammenarbeit zwischen Spanien und der Allianz auf sicherheitspolitischem Gebiet. Dadurch würde sich auch für Spanien die Möglichkeit eröffnen, nach einer jahrzehntelangen Quasi-Quarantäne auf dem politischen Kräftefeld Europas wieder eine Rolle zu spielen, die seiner wirtschaftlichen, politischen und strategischen Bedeutung angemessen ist.

VIII. Eine Zwischenbilanz

1. Die Interessenlage der Beteiligten

Die Beitrittsverhandlungen werden trotz der zu erwartenden grundsätzlichen Zustimmung seitens der Regierungen der EG-Länder nicht ganz problemlos verlaufen. Daß die Spanier ziemlich schwierige Gesprächspartner sind, hat sich bereits im Laufe der Verhandlungen über das Präferenzabkommen und dessen Erweiterung gezeigt. Die eigentlichen Verhandlungsschwierigkeiten werden aber vielmehr darin liegen, daß die Gemeinschaft wahrscheinlich nicht in der Lage sein wird, gegenüber Spanien eine eindeutige und einheitliche Verhandlungsposition einzunehmen. Dazu sind die Interessen der einzelnen Mitgliedsstaaten viel zu heterogen und teilweise auch in sich widersprüchlich.

Relativ konsistent ist die Interessenlage der Bundesrepublik Deutschland. Die Bundesregierung hat bei verschiedenen Gelegenheiten, so auch anläßlich der Besuche der spanischen Minister Areilza und Oreja, ihre Absicht deutlich werden lassen, im Falle der Erfüllung der politischen Voraussetzungen den Beitrittsantrag Spaniens zu unterstützen. Sowohl unter außen- und sicherheitspolitischen als auch unter handelspolitischen Gesichtspunkten ist die Bundesrepublik als wichtigster Lieferant von Industrieerzeugnissen aus der EG und insgesamt drittwichtigster (nach den USA und Saudi-Arabien) Handelspartner Spaniens am Beitritt dieses Landes zur Gemeinschaft interessiert. Von den Folgeproblemen dieses Beitritts im Agrarbereich würden die deutschen Erzeuger nicht direkt betroffen; indirekt würden jedoch diese Folgeprobleme zusätzliche finanzielle Lasten für die Bundesrepublik bedeuten.

Komplizierter und zugleich widersprüchlicher ist die Haltung Frankreichs und Italiens. Beide Länder erhoffen sich von Spaniens Beitritt politische Vorteile, insbesondere im Zusammenhang mit der Stärkung der Position Südeuropas gegenüber Nordeuropa; beide befürchten zugleich den Wettbewerbsdruck Spaniens im landwirtschaftlichen Bereich. Frankreichs Interessenlage ist ganz besonders gespalten. Es erscheint beinahe paradox, daß, während gegenwärtig gerade der französische Präsident Giscard d'Estaing mit der größten Sympathie die spanischen Beitrittsabsichten unterstützt, die französischen Interessenverbände die Öffentlichkeit und die Regierung mit aller Entschlossenheit gegen diesen Beitritt zu mobilisieren versuchen (siehe die zitierte CNJA-Studie). Politisch ist Frankreich durchaus an besseren Beziehungen mit Spanien interessiert. Die gemeinsame Grenze, die strategische Position Spaniens zwischen Frankreich und Nordafrika, die gemeinsame Gefahr des baskischen Extremismus, die Übermacht der nordeuropäischen Länder in der EG und die Aussicht, dieser Präponderanz ein „lateineuropäisches" Gegengewicht unter französischer Führung entgegenzusetzen, sind wichtige Motive für Frankreich, eine engere Zusammenarbeit mit Spanien zu suchen und zugleich mäßigend auf die politische Entwicklung hinter den Pyrenäen einzuwirken. Auf der anderen Seite bezeichnen die mächtigen französischen Bauernverbände all diejenigen Entscheidungsträger, die für den EG-Beitritt Spaniens plädieren, als „Totengräber des grünen Europas". Die Madrider liberale Zeitschrift Cambio 16 kolportiert den französischen Landwirtschaftsminister Bonnet:" Es sollen nicht die Bauern sein, die die zerbrochenen Teller aus der Erweiterung des Gemeinsamen Marktes bezahlen"[1]. Die Erklärungen der Widersprüche sind emsichtig; es wird aber Frankreich, wie auch Italien, schwer fallen, angesichts der notwendigen innenpolitischen Rücksichtnahmen eine klare und eindeutige Haltung zum Beitrittsantrag Spaniens einzunehmen. Es ist daher zu erwarten, daß die

[1] „Cambio 16", No. 245, 16. 8. 1976, S. 34.

Beitrittsverhandlungen durch einen Katalog von französischen und italienischen Forderungen nach Kompensationen, höheren Preisen und Beihilfen oder verbesserten Garantien und sonstigen Marktordnungsregelungen im landwirtschaftlichen Bereich belastet werden.

Bezüglich der britischen Haltung liegen die Probleme eher in umgekehrter Richtung. Großbritannien neigt im politischen Bereich zu einer gewissen Zurückhaltung, die Interessen im Bereich des Handels dagegen sprechen für eine möglichst baldige Liberalisierung der Beziehungen mit Spanien. Einerseits sind die Briten die wichtigsten Abnehmer der spanischen Agrarexporte innerhalb der EG, andererseits erhoffen sie sich von einer Liberalisierung gute Chancen für den Export ihrer Industrieerzeugnisse nach Spanien. Ihre politischen Bedenken, die eigentlich die Kehrseite der französischen Hoffnungen darstellen, werden auch von Dänemark und den Niederlanden geteilt; im Falle Hollands kommen noch Wettbewerbsprobleme im Agrarbereich hinzu. Ob und in welchem Maße die politischen Vorbehalte Nordeuropas durch die Demokratisierung in Spanien beseitigt werden können, ist angesichts der Imponderabilien dieser Entwicklung nicht voraussehbar.

Für Griechenland haben Spaniens Beitrittsabsichten zwei problematische Aspekte. Erstens handelt es sich um direkte, wenn auch begrenzte Konkurrenzprobleme auf dem europäischen Agrarmarkt (Frischobst, Frischgemüse, Olivenöl, usw.). Zweitens werden die Verhandlungen mit Griechenland vermutlich schwieriger verlaufen, als es vom eigentlichen Sachverhalt her angemessen wäre: Für die Kommission steht nämlich ständig die Frage im Hintergrund, ob und wie weit bestimmte Verhandlungsergebnisse Präzedenzcharakter für die späteren Verhandlungen mit Spanien haben könnten. Obwohl Griechenlands Beitritt, für sich genommen, keine entscheidenden Veränderungen im Gemeinsamen Markt bewirken würde, wollen einige Mitgliedsstaaten mit Blick auf Spaniens Schatten eine Veränderung der Marktordnungen für kritische Produkte noch vor dem griechischen Beitritt durchsetzen.

Auch die Position der USA ist vielschichtig. In ihren Beziehungen zur Europäischen Gemeinschaft waren die Vereinigten

Staaten von Anfang an bereit, „einen gewissen wirtschaftlichen Preis für die Stärkung ihrer europäischen Verbündeten zu zahlen"[2]. Gleichzeitig versuchte aber die amerikanische Politik, besonders im Rahmen der GATT-Verhandlungen, Druck auf die EG im Interesse einer weiteren Liberalisierung auszuüben. Die Erweiterung der Gemeinschaft durch Großbritannien, Irland und Dänemark, sowie die Schaffung der Freihandelszone zwischen EG und EFTA haben sich aufgrund von Handelsumlenkungseffekten negativ auf den Handel zwischen den USA und der EG ausgewirkt, wenn auch die USA vom Beitritt Großbritanniens neue Impulse für eine nach außen offenere Wirtschaftspolitik in der EG erwarten[3]. Spaniens Beitritt dürfte den Vereinigten Staaten keine besonderen Sorgen bereiten: Erstens ist Spanien auf absehbare Zeit auf die landwirtschaftlichen Importe aus den USA angewiesen, zweitens hätte der EG-Beitritt im industriellen Bereich eine Anpassung der spanischen Zollsätze an den GZT und damit eine erhebliche Zollsenkung zur Folge, die trotz möglicher Handelsumlenkungseffekte zugunsten der EG-Länder auch die Exportchancen von Drittländern nach Spanien verbessert, und drittens schließlich haben die USA mit Hilfe von Direktinvestitionen ihre Position auf dem spanischen Markt ohnehin schon gefestigt. In Anbetracht dieser Umstände und des amerikanischen Interesses an einem möglichst großen, politisch homogenen, wirtschaftlich heterogenen Europa fallen begrenzte Konkurrenzprobleme mit Spanien (z. B. Orangen) kaum ins Gewicht.

Diese Vielfalt von Interessen wird natürlich den Ablauf der Beitrittsverhandlungen beeinflussen. Besonders die Aushandlung der Übergangsregelungen wird aufgrund der bestehenden Interessengegensätze viele Schwierigkeiten zu bewältigen haben. Von den politischen Überlegungen der einzelnen Mitgliedsstaaten abgesehen und davon ausgehend, daß über die positive Entscheidung zum Beitrittsantrag Spaniens eine Übereinstimmung innerhalb der Gemeinschaft besteht, könnten die

---

[2] M. E. Kreinin, US Trade Interests and the EEC Mediterranean Policy, in: A. Shlaim, G. N. Yannopoulos (ed.), The EEC and the Mediterranean Countries, London – New York – Melbourne 1976, S. 34 f.

[3] Ebenda.

wirtschaftlichen Interessen der wichtigsten Beteiligten hinsichtlich der Dauer der Übergangsperiode durch die folgende synoptische Darstellung verdeutlicht werden:

Übergangszeit:		Übergangszeit: Industrie	
		kurz	lang
Landwirtschaft	kurz	BR Deutschland Großbritannien	Spanien
	lang	Niederlande Frankreich Italien	

Spanien selbst ist natürlich an einer kurzen Übergangsphase im
landwirtschaftlichen und an einer langen im industriellen Bereich interessiert. Frankreich und Italien werden dem Beitritt
Spaniens höchstwahrscheinlich nur unter der Bedingung langer
Übergangszeiten im Agrarbereich zustimmen. Die Bundesrepublik Deutschland hätte aufgrund ihrer wirtschaftlichen Interessen keine besonderen Bedenken gegen die Aushandlung kurzer Übergangszeiten in beiden Bereichen; sie wird aber aus
politischen und vermutlich auch finanziellen Erwägungen gewisse Rücksichten auf die französischen und italienischen
Wünsche nehmen müssen. Genauere Prognosen bezüglich der
Ergebnisse der Beitrittsverhandlungen sind weder möglich
noch sinnvoll; anderenfalls bräuchten diese Verhandlungen gar
nicht erst stattzufinden.

2. Vorteile und Belastungen: eine Synopse

Hinter Spaniens Beitrittsabsicht stehen natürlich auch unmittelbare politische und wirtschaftliche Motive. Aber die Entscheidung für Europa ist zugleich und in erster Linie der Ausdruck
eines historischen Wandels in Spaniens Selbstverständnis, dessen Bedeutung über die Verfolgung greifbarer politischer und
wirtschaftlicher Interessen weit hinausgeht. Spaniens Beitrittsabsicht zeigt die Auflösung eines Identitätskonfliktes, der seit

1898 durch die unentschiedene Frage, Hispanität oder Europa, gekennzeichnet war.

Sowohl die politischen als auch die wirtschaftlichen Motive laufen darauf hinaus, das Land aus seiner jahrzehntelangen Isolierung herauszureißen und es in die Gruppe der westeuropäischen Industrienationen zu integrieren. Innenpolitisch wird vom Beitritt zur EG die Konsolidierung der Demokratie erwartet. Außenpolitisch sucht Spanien den Anschluß an Europa und damit die Möglichkeit, auf dem Feld der internationalen Beziehungen eine Rolle zu spielen, deren Bedeutung den eigenen Ansprüchen angemessen ist. Auch die wirtschaftlichen Motive entspringen dem Wunsch, die bisherige Isolierung aufzuheben. Spanien ist weder EFTA-Mitglied, noch Assoziierter der EG. Das Präferenzabkommen ist eine relativ lockere und auf sehr enge Beziehungsfelder beschränkte Verbindung mit der Gemeinschaft. Kein anderes Land in Westeuropa partizipiert an den europäischen Freihandelssystemen in einem so geringen Maße wie Spanien. Diese relative handels- und wirtschaftspolitische Isolierung wiegt für Spanien umso schwerer als es sowohl im landwirtschaftlichen als auch im industriellen Bereich über gute Voraussetzungen für eine intensivere Beteiligung an der Weltwirtschaft und am Welthandel verfügt. Von einer intensiveren Beteiligung erhofft sich das Land kräftige Impulse für die Weiterentwicklung seiner Wirtschaft.

Aus all diesen Gründen hat Spanien am Beitritt zur EG ein existentielles Interesse. In der gegenwärtigen Situation und nach Ansicht aller relevanten politischen Kräfte des Landes ist dieser Schritt für Spaniens künftige außenpolitische und außenwirtschaftliche – aber auch interne – Orientierung die einzig denkbare Alternative.

Dieser Schritt bringt für alle Beteiligten bestimmte Vorteile und bestimmte Belastungen mit sich. Eine Kosten-Nutzen-Analyse im strengen Sinne kann aus den weiter oben ausführlich dargestellten Gründen dennoch nicht erstellt werden. In den vorangegangenen Kapiteln wurden zwar einige Quantifizierungsversuche unternommen, wenn auch mit den gebotenen Vorbehalten. Aber gerade die entscheidenden Variablen entziehen sich einer genaueren Berechnung. Aus diesem Grund beschränkt sich diese Zusammenfassung auf die qualitative Aufzählung der wichtigsten Vorteile und Belastungen, die sich in den verschiedenen Integrationsbereichen einmal für das Beitrittsland Spaniens, zum anderen für die Gemeinschaft ergeben.

In der Tabelle 48 werden diese Vorteile und Belastungen, die in den einzelnen Abschnitten dieser Studie bereits ausführlicher dargestellt wurden, noch einmal in Stichworten aufgezählt. Die einzelnen Kategorien von Vor- und Nachteilen lassen sich nicht gegeneinander aufwägen; sie verdeutlichen nur die Bandbreite, nicht aber das Gewicht der Argumente. Es zeigt sich, daß die Probleme, die infolge des Beitritts auftreten, nicht so geringfügig sind, wie Spanien es sieht oder zuzugeben bereit ist, aber vielleicht auch nicht so dramatisch in ihren Dimensionen, wie es in einzelnen Kreisen der Gemeinschaft befürchtet wird. Zur richtigen Gewichtung fehlt hier die Zeitperspektive; bestimmte Auswirkungen, die kurzfristig als Belastung erscheinen, könnten sich längerfristig als Vorteile erweisen, und umgekehrt. Wenn beispielsweise die mit Spaniens Beitritt verbundenen Schwierigkeiten im landwirtschaftlichen Bereich in der Gemeinschaft neue Impulse für eine bessere Bewältigung der gemeinsamen agrarpolitischen Probleme auslösen sollten, dann werden diese Schwierigkeiten letztlich ihren Nutzen für alle gehabt haben. Mit Sicherheit ist jedoch zu erwarten, daß eine um Griechenland, Spanien und vermutlich auch Portugal erweiterte Europäische Gemeinschaft in eine schwierige Phase ihrer eigenen Entwicklung, eine Phase der Assimilationen und Übergänge, eintreten wird.

Aus der Perspektive Spaniens überwiegen die Vorteile, wenn auch die frühere Euphorie im Zuge der Auseinandersetzung mit den möglichen Folgen und Problemen der EG-Mitgliedschaft einer realistischeren Einschätzung gewichen ist. Vom Beitritt erwartet das Land vor allem die Öffnung des europäischen Agrarmarktes für seine landwirtschaftlichen Erzeugnisse. Daraus ergibt sich einerseits die Verbesserung der Handelsbilanz, andererseits die Übernahme der Interventionskosten und Produktionsbeihilfen durch den Gemeinschaftshaushalt. Darüber hinaus kann sich Spanien relativ hohe Zuwendungen aus dem Ausrichtungsfonds des EAGFL ausrechnen. Ob allerdings die

Tabelle 48: Überblick über die positiven und negativen Effekte des Beitritts Spaniens jeweils für Spanien und die Gemeinschaft (Qualitative Synopse)

Bereiche	Für Spanien		Für die EG	
	Nutzeneffekte	Belastungen	Nutzeneffekte	Belastungen
Landwirtschaft	– Bessere Exportchancen für wettbewerbsfähige Produkte – Preisgarantien und Subventionen – Zuweisungen aus dem EAGFL	– Möglicher Stabilisierungseffekt auf die Agrarstrukturen – Im Falle einer Strukturreform: erhebliche finanzielle Belastungen		– Wettbewerb mit einigen Produkten der Altmitglieder – Überschüsse (Interventionen) – Hohe Ausgaben EAGFL – Evtl. Ausnahmeregelungen und Kompensationsforderungen
Industrie	– Dynamische Integrationseffekte: Massenproduktionsvorteile – Bessere Exportchancen für einzelne Produkte – Strukturanpassung durch stärkere Verflechtung mit der Weltwirtschaft – Investitionsanreize (?) – Technologietransfer, industrielle Kooperation	– Starker Konkurrenzdruck auf die heimische Industrie – Überlebensprobleme für einen Teil der kleinen und mittleren Betriebe – Beschäftigungsprobleme – Zahlungsbilanzprobleme durch verstärkte Importe	– Bessere Exportchancen für Industrieerzeugnisse der EG-Länder nach Spanien – Verbesserter Zugang zu einem expansiven Binnenmarkt – Verstärkte industrielle Kooperation	– Begrenzter Konkurrenzdruck Spaniens in einigen „sensiblen" Bereichen
Freizügigkeit der Arbeitskräfte	– Begrenzte Entlastung des Arbeitsmarktes – Überweisungen	– Begrenzter Verlust von Ausbildungskapital: mögliche Engpässe im Angebot an qualifizierten Fachkräften		– Belastung des Arbeitsmarktes

Bereiche	Für Spanien		Für die EG	
	Nutzeffekte	Belastungen	Nutzeffekte	Belastungen
Außenhandelspolitik gegenüber Drittländern		– Übernahme des Systems der Allgemeinen Präferenzen, der Präferenzabkommen der EG, des Lomé-Abkommens und anderer Verträge der Gemeinschaft (z.B. EFTA)	– Einige Vorteile etwa für den Handel mit lateinamerikanischen Ländern	– Einengung des außenhandelspolitischen Spielraumes mit anderen Mittelmeerländern – Mögliche finanzielle kompensationsforderungen seitens Drittländer
Gemeinschafts-Institutionen	– Mitsprache bei politischen und wirtschaftlichen Beschlüssen			– Erhöhung der Interessenvielfalt in der EG: Erschwerung der gemeinsamen Beschlußfassung – Komplizierung der institutionellen Strukturen
Finanzielle Zusammenarbeit	– Zugang zu EIB-Mitteln und bilateralen Krediten			– Netto-Ressourcen-Transfer zugunsten Spaniens (Haushalts- und andere Mittel)
Außen- und Sicherheitspolitik	– Innenpolitisch: Absicherung des Demokratisierungsprozesses – Eingliederung in das politische und wirtschaftliche System Westeuropas (evtl. Mitgliedschaft in der NATO)		– Politische Stabilisierung in Südeuropa und dem Mittelmeerraum – Sicherung der Südwestflanke des Verteidigungsbündnisses – Brückenkopf in den Beziehungen zu afrikanischen und lateinamerikanischen Ländern	

positiven Effekte der verbesserten Exportchancen der landwirtschaftlichen Produkte für die Handelsbilanz die negativen Effekte eines erwartungsgemäß steigenden Importdruckes im industriellen Bereich überkompensieren werden, hängt teils von den Exportchancen für Industrieerzeugnisse, teils von den allgemeinen wirtschaftlichen Wachstumstendenzen in Spanien *und* in Europa ab. Im industriellen Bereich kann Spanien mit einiger Wahrscheinlichkeit zollinduzierte Exportsteigerungen in die EG-Länder erzielen. Diese Chance gilt in erster Linie für die bereits bestehenden, technologisch gut ausgerüsteten Exportindustrien, besonders für den Fall, daß es in diesen Industriezweigen gelingt, sich auf breiter Basis intrasektoral auf die Herstellung spezifischer, wettbewerbsfähiger Erzeugnisse zu konzentrieren. Aber auch die traditionellen Industrien (Nahrungsmittel, Textil und Bekleidung, Leder) dürften ihre Exportchancen verbessern.

In finanzieller Hinsicht wäre das Land Nettoempfänger von Mitteln des Gemeinschaftshaushalts und es hätte den Zugang zu den Mitteln der Europäischen Investitionsbank. Auch die Aussichten auf eventuelle Währungsbeistandskredite und andere bilaterale Finanzhilfen würden sich entscheidend verbessern. Ein weiterer Vorteil wäre die Freizügigkeit der spanischen Wanderarbeitnehmer im EG-Raum, was einer Gleichstellung der spanischen Emigranten mit den Staatsangehörigen der EG-Länder gleichkäme und zur partiellen Entlastung des nationalen Arbeitsmarktes beitragen würde. Aus politischer Sicht wäre einer der wichtigsten Vorteile das volle Mitspracherecht Spaniens bei den Entscheidungen der Gemeinschaft, insbesondere in jenen Bereichen, die für Spaniens Interessen von außergewöhnlicher Bedeutung sind: in der Gestaltung der künftigen Agrar- und Präferenzpolitik der Gemeinschaft.

Negative Wirkungen kann der EG-Beitritt für die nicht-wettbewerbsfähigen kleinen und mittleren Industrien erzeugen. Da die Liberalisierung des Handels vermutlich einen großen Importdruck zur Folge haben wird, der zu nicht unerheblichen Produktionseinschränkungen führen kann, besteht für einen Teil dieser Industriebetriebe eine reale Verdrängungsgefahr. Einem Teil der kleineren und mittleren Betriebe mag es gelin-

gen, entweder durch Zusammenschlüsse bessere Konkurrenz-
bedingungen zu erreichen oder sich auf die Zulieferung für die
Produktion der größeren, wettbewerbsfähigen Unternehmungen zu spezialisieren, aber ein Teil der Kleinindustrie dürfte
zweifellos auf der Strecke bleiben. Dies impliziert zugleich die
Verschärfung der heute schon gravierenden Beschäftigungsprobleme.

Aus der Perspektive der Gemeinschaft hängt die Beurteilung
der mit Spaniens Beitritt verbundenen Vorteile und Belastungen einerseits von der Fristigkeit der Betrachtung, andererseits
von der Gewichtung der politischen und wirtschaftlichen Gesichtspunkte ab. Kurzfristig und in wirtschaftlicher Hinsicht
überwiegen die Probleme; längerfristig und in politischer Hinsicht dürfte Spaniens EG-Mitgliedschaft für ganz Europa von
Vorteil sein.

Wirtschaftlich liegt der wichtigste Vorteil für die EG, insbesondere für die exportorientierten Mitgliedsstaaten, auf dem expandierenden und kaufkräftigen spanischen Binnenmarkt. Spanien verfügt außerdem über beachtliche Rohstoffvorkommen,
es bietet gute Möglichkeiten für die künftige industrielle Kooperation und es stellt einen strategisch bedeutenden Brücken-
kopf für die künftigen Beziehungen der Gemeinschaft zu den
Ländern Afrikas, Lateinamerikas und dem Mittelmeerraum
dar. Politische Vorteile ergeben sich aus der stabilisierenden
Wirkung des Beitritts sowohl auf die innenpolitische Situation
in Spanien als auch auf die globalen politischen Kräfteverhältnisse im Mittelmeerraum.

Die Belastungen für Europa wurden in den einzelnen Kapiteln
dieser Studie ausführlich diskutiert. Die wichtigsten Bereiche,
in denen Spaniens Beitritt Probleme für die EG verursachen
kann, sind die Struktur-, Agrar- und Präferenzpolitik. Die
Gemeinschaft wird heterogener, die Kluft zwischen Reichen
und Armen innerhalb der EG vertieft sich, die strukturellen
Ungleichgewichte werden größer. Die Interessengegensätze
werden zu-, die Chancen eines wirksamen Finanzausgleichs
abnehmen; der Integrationsfortschritt wird in manchen Bereichen problematisch und die Wahrscheinlichkeit wächst, daß die
Ausnahmen von der Regel zu einer Regel von Ausnahmen

werden. Im institutionellen Bereich könnte sich die zunehmende Interessenvielfalt in einer Erschwerung oder zumindest Komplizierung des gemeinsamen Entscheidungsprozesses auswirken. Die für die EG schmerzhafteste, weil unmittelbar durchschlagende Belastung wird in der Landwirtschaft zu erwarten sein: Spaniens Agrarproduktion und -export bedeuten für Frankreich und Italien (in geringerem Maße auch für einige andere Mitgliedsstaaten) einen direkten Konkurrenzdruck, für den EG-Haushalt die finanzielle Last vermehrter Interventionen und für die Gemeinschaft insgesamt eine Erhöhung des Selbstversorgungsgrades im Falle mediterraner Erzeugnisse, mit der Konsequenz einer starken Einengung des handelspolitischen Spielraumes gegenüber Drittländern im allgemeinen und den Mittelmeerländern im besonderen.

Die Lösung dieser Probleme erfordert sowohl von Spanien als auch von der Gemeinschaft ein erhebliches Maß an Mut zu Alternativen, Einsicht und Kompromißbereitschaft; Voraussetzungen für eine ausgewogene Verteilung der beiderseitigen Nutzen und Lasten der Erweiterung.

3. Notwendig: Eine Übergangsphase für die ganze EG

Unter den gegenwärtigen Umständen hat Spanien weder wirtschaftlich noch politisch eine Alternative zur EG-Mitgliedschaft. Die Gemeinschaft kann sich zwar aus politischen Gründen dem spanischen Beitrittswunsch nicht verschließen, aber wirtschaftlich sitzt sie am längeren Hebel. Es handelt sich um ein asymmetrisches Machtverhältnis; die Gemeinschaft hat im Prinzip weitaus bessere Chancen als Spanien, im Laufe der Beitrittsverhandlungen die eigenen Interessen zu wahren und die eigenen Bedingungen durchzusetzen. Diese Asymmetrie müßte jedoch zumindest teilweise durch die Einsicht ausgeglichen werden, daß es im langfristigen Eigeninteresse der Gemeinschaft liegt, wirtschaftlich starke und politisch stabile Mitglieder zu haben. Da die Strukturschwächen einzelner Mitglieder permanente Probleme und Belastungen für die Gesamtheit bedeuten, sollte der Aufwand, der mit der Beseitigung solcher

Schwachstellen verbunden ist, als eine Investition in die Zukunft der Gemeinschaft betrachtet werden.

Die Erfahrung zeigt, daß die gegenwärtig verfügbaren Instrumente des innergemeinschaftlichen Finanzausgleichs zur Behebung der Probleme des strukturellen Ungleichgewichts in der EG nicht ausreichen. Ein Beispiel ist der Saldo der Ein- und Auszahlungen des EAGFL (Abt. Garantie). Bis 1975 war Italien, neben Irland das bedürftigste Mitgliedsland der Gemeinschaft, Nettozahler des Fonds, dessen Verteilung vor allem die beiden kleinen und reichen Länder Dänemark und die Niederlande begünstigte. Im Jahre 1975 erhielt zwar Italien 279 Millionen DM netto aus dem Fonds, aber der Hauptbegünstigte war wiederum Dänemark mit 852 Millionen. Aber selbst jene Mittel, deren Hauptverwendungszweck im Ausgleich der innergemeinschaftlichen strukturellen Ungleichgewichte besteht, vermochten keine Nivellierungstendenzen herbeizuführen. Im Gegenteil; viele Anzeichen sprechen dafür, daß der Abstand zwischen den reichen und den armen Regionen innerhalb der EG trotz hoher Mittelzuweisungen des Regionalfonds und der EIB eher größer als kleiner geworden ist. Der erste Jahresbericht der Kommission über die Tätigkeit des Regionalfonds stellt fest: „Beim Pro-Kopf-Einkommen hat sich in den letzten fünf Jahren der Abstand zwischen den einzelnen Gemeinschaftsländern auffällig vergrößert[4]."

Tabelle 49: Prozentuale Abweichung einzelner Mitgliedsstaaten vom durchschnittlichen Pro-Kopf-Einkommen in der EG in den Jahren 1970 und 1975

Mitgliedsstaat	1970	1975
Irland	53,6	48,0
Italien	70,3	60,1
Großbritannien	88,8	77,7
Dänemark	128,7	136,2
BR Deutschland	124,5	130,7

Quelle: Jahresbericht der Kommission über die Tätigkeit des Regionalfonds, 1975.

[4] EG-Kommission, Erster Jahresbericht ... a. a. O., S. 3.

Die Tabelle 49 zeigt deutlich die Vergrößerung der innergemeinschaftlichen Disparitäten. Mit Hilfe ganz anderer Daten kam auch Balassa zur gleichen Schlußfolgerung[5]. Es ist daher anzunehmen, daß auch im Falle Spaniens der in den letzten fünfzehn Jahren beobachtete Prozeß der regionalen Konzentration der industriellen Entwicklung, sowohl auf nationaler Ebene als auch im Verhältnis zu den reicheren Ländern der Gemeinschaft, weiter fortschreiten würde. Das aktuelle System des Finanzausgleichs wird mit größter Wahrscheinlichkeit nicht jene Effekte bewirken, die erforderlich wären, um die Produktionsstrukturen eines teilindustrialisierten südeuropäischen Landes auf das Niveau in den entwickelteren Regionen Westeuropas zu heben. Die in der Präambel des EWG-Vertrages aufgestellte Forderung, „den Abstand zwischen einzelnen Gebieten und den Rückstand weniger begünstigter Gebiete zu verringern," scheint mit Hilfe des verfügbaren Instrumentariums nicht erfüllbar zu sein. Damit die gegenwärtig bestehenden Disparitäten, die den weiteren Fortschritt in Richtung auf die wirtschaftliche Integration blockieren, nicht verewigt oder sogar noch verschärft werden, wird die Gemeinschaft früher oder später gezwungen sein, die Suche nach neuen, wirksameren Instrumenten der Strukturangleichung aufzunehmen.

Ein möglicher Katalog von zusätzlichen finanziellen und strukturpolitischen Maßnahmen müßte auf jeden Fall die folgenden Elemente enthalten:

– Erweiterung des verfügbaren Volumens an Finanzmitteln durch Aufstockung der einzelnen Gemeinschaftsfonds sowie Entwicklung neuer Instrumente des Ressourcentransfers für strukturschwache Länder;
– Formulierung einheitlicher Kriterien für die regionale Allokation jener Mittelzuweisungen, die an Einzelvorhaben gebunden sind, um dadurch die Voraussetzungen für den Übergang von einer intranationalen Regionalpolitik der einzelnen Mitgliedsstaaten zu einer gemeinsamen, innergemeinschaftlichen Regionalpolitik zu schaffen;
– Entwurf einer gemeinschaftlichen Industriepolitik, die besondere Strategieelemente für die Industrialisierung der weniger entwickelten EG-Länder enthält. Es handelt sich um eine Politik, die den ärmeren Mitgliedsstaaten der Gemeinschaft sowohl die Vorteile einer gezielten

---

[5] Vgl. B. Balassa (ed.), European Economic Integration, Amsterdam – Oxford 1975, S. 285 ff.

Vorzugsbehandlung bei industrieller Kooperation einräumt als auch die Möglichkeit für die Entwicklung neuer, wettbewerbsfähiger Industrien zugesteht;

- Vertiefung der technischen, technologischen und finanziellen Zusammenarbeit im Industriebereich zwischen Ländern mit höherem und niedrigerem Entwicklungsniveau.

Der an dritter Stelle angeführte Vorschlag geht über die gegenwärtigen Rahmenvorstellungen zu einer gemeinschaftlichen Industriepolitik weit hinaus[6]. Da aber die wirtschaftliche Integration im Falle von Ländern mit stark divergierendem industriellem Entwicklungsniveau nicht möglich zu sein scheint, zumindest aber problematisch ist, liegt es im Gesamtinteresse der Gemeinschaft, mittelfristige Belastungen für längerfristige Vorteile einzutauschen. Aus diesem Grund müßten Maßnahmen getroffen werden, die den strukturschwachen Ländern den Ausbau einer modernen, technologisch gut ausgerüsteten und qualitativ hochwertigen Industrieproduktion ermöglichen. Ohne solche Maßnahmen würde der freie Wettbewerb die weniger entwickelten Mitgliedstaaten mehr oder weniger auf ihr gegenwärtiges Industrialisierungsniveau fixieren. Die Chance für diese Länder, sich im Industriebereich intrasektoral zu spezialisieren und dadurch die Wettbewerbsfähigkeit ihrer Erzeugnisse zu steigern, setzt eine mittelfristige Toleranz der stärkeren Partner gegenüber den nationalen Schutz- und Förderungsmaßnahmen für die industrielle Weiterentwicklung der schwächeren voraus. In diesem Zusammenhang kann auch darauf hingewiesen werden, daß die beste Agrarpolitik die Industrialisierung ist: Die Stärkung der verarbeitenden Sektoren ist zugleich ein potentieller Beitrag zur Lösung mancher Strukturprobleme in der Landwirtschaft.

Welche Maßnahmen die Gemeinschaft auch ergreifen wird, um die mit der Erweiterung zusammenhängenden Probleme zu bewältigen, sie wird sich auf eine längere Periode interner Anpassungsprozesse und Ausnahmeregelungen einstellen müssen. Spanien ist nicht der einzige Beitrittskandidat: Über Griechenlands Antrag wird bereits verhandelt und Portugals Auf-

---

[6] Vgl. EG-Kommission, Die Industriepolitik der Gemeinschaft, Memorandum der Kommission an den Rat, Brüssel 1970.

nahmeantrag liegt seit Ende März 1977 auf dem Tisch. Die jeweilige Dauer der Beitrittsverhandlungen kann auf ungefähr drei Jahre geschätzt werden. Die Übergangsphasen für Griechenland und Spanien dürften fünf oder auch mehr Jahre betragen; im Falle Portugals wird in Brüssel mit mindestens zehn Jahren gerechnet. Daraus folgt, daß sich die Gemeinschaft bis etwa 1990 oder sogar darüber hinaus in einer Phase befinden wird, in der ein Integrationsfortschritt zu einer Wirtschafts- und Währungsunion entweder überhaupt nicht, oder nur um den Preis der Entstehung eines „Zweiklassen-Europas" stattfinden kann. Werden in dieser Periode keine neuen, wirksamen Maßnahmen zur Anpassung des wirtschaftlichen Entwicklungsstandes der Beitrittsländer an den höheren EG-Standard ergriffen, dann wird sich ein Integrationsrückschritt in Richtung auf eine Freihandelszone kaum vermeiden lassen. Wird die EG hingegen die erforderlichen Anstrengungen unternehmen, dann muß sie sich auf finanzielle Belastungen, wirtschafts- und handelspolitische Ausnahmeregelungen und manch andere Opferleistungen vorbereiten. In beiden Fällen steht der Gemeinschaft eine Periode tiefgreifender quantitativer und qualitativer Veränderungen, eine „Übergangsphase", bevor.

Spanien (wie auch Griechenland und Portugal) wird auf entsprechende Eigenanstrengungen im Interesse der Anpassung und Harmonisierung nicht verzichten können, wenn es in der Tat meint, was es behauptet, daß nämlich seine Entscheidung für Europa nicht zur Schwächung, sondern zur Stärkung jener Gemeinschaft führen soll, der es angehören will.

Abkürzungsverzeichnis

AKP	Afrikanische, karibische und pazifische Staaten (die im Rahmen des Lomé-Abkommens mit der Europäischen Gemeinschaft assoziiert sind)
BIP	Bruttoinlandsprodukt
CdE	Circulo de Economía (Gesellschaft für Wirtschaftsstudien in Barcelona)
CNJA	Conseil National de Jeunes Agriculteurs (französischer Interessenverband von Landwirten)
EAGFL	Europäischer Ausrichtungs- und Garantiefonds für die Landwirtschaft
EFTA	European Free Trade Association
EG	Europäische Gemeinschaft
EGKS	Europäische Gemeinschaft für Kohle und Stahl
EIB	Europäische Investitionsbank
EWGV	EWG-Vertrag (Römische Verträge)
FORPPA	Fondo de Organización y Regulación de los Precios y Productos Agrarios (spanischer Agrarfonds)
GATT	General Agreement on Tariffs and Trade
GSP	General Scheme of Preferences (Allgemeine Zollpräferenzen)

GZT	Gemeinsamer Außenzolltarif der Europäischen Gemeinschaft
INC	Instituto Nacional de Colonización
INE	Instituto Nacional de Estadística
INI	Instituto Nacional de Indústria
ICGI	Impuesto de Compensación de Gravamenes Interiores a la Importación (Import-Ausgleichssteuer)
OECD (früher OEEC)	Organization of Economic Cooperation and Development
PCE	Partido Comunista Español (Kommunistische Partei Spaniens)
PSOE	Partido Socialista Obrero Español (Spanische Sozialistische Arbeiterpartei, Mitglied der Sozialistischen Internationale)
RE	Rechnungseinheit (der Europäischen Gemeinschaft)
SAEG	Statistisches Amt der Europäischen Gemeinschaft
SENPA	Servicio Nacional de Productos Agrarios (Agentur für die Landwirtschaft, im Auftrag des FORPPA)
SVG	Selbstversorgungsgrad

Ausgewählte Literatur

1. *J. M. Alvarez de Eulate*, Politica de financiación exterior, in: L. Gamir (ed.), Politica económica de España, Madrid 1975.

2. *J. Anllo*, Estructura y problemas del campo español, Madrid 1966.

3. *J. F. Arenas*, La concentración de empresas en España: un mito o una realidad? in: Revista Anales de Economia, Jan.–März 1973.

4. *Ders.*, Politica industrial, in: L. Gamir (ed.), Politica agraria de España, Madrid 1975.

5. *Banco de Bilbao*, Informe Económico 1974, Bilbao 1975.

6. *Banco de España*, Informe anual 1975, Madrid 1976.

7. *K. Boeck*, Regionalpolitik – eine Zukunftsaufgabe für die Gemeinschaft, in: Europäische Wirtschaftspolitik, Programm und Realität, Bonn 1973.

8. *F. Buttler*, Einkommensredistributive und raumstrukturelle Regionalpolitik im Rahmen der spanischen Entwicklungspläne, Göttingen 1969.

9. *J. M. Castañe*, La presencia de las empresas multinacionales en la economia española, in: Economia Industrial, Sept. 1973, S. 7 ff.

10. *Circulo de Economia*, La opción europea para la economia española, Madrid 1973.

11. *R. H. Chilcote*, Spain and European Integration, in: International Affairs, Vol. 42, No. 3, Juli 1966, S. 444 ff.

12. *Conseil National des Jeunes Agriculteurs,* Espagne: Un choc pour l'Europe, Paris, April 1976.

13. *Consejo Superior de las Camaras Oficiales de Comercio, Industria y Navegación de España,* Consideraciones sobre la incidencia en el sector quimico de una eventual zona de libre cambio con la CEE, Madrid 1973.

14. *Ders.,* Grado de dependencia, penetración y competencia exterior de la exportación española a la CEE, Madrid 1976.

15. *Deutsche Handelskammer für Spanien,* Die deutsch-spanische Wirtschaft, Bericht über das Geschäftsjahr 1975, Madrid 1976.

16. *L. Diez del Corral,* El rapto de Europa, Madrid 1954.

17. *J. B. Donges,* From an Autarchic Towards a Cautiously Outward-Looking Industrialization Policy: The Case of Spain, in: Weltwirtschaftliches Archiv, Bd. 107, Nr. 1, 1971, S. 33 ff.

18. *Ders.,* Spain's Industrial Exports – An Analysis of Demand and Supply Factors, in: Weltwirtschaftliches Archiv, Bd. 108, Nr. 2, 1972.

19. *Ders.,* Shaping Spain's Export Industry, in: World Development, Vol. 1, No. 9, 1973, S. 32.

20. *Ders.,* The Economic Integration of Spain with the EEC: Problems and Prospects, in: A. Shalim-G.N. Yannopoulos (ed.), The EEC and the Mediterranean Countries, London-New York-Melbourne 1976.

21. *H. End,* Spanische Außenpolitik vor dem Ende der Franco-Ära, in: Europa-Archiv, Jg. 25, Nr. 5, 1970, S. 173 ff.

22. *I. Fernandez de Castro, A. Goytre,* Clases sociales en España en el umbral de los años 70, Madrid 1974.

23. *E. de Figueroa,* Les obstacles au développement économique en Espagne, in: Tiers Monde, Vol. VIII, 1967, S. 217 ff.

24. *L. Gamir,* El periodo 1939–1959: La Autarquia y la politica de estabilización, in L. Gamir (ed.), Politica económica de España, Madrid 1975, S. 13 ff.

25. *Ders.,* Politica de Comercio Exterior, in: L. Gamir (ed.), Politica económica . . . , a.a.O., S. 139 ff.

26. *Ders.*, Politica agraria, in: L. Gamir (ed.), Politica económica . . . , a.a.O., S. 315 ff.

27. *Ders.*, Algunas ideas sobre el intervencionismo, la empresa pública, y la planificación indicativa, in: L. Gamir (ed.), Politica económica . . . , a.a.O.

28. *Ders.*, Politica de integración europea, in: L. Gamir (ed.), Politica económica . . . , a.a.O., S. 191 ff.

29. *S. Garcia-Echevarria*, Wirtschaftsentwicklung Spaniens unter dem Einfluß der Europäischen Integration. Köln-Opladen 1964.

30. *F. Granell*, Economia y politica de cinco años de relaciones España – CEE, CEAM, No. 132.

31. *W. Hager*, Das Mittelmeer – „Mare Nostrum" Europas? in: M. Kohnstamm, W. Hager (Hrsg.), Zivilmacht Europa – Supermacht oder Partner? Frankfurt am Main 1973.

32. *W. Haubrich, C. R. Moser*, Francos Erben – Spanien auf dem Weg in die Gegenwart, Köln 1976.

33. *H. H. Hergel*, Industrialisierungspolitik in Spanien seit Ende des Bürgerkrieges, Köln-Opladen 1963.

34. *H. J. Krämer*, Die Europäische Wirtschaftsgemeinschaft, Frankfurt-Berlin 1965.

35. *M. E. Kreinin*, US Trade Interests and the EEC Mediterranean Policy, in: A. Shlaim, G. N. Yannopoulos (ed.), The EEC and the Mediterranean Countries . . . , a.a.O.

36. *P. Lain Entralgo*, La Generación del noventa y ocho, Buenos Aires 1947.

37. *L. Lopez Rodó*, Spain and the EEC, in: Foreign Affairs, Vol. 44, No. 1, Oct. 1965, S. 127 ff.

38. *A. de Miguel et al.*, Informe sociológico sobre la situación social en España, Madrid 1966.

39. *A. de Miguel, J. Salcedo*, Dinámica del desarrollo industrial de las regiones españolas, Madrid 1972.

40. *A. Miguez et al.*, España: Una Sociedad de Consumo? Madrid 1969.

41. *Ministerio de Agricultura,* Anuario de Estadistica Agraria, Madrid 1974.

42. *Ministerio de Agricultura,* La agricultura española en 1974, Madrid 1975.

43. *Ministerio de Asuntos Exteriores,* Boletin de Información Económica – Antecedentes y situación actual de las relaciones España – CEE, Madrid 1976.

44. *Ministerio de Planificación del Desarrollo,* IV. Plan Nacional de desarrollo (1976–79), Proyecto para examen y corección, Madrid, November 1975.

45. *C. Moya,* El poder económico en España (1939–1970), Madrid 1975.

46. *T. Normanton,* Arbeitsdokument über die künftige Rolle Griechenlands, Portugals und Spaniens in einem integrierten Europa (Europäisches Parlament, 13. 4. 1976).

47. *P. O'Brien,* Foreign Technology and Industrialization: The Case of Spain, in: Journal of World Trade Law, Vol. 9, No. 5, Sept./Oct. 1975, S. 525 ff.

48. *OECD,* Economic Surveys, Spain 1975.

49. *OECD,* Agricultural Policy Report – Agricultural Policy in Spain 1974.

50. *M. Oromi,* El pensamiento filosofico de Miguel de Unamuno, Madrid 1943.

51. *H. Paris Eguilaz,* Die wirtschaftliche Entwicklung Spaniens von 1924 bis 1964, in: Weltwirtschaftliches Archiv, Bd. 98 (1967 I), S. 137 ff.

52. *C. Pirzio-Birelli,* The Spanish Predicament (Manuskript), Brüssel 1976.

53. *J. Plaza Prieto,* El desarrollo regional en España, Madrid 1968.

54. *E. Reister,* Haushalt und Finanzen der Europäischen Gemeinschaften, Baden-Baden 1975.

55. *W. T. Salisbury, J. D. Theberge (ed.),* Spain in the 1970's, Economics, Social Structure, Foreign Policy, New York-Washington-London 1976.

56. *W. T. Salisbury*, Spain and Europe: The Economic Realities, in: W. T. Salisbury, J. D. Theberge (ed.), Spain in the 1970's . . . , a.a.O., S. 33 ff.

57. *A. Sanchez Gijon*, El camino hacia Europa, Madrid 1973.

58. *I. Sanchez Gonzalez*, Mercado Comun y Aduana Española, Barcelona 1976.

59. *M. Suarez*, Se puede industrializar la agricultura española? in: Cuadernos para el dialogo, Nr. 141/142, 1975, S. 24 ff.

60. *Ders.*, Note sur les tentatives de réformes agraires en Espagne, in: Economies et Sociétés, Vol. VIII, No. 5, 1974, S. 667 ff.

61. *Ders.*, Une économie en voie de dépendance: le cas de l'Espagne, in: Economies et Sociétés, Vol. III, No. 5–6, 1976.

62. *R. Tamames*, Estructura Económica de España, (9. Auflage), Madrid 1975.

63. *R. Tamames*, Acuerdo Preferencial CEE-España y Preferencias Generalizadas, Barcelona 1972.

64. *J. F. Tezanos*, Estructura de clases en la España actual, Madrid 1975.

65. *J. D. Theberge*, Spanish Industrial Development Policy in the Twentieth Century, in: W. T. Salisbury, J. D. Theberge (ed.), Spain in the 1970's . . . , a.a.O., S. 10 ff.

66. *K. P. Tudyka*, Marktplatz Europa – Zur politischen Ökonomie der EG, Köln 1975.

67. *W. Wipplinger*, Spain's Economic Progress since 1960, in: W. T. Salisbury, J. D. Theberge (ed.), Spain in the 1970's . . . , a.a.O., S. 1 ff.

Zeittafel Spanien/EG

Jahr	Entwicklung der Beziehungen zwischen Spanien und der EG	Wirtschaftliche Entwicklungen in Spanien	Politische Ereignisse in Spanien
1898		Frühstadium der Industrialisierung, Protektionismus	Niederlage Spaniens im spanisch-amerikanischen Krieg; Erste Bestrebungen zur „Europäisierung" Spaniens
1914-18			Neutralität im 1. Weltkrieg
1920-30		Importsubstituierende Industrialisierung	Diktatur von Primo de Rivera
1931			Republik
1936-39			Bürgerkrieg
1939-59		Wirtschaftlicher Wiederaufbau Autarkiepolitik Staatlicher Interventionismus	Franco-Diktatur
1946			Blockade-Beschluß der UNO gegen Spanien
1953		Diversifizierung der Industr.Strkt. Wirtschaftshilfe der USA	Stützpunktabkommen mit der USA Ende der Blockade
1958		Wirtschaftskrise; Ende der Autarkiepolitik	

1958-59		Stabilisierungsplan; vorsichtige Öffnung der spanischen Wirtschaft nach außen; partielle Handelsliberalisierung; Förderung ausländischer Direktinvestitionen zunehmende Exportorientierung	Spanien wird Mitglied der OEEC, des IWF und der Weltbank Wachsender Einfluß liberaler Technokraten (Opus Dei) in der Regierung
ab 1960		Wirtschaftlicher Aufschwung; Emigration von Arbeitskräften in westeuropäische Länder; Aufschwung des Tourismus	Erste Bestrebungen zu einer Regelung der Beziehungen mit der EG
1962	Spaniens Antrag auf Assoziierung mit der EWG		
1964	Erneute Initiative Spaniens zur Aufnahme von Verhandlungen mit der EWG Aufnahme von Explorationsgesprächen	1. Entwicklungsplan	
1966–67	Abschluß der Explorationsgespräche; Spanien findet sich mit der Aussicht auf ein präferenzielles Handelsabkommen mit der EWG ab; Aufnahme der diesbezüglichen Verhandlungen	Wirtschaftliche Rezession	
1968		2. Entwicklungsplan	
1970	Abschluß der Verhandlungen über das präferenzielle Handelsabkommen; Unterzeichnung des Präferenzabkommens von 1970	Starke Wachstumstendenzen in der Wirtschaft	Partielle Öffnung nach Osteuropa

Zeittafel Spanien/EG

Jahr	Entwicklung der Beziehungen	Wirtschaftliche Entwicklungen	Politische Ereignisse in Spanien
1972	Spanien im globalen Mittelmeerkonzept der EG	3. Entwicklungsplan	
1973	Probleme aus der Erweiterung der EG um Großbritannien, Irland und Dänemark; Übergangsregelungen für den Handel zwischen Spanien und den drei neuen Mitgliedsstaaten		
1973–74	Gespräche über die Anpassung des Präferenzabkommens an die veränderte Situation in der EG		
1975	Abbruch der Gespräche seitens der EG als Reaktion auf Hinrichtungen in Spanien	Auswirkungen der Energiekrise Rezession; Wirtschaftskrise	Francos Tod – Monarchie Übergang: Regierung Arias
1976	Wiederaufnahme der Verhandlungen; Spaniens Ankündigung der Beitrittsabsicht; Gespräche über die technische Anpassung des Präferenzabkommens bis zum Beitritt		Regierung Suarez Demokratisierungsprozeß
1977	Weiterführung der Verhandlungen mit Brüssel; Spaniens Ankündigung, noch in diesem Jahr einen Antrag auf Vollmitgliedschaft in der EG zu stellen	Wirtschaftskrise	Zulassung politischer Parteien; Ankündigung demokratischer Wahlen für Juni 1977

Das Institut für Europäische Politik (vormals Bildungswerk Europäische Politik) sieht es als seine Aufgabe an, europäische Probleme frühzeitig aufzuarbeiten sowie Lösungsansätze zu diskutieren. Mit seinen Publikationen richtet es sich – auf wissenschaftlicher Grundlage – an einen breiten Kreis von Multiplikatoren. Es unterstützt dabei vornehmlich die Bildungsarbeit der Europa-Union Deutschland, der Jungen Europäischen Föderalisten, der Europäischen Akademien Berlin und Otzenhausen, des Gustav-Stresemann-Instituts mit den Europäischen Akademien Lerbach und Neuburg, des Europa-Hauses Marienberg, der Europäischen Bildungs- und Aktionsgemeinschaft, Bonn und der Vereinigung für politische Bildung und europäische Information e. V., Bad Oeynhausen. Zusätzlich werden mit diesen Einrichtungen besonders didaktische Hilfen erarbeitet.

VORSITZENDER DES DIREKTORIUMS

Professor Dr. Heinrich Schneider

VORSTAND

Theo M. Loch und Gerhard Eickhorn

GESCHÄFTSFÜHRUNG

Dipl.-Volkswirt Wolfgang Wessels
Bonn, Stockenstraße 1–5, Postfach 643
Telefon (0 22 21) 65 32 59